괴로움,
어디서 오는가

괴로움,
어디서 오는가

박찬욱 · 윤희조 기획, 한자경 편집 | 정준영 · 월암 · 박승찬 · 전중환 · 권석만 집필

운주사

괴로움에 대한 바른 이해를 통하여
행복한 삶을 누리길 기원하며

다양한 경로를 통하여 접하게 되는 인간의 삶을 살펴보면 행복하고 즐거운 일들도 많지만, 고통스럽고 괴로운 일들도 허다합니다. 각종 질병과 사고, 생존을 위한 투쟁과 절규, 더 많은 것과 더 좋은 것을 갖기 위한 다툼, 경쟁 과정에서 맞닥뜨리게 되는 좌절, 비교로 인한 열등감과 부족감, 기대가 충족되지 않아 생기는 실망과 분노, 누리고 있는 것들의 상실에 따른 슬픔, 감당해야 하는 과제들에 대한 부담감, 자기 자신에 대한 의심, 타인에 대한 불신, 소통이 원활하지 않아 겪는 오해와 반목, 불확실한 미래에 대한 불안과 두려움, 결국 스스로 삶을 헤쳐 나가야 하는 실존적 고독 등등 사람들은 다양한 고통과 괴로움을 경험하며 살아가고 있습니다.

변화하는 삶 속에서 고통과 괴로움은 삶의 자연스런 과정의 일부분으로 느껴지기도 합니다. 하지만 우리가 겪는 괴로움들이 정말 필연적인지, 피하거나 줄일 수 있음에도 불구하고 무지로 인해 의식적 내지 무의식적으로 선택하고 있는 것은 아닌지 뒤돌아보게 됩니다. 고통과 괴로움, 그 원인과 전개 과정을 바르게 이해한다면 우리의 삶은 좀 더 행복해지지 않을까요? 제12회 학술연찬회는 '괴로움'에 대한 초기불

6

교, 선불교, 서양철학, 진화심리학, 심리학의 관점을 살펴봄으로써, 이고득락(離苦得樂) 하는데 도움을 얻고자 기획되었습니다.

작년 학술연찬회부터 밝은사람들연구소와 서울불교대학원대학교 불교와심리연구원이 공동으로 주최하고 있습니다. 학술연찬회를 더욱 알차게 꾸리기 위하여 두 기관과 출판사 관계자들이 주제 선정 과정부터 머리를 맞대고 함께 고민하였습니다. 거의 1년에 가까운 준비 기간 동안 시간을 쾌척하시고 성심을 다해주신 성승연 교수님, 박성현 교수님, 정준영 교수님, 한자경 교수님, 김시열 사장님께 이 자리를 빌려 감사의 마음을 전합니다.

또한 주제 발표자로 확정된 이후 두 차례의 회의를 비롯한 여러 준비 과정에 진지한 태도로 참여하시고, 각자 전문분야의 관점과 연구 성과를 일목요연하게 정리하신 정준영 교수님, 월암 스님, 박승찬 교수님, 전중환 교수님, 권석만 교수님, 그리고 다섯 분 주제 발표자의 원고를 조율하시고 학술연찬회 좌장 역할을 하시는 한자경 교수님께 진심으로 감사를 드립니다. 아울러 옥고를 단행본으로 출간해 주신 운주사 김시열 사장님과 직원 여러분의 노고에도 감사드립니다.

특히 2006년초 밝은사람들연구소 발족 이래 지금까지 불교와 사회의 상생적 발전을 촉진하는 연구소 사업을 물심양면으로 적극 지원해 주고 계신 수불 스님과 안국선원에 깊이 감사드립니다.

일상에서 늘 행복하시길 기원하며

2013년 11월

박찬욱, 윤희조

편집자 서문

고통은 어디에서 오는가?

한자경(이화여자대학교 철학과)

1. 왜 고통을 논하는가?

괴로움은 쓸쓸한 느낌, 고苦, 고통이다. 고통은 우리에게 낯선 것이 아니다. 고통은 우리에게 즉각적으로 느껴진다. 위가 비면 배고픔의 고통이 느껴지고, 마음이 비면 고독의 고통이 느껴지며, 부음을 접하면 인생의 고통이 느껴진다. 고통의 느낌은 누가 가르쳐줘서 아는 것도 아니고, 내가 깊이 생각을 해서 알아내는 것도 아니다. 괴로움의 반대되는 느낌인 즐거움, 낙樂과 마찬가지로 괴로움은 특정 상황에서 내가 즉각적으로 알아차리는 느낌이다.

그러나 괴로움을 내가 즉각적으로 알아차린다고 해서 내가 괴로움의 실상을 다 알고 있는 것은 아니다. 괴로움의 정체가 과연 무엇인지, 그것이 어디에서 연유하고, 그것이 우리 인생에서 무엇을 말해주고 있는지를 우리는 잘 알지 못한다. 괴로움이 과연 실재에 대한 느낌인지 허구의 느낌인지조차 분명하지 않다. 우리가 괴로움의 실상에 대해 잘 알지 못하는 것은, 고나 낙의 느낌이 우리의 의식적인 사려분별작용보다 더 깊은 마음 심층에서 일어나는 작용이기 때문일 것이다. 그만큼 고나 낙의 느낌은 우리가 접하는 이 세상 존재가 불러일으키는 원초적 마음상태이다.

그렇다면 이 세상 존재와 마주하여 우리가 갖게 되는 가장 원초적 느낌은 괴로움인가, 아니면 즐거움인가? 기독교에서의 신神은 세계 창조의 일과를 마치고는 '보기에 좋더라!'라고 하였다. 존재 자체를 기쁨으로 받아들이는 태도를 보여준다. 반면 불교는 인생을 고통의 바다인 '고해苦海'라고 부르고, 그런 고통의 삶이 영위되는 이 세계를 불타는 집인 '화택火宅'이라고 부르면서 '일체개고一切皆苦'를 주장한다. 존재 자체를 고통으로 받아들인다고 볼 수 있다. 그러나 그렇다고 해서 기독교에 고통이 없고, 불교에 즐거움이 없는 것은 아니다. 기독교에 따르면 보기에 좋은 이 세계에 살고 있는 인간은 그럼에도 불구하고 원죄原罪를 지어 사망의 고통을 면치 못하고, 불교에 따르면 화택 속에서 고해의 인생을 살아도 수행으로 깨달음을 얻으면 일체의 고통을 벗고 구경락究竟樂을 얻는다고 한다. 고와 낙은 이렇게 존재의 심연 속에서 서로 교차하고 있다.

결국 고통의 정체가 무엇이고 고통의 시작과 끝이 무엇인가를 묻는 물음은 곧 인생과 우주 존재의 실상이 무엇인가를 묻는 물음이며, 우리가 고통을 어떻게 받아들이고 고통에 어떻게 대처해야 하는가를 묻는 물음이다. 우리에게 고통이란 과연 무엇인가? 고통을 통해, 또는 고통의 극복을 통해 우리가 발견하게 되는 존재의 실상은 과연 무엇인가?

우선 고통은 신체나 정신이 처해 있는 객관적 상태 자체이기보다는 그 상태로부터 일어나는 주관적 감각 내지 느낌이다. 우리는 느낌을 통해 자신의 상태를 알아차린다. 고통의 느낌은 현재 나의 상태가 바람직하지 않은 방향, 즉 무언가 문제가 있는 방향으로 나아가고 있다는 것을 알려주는 징후이다. 몸에 문제가 있을 때 그것을 고통으로 감지해야 물리적 차원의 치료를 하게 되고, 정신에 문제가 있을 때 그것을 고통으로 감지해야 심리적 차원의 치유를 하게 된다. 그러므로 신체적 고통을 느끼지 못하는 무통증이나 심리적 고통을 느끼지 못하는 사이코패스는 문제를 알아차리지 못해 결국 문제를 해결할 기회를 상실하게 되는 일종의 결핍이고 병이다.

이렇게 보면 고통은 우리가 원하든 원하지 않든 그 기능과 역할이 있으며, 삶에 기여하는 바가 있으므로 무조건 부정적으로만 여길 것이 아니다. 게다가 우리의 삶은 고통스러운 만큼 그것에 대비되어 주어지는 즐거움도 있고, 또 많은 순간은 고도 낙도 아닌 비고비락의 느낌으로 유지되기도 하므로, 인생에서 유독 고통만을 과대 포장한다거나 고통에 과민 반응할 필요는 없을 것이다.

그런데 유난히도 고통에 민감한 종교가 있으니 그것이 바로 불교이다. 인생의 고통을 가장 진지하게 받아들이고 또 가장 철저하게 파헤쳐 분석한 사상이 바로 불교이다. 따라서 고통의 문제를 논할 때 우리는 무엇보다도 먼저 불교에서의 고통의 이해에 주목하지 않을 수 없다.

2. 불교에서 고통의 이해

고통은 일종의 감각 내지 느낌이다. 감각 내지 느낌을 불교는 받아들임인 '수(受, vedanā)'라고 부른다.* 느낌이 일어나자면 우선 심신의 기관

---

* 受는 객관적 인식의 기초가 되어 受(감각) → 想(지각) → 思(사량)로 이어지기도 하고, 주관적 정서의 기초가 되어 12지 연기에서처럼 受(느낌) → 愛(갈애) → 取(취착)로 이어지기도 한다. 따라서 수는 '감각'이기도 하고 '느낌' 또는 '감정'이기도 하다.

(근)이 대상(경)과 접하고 의식(식)이 그에 따라 변화하는 근·경·식 삼사 화합인 '촉(觸, 부딪침)'이 있어야 한다. 촉은 "삼사가 화합하여 변이를 따라가는 것(三和分別變異)"으로 정의된다.* 예를 들어 안(근)이 색(경)과 접하면 눈이 색을 따라 변이한다. 말하자면 망막에 상이 그려진다. 그러면 그 순간 식이 그 변이를 따라 움직이는데, 말하자면 시신경 세포의 변화가 그것이다. 이런 방식으로 일어나는 근·경·식 삼사의 화합을 촉이라고 한다. 그리고 그러한 촉을 통해 형성된 대상의 모습(境相)을 받아들이는 것이 '수受'다. 수는 촉을 연해서 일어난다.

근(根, 인식기관)·경(境, 인식대상)·식(識, 의식) 삼사 화합=촉觸 → 수(受, vedanā)

수는 "따르거나 거슬리거나 따르지도 거슬리지도 않는 대상의 모습을 받아들이는 것(領納順違俱非境相)"으로 정의된다. 순경상, 위경상, 비순비위경상을 받아들이는 것 자체가 느낌이다. 순경상을 받아들이는 느낌이 즐거운 느낌인 '낙수樂受'이고, 위경상을 받아들이는 느낌이 괴로운 느낌인 '고수苦受'이며, 비순비위경상을 받아들이는 느낌이 비락비고의 느낌인 '사수捨受'이다.

낙수(樂受, sukha):　　수순하는 대상의 모습(순경상)을 받아들이는 느낌
고수(苦受, dukkha):　거슬리는 대상의 모습(위경상)을 받아들이는 느낌
사수(捨受, upekkhā): 순도 위도 아닌 대상의 모습(비순비위경상)을 받아들이는 느낌

---

* 『성유식론』 권3. 여기서 분별은 의식적 분별 내지 판단작용이 아니라 닮아감인 상사相似를 뜻한다. 근이 경을 따라 바뀔 때 식이 그 변이를 닮아가는 것이다.

그런데 순하고 역하는 것은 나의 신체에 대한 순·위일 수도 있고 나의 마음에 대한 순·위일 수도 있다. 몸에 순하고 역함을 따라 몸이 감지하는 느낌을 몸의 느낌인 '신수身受'라고 하고, 마음에 순하고 역함을 따라 마음이 감지하는 느낌을 마음의 느낌인 '심수心受'라고 한다. 광의의 고와 낙은 신수와 심수를 포괄하는 개념이지만, 그 안에서 다시 신수와 심수를 구분할 경우 협의의 고와 낙은 신수에만 국한해서 사용한다. 신수와 구분해서 특별히 심수를 나타내기 위해 마음의 즐거운 느낌은 '희수喜受'라고 하고 마음의 괴로운 느낌은 '우수憂受'라고 한다.

	신수身受	심수心受
낙수(순경계에 처한 느낌):	낙수(樂受, sukha)	희수(喜受, somanassa)
고수(역경계에 처한 느낌):	고수(苦受, dukkha)	우수(憂受, domamassa)
사수(비순비역에 처한 느낌):	사수(捨受, upekkhā)	

이처럼 느낌을 고수와 낙수 또는 우수와 희수로 구분한다는 것은, 불교가 인생에 고뿐만 아니라 낙도 있다는 것을 모르는 것이 아님을 말해준다. 우리의 일상적 느낌은 고락이 서로 교차한다. 상대적인 고와 상대적인 낙, 그리고 비고비락이 있음에도 불교가 '일체개고一切皆苦'를 주장하는 것은, 그 전체가 궁극의 견지에서 보면 모두 고에 포섭된다고 보기 때문이다. 말하자면 우리가 일상적으로 낙이라고 여기는 것은 그 순간에는 낙이어도 머지않아 그 낙이 다함으로써 곧 고의 느낌을 일으키므로 결국 고에 속한다. 이처럼 상대적 낙은 그것의 무너짐이 고이기에 '괴고壞苦'로서 고에 포섭된다. 상대적 고는 그 자체가 고이어서 고 중의 고이므로 '고고苦苦'라고 한다. 그리고 비고비락은 아직은 고나 낙으로 분화되지 않았지만 상황에 따라 곧 고나 낙으로 전개될

수 있기에 결국 고를 품고 있어 이를 '행고行苦'라고 한다. 이처럼 상대적 의미의 고와 낙과 비고비락이 결국은 절대적 의미의 고에 모두 포섭되므로, 불교는 일체가 결국 모두 고라는 '일체개고'를 말한다.

불교는 이러한 고통을 '생·노·병·사·애별리고·원증회고·구부득고·오음성고'의 여덟 가지로 논한다. 생로병사의 네 가지 고통은 내 몸에서 비롯되는 신체적·생리적 고통이고, 뒤의 세 가지 고통은 인간 간의 관계에서 비롯되는 사회적·심리적 고통이다. 그리고 마지막 오음성고는 일체의 고통이 일어나게 되는 기반을 말한다. 오온五蘊으로 존재함으로써 갖게 되는 고통을 총칭한 것이다.

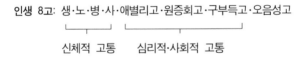

불교가 지향하는 것은 일체 중생을 생의 고통으로부터 구제하는 '이고득락離苦得樂'인데, 이는 곧 '이일체고離一切苦 득구경락得究竟樂'이다. 불교가 넘어서고자 하는 고는 이런저런 부분적 고가 아니라 일체의 고이며, 얻고자 하는 낙은 사람마다 상황마다 서로 다를 수 있는 상대적 낙이 아니라 일체의 고가 멸한 자리에서 얻어지는 절대적

낙, 궁극의 낙, 구경락이다. 이처럼 '이일체고'를 주장하는 한, 불교가 논하는 고통은 중생이 이생에서 겪을 수 있는 모든 고통을 다 포괄해야 한다. 고통은 중생 각자가 느끼는 것이므로 그 고통의 발원지가 개인의 몸이냐 마음이냐에 따라 일단 '신체적 고통'과 '심리적 고통'의 둘로 구분된다. 그런데 불교에 따르면 개인의 몸과 마음은 고립된 개별 실체가 아니고 다른 일체 존재와 연기적 상호의존관계에 있다. 따라서 고통의 궁극 발원지는 개인의 심신이 아니라 그 너머 일체 존재와의 상호연관관계가 된다. 이러한 관계 속에서 일어나는 고통을 사회적 관계에서 비롯되는 고통이라는 의미에서 '사회적·관계적 고통'이라고 부를 수 있다.

> **고통**: 1. 개인적 신체적 고통
> 2. 개인적 심리적 고통
> 3. 사회적 관계적 고통

불교는 무아無我와 연기緣起에 입각한 가르침이므로 중생의 고통이 결국은 연기적으로 발생하는 사회적 고통이라는 것을 알고 있으며, 따라서 개인적 고통뿐 아니라 사회적 고통도 극복 대상으로 놓고 있다. 다만 불교가 제시하는 사회적 고통 극복의 길은 사회복지 차원의 제도정비나 정치 경제적 개혁 또는 군사적 혁명 등 외적 변혁이 아니라, 내적 성찰과 수행을 통한 자기변혁과 그 에너지 전파에 따른 타자변혁 등 내적 변혁이라고 볼 수 있다. 개인의 변혁이 그대로 사회변혁이 되고, 개인적 고통 극복의 길이 그대로 사회적·관계적 고통 극복의 길로 이어지는 그런 존재 이해를 갖고 있는 것이다.

고통의 원인 및 그 극복에 관해 불교는 고집멸도苦集滅道 사성제四聖諦를 설한다. 고성제는 일체개고의 현상을 말하고, 집성제는 그러한 고가 생성되고 축적되는 과정을 말한다. 그리고 멸성제는 그러한 고가 멸한 상태를 뜻하고, 도성제는 고의 멸에 이르는 길(수행)을 뜻한다. 고통의 축적과 소멸에도 연기법은 그대로 적용된다. 그래서 고성제와 집성제를 '연기의 유전문流轉門'이라고 하고, 멸성제와 도성제를 '연기의 환멸문還滅門'이라고 한다.

고성제苦聖諦: 고의 현상 ⎤
집성제集聖諦: 고의 현상의 원인 ⎦ 연기의 유전문

멸성제滅聖諦: 고의 소멸 ⎤
도성제道聖諦: 고의 소멸의 방법 ⎦ 연기의 환멸문

이렇게 보면 불교의 전체 가르침은 중생의 고통이 어디에서 오는지를 밝혀 그 고통의 실상을 드러내고 우리가 그 고통을 벗어날 수 있는 길을 제시한 가르침이라고 볼 수 있다. 고통은 과연 어디에서 오는 것인가?

3. 고통의 발생 기제: 장애(벽)로 인한 고통

고통이 어디에서 오는지에 대한 답은 사실 고통이 무엇을 의미하는지에 대한 설명 안에 담겨 있다. 불교는 고통의 느낌인 고수를 '거슬리는 대상의 모습(위경상)을 받아들이는 느낌'이라고 설명한다. 그런데 무엇이 거슬린다는 것은 그것이 거슬리게 되는 어떤 것 x를 전제한다. 어떤 것 x가 있어서 대상 y가 거기에 거슬리는 것이다. 한마디로 나

x에 대상 y가 거슬리는 것이다. 그러므로 고통은 단순히 대상 y만으로부터 발생하는 것이 아니라, 나 x와 대상 y와의 관계, 그 둘 간의 대립적·충돌적 관계로부터 생겨나는 것이다.

우리는 무엇이 나의 심신을 고통스럽게 할 경우, 대개 그 무엇을 나로부터 분리하고 없앰으로써 나를 그 고통으로부터 보호하려고 한다. 대상으로부터 분리되어 오롯이 지켜져야 할 나라는 존재가 따로 있다면 그 방법이 옳을 것이다. 하지만 불교는 처음부터 나의 존재를 자기 자성을 가지는 개별적 실체로 여기지 않고 오히려 다른 존재와의 상호연관관계 속의 존재, 연기적 존재로 보며, 따라서 무아를 주장한다. 그러므로 고통의 연원 및 고통의 극복에 대해서도 무아의 관점에서 생각한다.

무아無我가 뜻하는 바는 무엇인가? 일상에서 내가 나라고 생각하는 나, 그런 개별 실체로서의 나는 존재하지 않는다는 것이 무아이다. 일상적 표층 의식에서 보면 밥을 먹는 나는 내게 먹히는 밥이 아니며, 따라서 둘은 서로 구분된다. 그러나 내가 밥을 먹으면 밥이 곧 내가 된다. 내가 나라고 여기는 나의 몸(色)은 그렇게 나 아닌 것인 밥이 내 피와 살로 화化한 것이고, 또 밥이 된 쌀은 대지의 물과 양분, 대기의 공기와 바람과 햇빛 등 우주 전체의 기운에 의해 그것이 된 것이다. 내 몸은 표층에서 보면 쌀도 흙도 아니고 바람도 태양도 아니지만, 심층에서 보면 그 모든 것이 다 내 안에 스며 있어 나를 이루는 조건(緣)이 된다. 마찬가지로 내가 나라고 여기는 나의 마음(名/受·想·行·識)도 표층에서 보면 남들과 구분되는 단독의 자의식처럼 보이지만, 심층에서 보면 나의 자의식에는 그의 느낌과 그녀의 생각, 산자의 뜻과 죽은 자의 인식(개념)이 모두 스며들어 있다. 이처럼 나의 심층 마음에는 우주 전체의 에너지가 하나로 축적되어 있어 그 안에서는 표층의 자타분별, 주객분별이 성립하지 않으며, 따라서 표층에서 내가 나로 생각한 그 나는 나가 아닌 것이다.

이와 같이 나는 나가 아니고 너는 너가 아니기에, 그렇게 우리는 심층에서 자타분별의 하나를 이룬다. 불교는 표층 의식보다 더 깊은 심층에서 일체 중생, 모든 생명체는 결국 하나의 생명, 하나의 마음이라고 논한다. 몸을 구성하는 체세포 하나하나에 몸 전체의 정보가 모두 담겨 있고, 우주를 구성하는 중생의 두뇌 신경회로에 그 중생이 바라보는 우주 전체의 질서가 모두 담겨 있듯이, 각 중생의 심층 마음에는 무시이래의 삶을 통해 축적된 무한한 업력業力 내지 종자種子가 우주 전체 역사의 기억으로, 그리고 다시 우주 전체를 산출해내는 정보와 에너지로 작동하고 있다. 중생은 누구나 표층 의식에서는 각각 서로 분리된 채 전체의 일부분으로 살아가지만, 심층에서는 서로가 서로를 포함하는 한마음으로, 모두가 하나로 공명하는 에너지 파동으로, 한마디로 동체同體로 살아간다. 각자의 심층 마음에서 우주는 무한히 반복되므로 '일즉다 다즉일'이 성립한다.

불교가 지향하는 것은 무아와 연기의 깨달음을 통해 동체대비同體大悲의 마음에 이르는 것, 열반의 구경락을 얻는 것이다. 즉 자타분별과 주객분별 없이 일체를 하나로 포용하는 부처님 마음을 증득하여 자신의 본래면목을 자각하는 것, 그리고 그 한마음으로 자타불이의 자비를 실천하는 것이다. 그런데 이 길을 가로막는 것이 바로 표층의 오온을 나로 알고 나로 집착하는 아견我見과 아애我愛이다. 이 아견과 아애로부터 나를 지키고 보호하고 아끼려는 욕망과 집착, 탐심과 진심이 일어난다. 이것이 바로 전체로부터 나를 분리시키고 고립시키는 나의 성이고 벽이며, 장애이고 번뇌이다.

바로 이 벽이 세계로부터 내게 주어지는 대상의 모습(경상)이 순하거나 역하거나 순도 역도 아니게 만드는 그 장벽이다. 세계는 나의 이 벽에 부딪쳐 순함으로써 즐거움을 낳거나, 역함으로써 괴로움을 낳거나, 또는 특별히 순하지도 역하지도 않음으로써 비고비락의 느낌을 낳는다. 이 벽이 곧 일체의 고통을 낳는 장벽이고 장애이며 번뇌이고 망상인 것이다. 이 벽이 있는 한 이 벽을 따라 주와 객, 자와 타가 분리되고 분별되며 서로 갈등할 수밖에 없게 된다.

분별적 망심의 탐진치를 극복하고자 하는 불교는 아상과 아애로 탐진치를 일으키는 이 벽, 나를 다른 것으로부터 분리시키고 분열시키는 이 장벽을 허물고자 한다. 이 장벽은 나를 일체 중생과의 연관성으로부터 분리시켜 나만의 성에 가두는 벽이며, 그렇게 함으로써 자신의 심층 한마음을 망각하고 고립된 표층의 섬에 머물게 하는 장애의 벽이다. 이 벽이 곧 대상의 모습 y를 순하는 것, 역하는 것, 또는 순도 역도 아닌 것으로 만들어 내는 나의 벽 x이다. 이 x와 y의 충돌에서 불교는 x를 고수하기 위해 y를 배제하는 것이 아니라 y를 포용하기 위해 x를 허물려고 한다. x와 y로 충돌하는 나와 너가 실제 심층에서 하나라는 것을 알기 때문이다.

분열과 대립, 고통을 낳는 이 벽이 문제이다. 벽이 두텁고 견고할수록 고통이 깊고 짙게 새겨져 오래 머무르며, 벽이 얇고 투과력이 클수록 고통은 바람처럼 스쳐 지나가고 머무르지 않을 것이다. 이러한 벽은 여러 겹으로 되어 있다. 그 첫 번째 벽은 생각의 벽이다.

4. 고통을 만드는 장벽들

1) 표층 의식의 벽(분별기 번뇌): 망념妄念의 벽

자식을 잃고 슬픔과 비탄에 잠긴 여인이 석가를 찾아와서 자식을 살려달라고 애원하자, 석가는 여인의 고통을 달래주기 위해 약속한다. 동네를 집집마다 찾아다녀 장례를 치르지 않은 집을 발견해서 겨자씨 한 움큼을 얻어오면 살려주겠다고. 그녀는 기운을 내서 집집마다 찾아다녔지만, 어디에서도 그런 집을 발견할 수가 없었다. 절망 속에서 그녀는 문득 깨달았다. 사람은 죽을 수밖에 없고, 누구나 그 고통을 안고 살 수밖에 없다는 것을. 그 사실을 깨닫자 고통이 덜어졌다.

그녀가 깨달은 것은, 인생이 본래 무상하고 고통스러우며 나라고 할 만한 것이 없다는 것이다. 불교의 3법인法印인 '제행무상諸行無常', '일체개고一切皆苦', '제법무아諸法無我'를 깨달은 것이다. 그것을 모르면 내가 아끼고 사랑하는 것은 영원히 내 곁에 있을 거라고 기대하고 집착하게 되지만, 무상·고·무아의 실상을 깊이 알면 그런 기대와 집착이 사라지므로 고통도 줄어든다. 존재의 실상에 어긋나는 헛된 기대와 이루어질 수 없는 욕망과 허망한 집착을 갖게 만드는 잘못된 생각, 이것이 고통을 일으키는 벽, 잘못된 생각의 벽, 망념의 벽이다.

나는 실수를 해서는 안 된다는 완벽주의적 자기 개념, 모든 것에 의미와 효용이 있어야 한다는 실용주의적 사유 틀, 여자 또는 남자는 모름지기 이래야 한다는 고정관념, 착한 여자 또는 강한 남자 콤플렉스 등은 우리의 삶을 얽어매는 벽이다. 우리는 그 벽에 순응하는 것을 즐거워하고 그 벽에 부딪치는 것을 괴로워하지만, 벽으로 인해 우리에게 남겨지는 것은 결국 고통이다. 인간은 스스로 만들어 놓은 개념과 사상과 이데올로기, 선입견과 편견 등 숱한 망념의 노예가 되어 스스로 괴로워한다. 자신이 놓은 덫에 스스로 걸려들어 괴로워하고 있는 것이다. 불교는 일차적으로 이 잘못된 생각의 벽, 망념의 벽을 허물고자 한다.

나를 고통스럽게 하는 망념의 벽을 벗어나는 길은 무엇인가? 석가가 제시한 '두 번째 화살의 비유'는 범부와 수행자의 차이를 제시함으로써 우리가 무엇에 주의해야 하는가를 잘 보여준다. 비유에 따르면 범부는 고수(苦受, 身受)가 생기면 곧 진심을 따라 우수(憂受, 心受)를 일으키고 낙수(樂受, 身受)가 생기면 곧 탐심을 따라 희수喜受를 일으키는 데 반해, 수행자는 고수나 낙수가 생겨도 탐진치에 이끌리지 않아 마음의 느낌인 우수와 희수를 일으키지 않는다. 범부는 신수와 심수를 구분하지 못하고 신수에서 심수로 자동 이행해 감으로써 스스로 자신의 고통을 두 배, 세 배, 백 배, 천 배로 불려 종일토록 또는 평생토록 괴로워하는 데 반해, 수행자는 한 번의 고통으로 끝나고 스스로 고통을 불리는 일은 하지 않는 것이다. 범부가 첫 번째 화살에 이어 맞는 두 번째 이후의 모든 화살은 결국 범부 스스로 쏘고 스스로 맞은 화살이다. 자신의 생각으로 인해 스스로 당하는 고통, 자신의 망념의 벽이 일으킨 고통인 것이다.

우리가 신수에서 심수로 자동 이행해 가는 것은 우리가 우리 자신의 전5식을 항상 제6의식의 사량분별 작용을 통해 의식하기 때문이다. 사태를 현재 찰나적으로 주어지는 자상自相으로 자각하지 못하고 과거의 기억과 미래의 예상을 담은 개념적 자기동일성의 공상共相에 따라 지각하기 때문이다. 개념적 사려분별을 떠나 찰나의 감각에 주목하는 방식이 사념처 수행 또는 위빠사나 수행이다. 이로써 우리는 우리의 개념적 사유 틀, 망념의 틀을 벗어날 수 있다.

2) 심층 마음의 벽(구생기 번뇌): 무명無明의 벽

잘못된 생각인 망념으로 인한 고통은 바른 생각인 정념을 통해 극복할 수 있다. 망념의 벽은 정념과 정견으로 무너뜨릴 수 있다. 그러나 한순간 바른 생각을 가진다고 해도 지난 업으로 인해 내 안에 쌓여 있는 더 오래된 벽, 타고난 장벽인 업장은 쉽게 무너지지 않는다. 불교는 의식 차원에서 우리가 극복할 수 있는 망념의 벽 외에 더 심층의 벽을 논한다.

심층 마음의 벽은 무명의 벽이다. 무명은 표층의 의식세계만을 알고 심층의 마음인 자신의 본래면목을 밝게 알지 못하는 어두움이다. 이 무명의 벽이 무너져 마음 바탕이 훤히 드러나야 각 중생의 심층 마음에 축적된 무량한 종자 에너지가 일체 제법을 만든다는 사실, '삼계유심三界唯心'을 실감하게 된다. 그래야 표층 현상의 유근신과 기세간이 모두 심층 마음의 변현이라는 '유식무경唯識無境'을 여실지견 하게 된다. 그때 비로소 표층의 나는 나가 아니고 너도 너가 아니며, 우리가 근본에서 모두 하나라는 것, 일심一心이고 진여眞如라는 것을 느끼게 된다.

이때 비로소 주객분별, 자타분별이 모두 허망분별이고 일체 중생이 그대로 나와 하나라는 동체대비同體大悲의 느낌을 갖게 된다. 이것은 마치 악몽에 시달리다가 문득 꿈에서 깨어 그것이 꿈이었음을 아는 순간 고통에서 해방되는 것과 유사한 느낌이다. 그리고 꿈속의 나와 너가 모두 내 마음 속의 나와 너였듯이, 이 세상 삶 속의 나와 너의 분별 또한 내 마음이 빚는 허망분별이라는 것, 너의 고통과 나의 고통이 서로 하나로 엮여 있다는 것을 알게 된다. 이런 방식으로 불교는 모든 중생이 서로 분리되지 않는 하나를 이루고 있음을 자각함으로써 표층에서의 고립과 단절, 소외와 갈등을 극복한다.

불교는 한 개인이 가지게 되는 고통은 단지 그 개인만의 고통이 아니라, 우리 전체가 함께 만들어 내는 우리의 고통, 우리 사회의 고통이라는 것을 안다. 표층에서는 각자가 느끼는 각자의 고통 같지만, 심층에서 보면 어느 누구도 고립된 개별 실체로 존재하지 않고 모두 하나의 에너지 파동으로 공명하고 있기에, 고통은 나의 고통이거나 너의 고통이기에 앞서 우리의 고통인 것이다. 우리 모두가 공동으로 산출한 공동의 보報, 공동의 고통인 것이다.

모든 중생의 심층 무명의 벽이 완전히 제거되지 않는 한, 그로 인해 고통받는 중생이 있을 것이며, 그러는 한 진정한 보살은 동체대비로 인해 그 고통을 외면하지 못할 것이다. 결국 모두가 고통을 벗고 모두가 행복해지지 않는 한, 우리는 어느 누구도 진정으로 행복해질 수가 없는 것이다. 우리가 허물어야 할 망념妄念의 벽과 무명無明의 벽은 우리가 함께 만든 벽이며, 따라서 우리가 함께 허물어야 하는 우리의 벽인 것이다.

이상은 고통에 관한 한 권의 책을 구상하면서 편집자의 생각을 정리해 본 것이다. 고통에 관한 한, 불교만큼 상세하고 친절한 설명을 달리 찾기 어렵다는 생각에 주로 불교에 의거하여 고통에 관한 생각을 정리해 보았다. 그러나 서문은 보다 전문적이고 체계적인 본격적 논의를 위한, 그야말로 서문일 뿐이다. 본문에서 초기불교와 선불교, 기독교를 포함한 서양철학, 그리고 진화심리학과 심리학이 각각 고통을 어떻게 설명하는지, 각 분야마다 전문가들이 상세한 논의를 전개하고 있다. 자세한 내용은 각각의 글에서 밝혀질 것이므로 여기에서는 각 글에서 논의되는 내용을 편집자의 관점에서 간단히 요약 정리해 본다.

5. 각 분야에서의 괴로움의 이해

1) 초기불교에서의 괴로움: 붓다의 괴로움과 그 소멸

정준영은 초기불교에서의 괴로움을 사성제의 구도에 따라 괴로움의 의미(고), 괴로움의 원인(집), 그리고 괴로움의 극복(멸과 도)으로 절을 나누어 설명한다.

　1. 괴로움의 의미(고성제): 정준영은 무엇보다도 괴로움(dukkha)의 의미를 다각도로 고찰해야 함을 강조한다. 말하자면 신수身受의 하나인 고수苦受에서의 고는 '느낌의 괴로움'이지만, 삼법인의 하나인 '일체개고'에서의 고는 그러한 느낌의 고뿐 아니라 신수의 낙과 비고비락, 나아가 정신적 고·락까지도 모두 포괄하는 것이므로, 폭넓게 '무상無常이 일으키는 불만족성'의 의미로 풀이함이 적절하다고 논한다.

　2. 괴로움의 원인(집성제): 불만족성을 뜻하는 광의의 괴로움에 대해 정준영은 그 원인을 다음 4가지로 정리한다.

　① 갈애(taṇhā): 욕애慾愛와 유애有愛와 무유애無有愛를 포괄함.
　② 집착(upadhi/upādāna): 갈애에 기반한 것.
　③ 느낌(vedanā): 촉으로부터 연히여 갈애를 일으기는 깃.
　④ 자아관념(sakkāya diṭṭhi): 오온에 대한 잘못된 이해.

　정준영은 이 넷이 서로 연결되고 중첩되어 둑카의 원인이 된다고 설명한다. 이것을 12지연기와 연결시켜 보면 아래와 같다.

촉 → 수(**느낌**) ⇨ 애(**갈애**) → 취(**집착**) → 유 → 생 → 노사

↑   〈둑카〉

유신견(자아관념)

느낌은 지난 업의 과보로서 수동적으로 주어지는 것이며, 문제는 그 느낌에 어떻게 대처하는가이다. 느낌을 알아차리고 통제하면 갈애로 나아가지 않아 괴로움에 빠지지 않게 되는 데 반해, 그렇지 못하고 자아관념에 이끌리면 결국 갈애와 집착으로 나아가 괴로움을 겪게 된다. 그러므로 둑카의 원인에 느낌, 갈애, 집착과 더불어 자아관념을 포함시킨 것이다.

3. 괴로움 극복의 길(멸·도성제): 여기에서는 우선 일반 수행자가 무엇을 해야 하는가를 설명한다. 괴로움을 극복하기 위해서는 느낌에서 갈애와 집착으로 나아가는 길을 끊어야 하며, 그러기 위해서는 오온의 실상을 바르게 인식하여 오온에의 집착을 버려야 한다. 그는 이것을 '오취온의 소멸'이라고 부른다.

수행이 완성되어 해탈의 경지에 이른 아라한에게 괴로움은 어떤 의미일까를 물으며, 그에 대한 두 가지 답변 가능성을 고려한다. ①아라한과 범부는 접촉 자체가 다르고, 따라서 느낌도 다르다고 보는 것이다(릴리드 실바의 관점). 범부는 어떤 상황에 처하면 자동반사적으로 근·경·식 화합의 촉이 일어나고 따라서 고·락·사의 느낌이 저절로 일어나는 데 반해, 아라한의 경우는 수행 결과 감각기관의 통제가 가능하므로 촉이나 수가 자동반사적으로 일어나지는 않는다고 보는 것이다. 아라한

은 비의도적 촉 대신 의도적인 지혜로운 주의인 여리작의如理作意 내지 사띠sati로써 사태를 있는 그대로 알아차릴 뿐이라는 것이다. ②아라한이든 범부든 주어진 상황에서 근·경·식 삼사 화합의 촉과 그로 인한 신체적 느낌(신수)을 갖게 되는 것은 마찬가지이고, 다만 그 첫 번째 화살 이후 자신 안의 탐·진·치로 인한 두 번째 화살을 스스로 맞는가 아닌가에서만 차이가 난다고 보는 것이다. 범부는 첫 번째 화살로 몸의 괴로움이 발생하면 탐진치를 일으켜 스스로 두 번째 화살을 맞아 정신적 괴로움(심수)을 더하는 데 반해, 아라한은 마음이 신체적 느낌에 영향 받지 않으므로 첫 번째 화살을 맞아도 그것으로 그치고 그 이상의 정신적 괴로움을 당하지 않는다는 것이다.

정준영은 ①보다는 ②의 입장을 더 지지하며, 아라한은 정신적 괴로움에서 해방된 자라는 것을 강조한다. 더불어 초기불교의 궁극 목표는 심리적 괴로움에서 벗어남이며, 이처럼 괴로움의 소멸과 극복을 강조한다는 점에서 불교는 결코 염세주의가 아니라고 역설한다.

2) 선불교에서의 괴로움: 괴로움의 뿌리인 번뇌가 곧 보리

초기불교가 번뇌를 끊어 해탈을 얻고 고苦를 덜어 낙樂을 얻기를 추구한다면, 대승불교는 '번뇌 즉 보리'의 불이법문, 고와 낙의 불이중도를 주장한다. 월암은 번뇌의 공성 및 번뇌와 보리의 불이에 관한 한 선종이 대승불교와 입장을 같이 한다는 것을 분명히 한 후, 그럼에도 불구하고 달마 이후의 초기 선종, 신수계의 북종선, 혜능계의 남종선, 그리고 마조 이후의 조사선 내지 홍주선에 있어 진과 망의 이해가 어떻게 미세하게 변천하고 있는가를 논한다.

선종은 처음부터 인간 마음의 성품은 본래 청정한데 바깥의 사물로 인해 오염된다는 '심성본정心性本淨 객진소염客塵所染'을 주장한다. 이 중에서 자성청정인 '심성본정'의 본각本覺 내지 부처의 입장을 강조하느냐, 아니면 번뇌망념인 '객진소염'의 불각不覺 내지 중생의 입장을 강조하느냐에 따라 선종의 수증론에 차이가 생기는데, 월암은 초기 달마선에서 조사선으로의 이행은 곧 중생 불각의 입장에서 부처 본각의 입장으로의 이행이며, 이는 곧 '진망이원'에서 '진망일원'으로의 점진적 이행이라고 주장한다.

1. 달마선: 초기 선종인 달마선은 중생 안에 내재된 불성을 깨달아 해탈하기 위해서는 객진망념(망)을 여의고 진여본성(진)으로 돌아가야 한다는 '사망귀진捨妄歸眞'을 주장하며, 이 점에서 '진망이원'의 입장을 보인다. 번뇌를 제거하기 위한 구체적 방법으로서 달마의 '벽관壁觀', 도신의 '수일불이守一不移', 홍인의 '수심守心' 등은 모두 망념을 일으키지 않는 심불기心不起의 자리에서 청정심을 확인하고자 하는 방법으로 망을 버림으로써 진을 성취하고자 하는 것이다.

2. 북종선: 월암은 신수의 북종선도 초기 선종의 사망귀진의 수행법을 이어 '식망수진息妄修眞'의 관심수행을 주장한다는 점에서 진망이원의 색채를 띠지만, 그럼에도 불구하고 삼독三毒의 삼취정계三聚淨戒로의 전환, 육적六賊의 육바라밀로의 전환을 주장한다는 점에서 진망일원의 수증론을 예비하고 있다고 논한다. 번뇌의 단斷이 아닌 전轉을 주장하는 것은 번뇌가 보리로 전환(전용)됨을 뜻하며, 이는 곧 번뇌와 보리가 근본에 있어서 둘이 아니라는 것을 함축하기 때문이다.

3. 남종선: 철저하게 '진망일원'의 입장을 표방하는 것은 돈오선을 주장하는 혜능의 남종선이다. 월암은 달마선을 이은 북종선(진망이원)과 남종선(진망일원)의 차이를 청정한 자성 내지 불성(진)을 무엇에

비유하는가의 차이를 통해 더욱 분명하게 드러낸다.

	허공	태양	구름
북종선:		**자성(진)** ↔	번뇌(망)
남종선:	**자성(진)**	지혜(망) ↔	번뇌(망)

진망이원의 입장은 자성(진)을 태양에, 객진번뇌(망)를 구름에 비유함으로써 구름을 걷어내고 태양을 바라보는 '사망귀진'을 주장하는데 반해, 진망일원의 입장은 그렇게 서로 대對가 되는 태양과 바람 너머 그 둘을 포괄하는 바탕으로서의 하늘(혜능) 내지 허공(신회)을 자성(진)으로 간주함으로써 결국 '번뇌 즉 보리'의 진망일원을 주장하는 것이다. 왜냐하면 오직 불생불멸의 하늘 내지 허공만이 진실한 법, 일심一心이고 일정명一精明이며, 그 안에 등장하는 보리나 번뇌는 모두 그 허공 일심 안에서 벌어지는 망분별과 망상에 지나지 않기 때문이다. 이 청정 불성을 깨달으면 보리의 불심이고 미혹하면 번뇌의 중생심이지만, 남종선은 '번뇌 즉 보리', '생사 즉 열반', '중생 즉 부처'를 주장한다.

4. 홍주선: 진망일원의 관점을 끝까지 관철시켜 일상의 견문각지를 모두 불성의 드러남으로 간주하는 것은 마조 이후의 조사선 내지 홍주선이다. 이는 곧 '작용시성作用是性'의 관점에서 일상의 삶 전체를 긍정하면서, 자성청정을 법성의 공성空性으로 해석하는 것이다. 황벽의 '본래무일물'을 바탕으로 '즉심즉불'이 주장되고 이어 '비심비불'이 주장되다가 결국은 '평상심시도'가 설해진다. 이로써 진망일원이 완성된다고 볼 수 있다.

이상과 같은 진망일원의 관점에서 보면 번뇌는 곧 보리이다. 번뇌의 공성을 자각함으로써 이러한 번뇌에 기반한 고통을 이겨나가는 것이 선종의 관점이라고 할 수 있겠다.

3) 서양철학에서의 괴로움: 서양철학의 역사에서 고통의 의미 찾기

고통은 도처에 존재한다. 그런데 고통은 그 자체도 힘들지만, 그 고통이 무의미한 고통이라고 여겨지면 더욱 더 견디기 힘들어진다. 도대체 고통이 존재하는 이유나 목적은 과연 무엇일까? 서양철학자들은 이 물음에 답하고자 하였으며, 박승찬은 그들의 답변을 고대, 중세, 근대, 현대로 나누어 설명한다.

1. 고대철학

①플라톤과 아리스토텔레스: 행복을 기본적인 것으로 다루며, 고통 해명에 소극적.

②스토아와 에피쿠로스: 고통에 관심을 기울임. 스토아학파는 영혼이 신체의 고통에 의해 영향 받지 않는 부동심(Apatheia)을 강조한 데 반해, 에피쿠로스는 고통을 피함으로써 얻어지는 영혼의 평정심(Ataraxia)을 행복으로 봄.

③그리스 비극: 영웅적 정신의 위대함이 비극적 고통과 수난 속에서 드러난다고 봄.

2. 중세 교부철학: 고통이 갖는 의미는?

①죄에 대한 신의 징벌: 개인적 징벌 + 집단적 징벌(원죄설).

②인간의 신앙과 의로움에 대한 신의 시험, 인내와 성숙을 위한 신의 교육: 인간의 만사형통과 자족의 환상을 깨고 신에게의 절대 순종을 가르치기 위한 것.

③자유의지의 남용 결과: 개인적 차원을 넘어 사회적 폭력, 전쟁 등도 설명 가능.

3. 근대철학

①데카르트: 정신과 신체의 이분법 이후 고통은 신체적 통증과 동일시되고 기계론적으로 해명될 뿐 더 이상 그 의미나 목적에 대한 물음을 제기하지 않게 됨.

②라이프니츠: 유한한 피조물이 갖는 근원적 불완전성이 악('형이상학적 악')이고 고통이지만, 이것은 전체와 조화하여 선을 이루는 계기가 됨.

③칸트: 인간이 그 의미나 책임을 물을 수 있는 것은 자연 사실로서의 '자연적 악'이 아니라 오직 '도덕적 악'일 뿐이라고 봄. 고통은 자기애의 억제에 의한 도덕적 자율성의 감정.

④헤겔과 셸링: 헤겔은 고통을 긍정적인 것에 대한 부정으로만 파악한 데 반해, 셸링은 고통을 적극적으로 사유하여 교부철학이 인정하지 않던 '신의 고통'을 주장함.

⑤쇼펜하우어와 니체: 쇼펜하우어는 '삶에의 의지'를 지닌 인간은 고통을 피할 수 없음을 강조하고, 니체는 고통의 극단적 무의미성인 운명까지도 긍정하고 사랑하라고 함.

4. 현대철학: 고통을 통해 우리가 얻게 되는 것은?

①실존철학: 불안, 우울, 절망 등 인간의 한계상황적 감정을 적극적으로 논함.

②아도르노: 자아성찰 통해 주객이원론, 심신이원론을 극복하게 함.

③레비나스: 타인의 고통을 나의 고통으로 대속함으로써 인간이 공동체성과 초월성을 자각하게 됨.

이상과 같이 서양철학사 전반에 걸쳐 고통이 어떻게 다루어졌는가를 논한 후, 박승찬은 고통 자체와 그 고통을 통해 얻게 되는 유용성은 분명하게 구분되어야 한다고 강조한다. 고통을 통해 우리가 아무리 바람직한 유익함을 얻는다고 해도, 고통 자체의 부정적 측면이 삭감되는 것은 아니라는 것이다. 나아가 우리의 유한성으로 인해 끝까지 지양될 수 없는 고통과, 그와 달리 인간의 상호 협력을 통해 결국은 지양되어야 할 고통도 분명하게 구분해서, 전자는 성숙한 자세로 수용하고, 후자는 그것을 없애기 위해 끝까지 싸워나가야 한다고 역설한다.

4) 진화심리학에서의 괴로움: 괴로움은 왜 진화했는가

19세기 중엽 다윈은 '자연 선택에 의한 진화'를 주장하였다. 다음 세대에 더 많은 복제본을 남기는 유전자가 오랜 세월에 걸쳐 자연 선택됨으로써 복잡하고 정교한 적응이 만들어졌다는 것이다. 20세기 후반에는 이러한 진화생물학의 원리를 인간의 마음에까지 적용하여 일체 심리현상을 진화적으로 이해하려는 '진화심리학'이 등장하였다. 바로 이러한 진화심리학의 입장에서 전중환은 우리의 삶에 괴로움이 일어나게 되는 진화적 원인을 4가지로 분류하여 설명한다.

1. 괴롭지만 유용한 부정적 정서들

진화과정에서 형성된 심리적 적응 중에는 소위 고통으로 분류되는 부정적 감정들이 있다. 그런 부정적 감정은 우리의 진화적 조상들을 괴롭게 만들었지만, 이를 통하여 조상들의 번식 성공도를 더 높여주었기 때문에 자연 선택되었다. 각 감정은 어떤 기능을 담당하는가?

① 질투: 배우자와의 관계를 장기적으로 유지할 수 있게 해줌.

② 불안: 위험 가능 상황에서 살아남게 해줌.

③ 두려움: 당면한 위험에 대처하여 살아남게 해줌.

④ 슬픔: 상실을 낳을 만한 행동을 중지하게 하여 더 이상의 손실을

막아줌.

⑤ 우울: 외부로부터 차단된 채 자신을 분석하고 반추할 기회를 갖게 함.

⑥ 분노: 타자로부터 부당하게 착취당하지 않게 보호해줌.

2. 생존이나 건강보다 번식 성공도를 높이게끔 설계된 적응들

자연 선택의 기준은 번식 성공도이지 개체의 생존이나 행복이 아니다. 그러므로 보다 높은 번식 성공도를 위해 개체 수명이 단축되거나 더 큰 고통을 당할 수도 있다. 개인의 생존이나 건강을 해치지만 번식을 증진시키기에 자연 선택되는 유전자는 남녀 간의 심리적, 행동적, 생리적 차이를 보이는 형질들에서 흔히 발견될 수 있다.

3. 설계상의 절충

신체의 다방면의 기능을 발휘하기 위한 여러 요구들이 서로 상충할 때 그 전체를 하나의 유기체로서 조화롭게 유지하기 위해서는 상호 타협과 절충이 일어날 수밖에 없다. 이처럼 유전자 수준에서 일어나는 타협과 절충이 개체의 삶에서는 괴로움의 원인이 될 수 있다. 진화생물학의 관점에서 볼 때 노쇠현상은 이러한 설계상의 절충에 해당한다.

4. 과거의 진화적 환경과 현대의 새로운 환경과의 부조화

인간의 유전자가 현재와 같은 상태로 진화하게 된 것은 수백만 년 전 수렵-채집의 생활환경이다. 그 후 유전자에는 별다른 진화가 일어나지 않은 데 반해 환경은 완전히 달라졌기 때문에, 그러한 불일치가 심리적 괴로움을 초래하기도 한다. 즉 수렵-채집 환경에서는 번식 가능성을 증대시키던 것이, 현대의 새로운 환경에서는 오히려 그렇지 못하고 해롭거나 고통을 야기할 수 있다.

이상과 같이 진화심리학의 관점에서 괴로움의 원천을 다각도로 살펴

본 후, 전중환은 괴로움의 원천이 이런 식으로 정확히 밝혀지고 나면 그에 따라 그러한 괴로움을 실질적으로 덜어내는 효과적 방안이 찾아질 수 있을 것이라는 낙관적 기대를 제시한다.

5) 심리학에서의 괴로움: 삶이 괴롭고 고달픈 이유

21세기 한국에서의 나의 삶은 왜 이렇게 괴롭고 고달픈가? 삶이 괴롭고 고달픈 이유를 논하기에 앞서 권석만은 우선 괴로움의 유형을 4가지로 분류한다.

①불쾌 감각: 5감 차원의 불쾌한 느낌. 예를 들어 통증.

②부정 정서: 지속적이고 복합적인 불쾌한 감정. 예를 들어 공포, 분노, 혐오.

③정신 장애: 부정적 정서가 축적되어 개인의 심리적 고통과 사회적 부적응 수준에 이른 장애. 예를 들어 불안 장애, 광장공포증, 강박 장애, 우울증.

④실존적 불안: 세계와 분리된 고립적 개체로서 느끼는 감정. 죽음, 자유, 고독, 무의미 등이 일으키는 감정.

이러한 다양한 괴로움에 시달리는 이유를 권석만은 3가지 차원으로 구분하여 설명한다.

1. 인류 보편적 원인

①우주의 존재 원리 자체: 엔트로피의 증가, 즉 질서의 파괴.

②인간의 '부정 편향성': 좋은 것보다 나쁜 것에 더 민감함.

2. 한국이라는 집단 공유적 원인(E. 디너의 한국사회 연구에 의거함)

① 재물을 최고 가치로 여기는 물질주의적 성향.

② 과도한 경쟁의식과 불신으로 인한 건전한 인간관계의 상실.

③ 삼독심: 재물에 대한 탐심, 갈등과 분노의 진심, 진정한 행복에 무지한 치심.

3. 개인적 원인(A. 벡의 인지치료와 A. 엘리스의 합리적 정서행동치료에 의거함)

① 생활 사건을 부정적 방향으로 왜곡 해석하여 자신에 대한 부정적 감정을 가짐(예를 들어 '나는 열등하고 무가치한 존재'라는 감정).

② 생활 사건을 왜곡하여 해석하게끔 하는 인지적 오류를 범함(예를 들어 흑백논리, 과잉일반화, 선택적 추상화 등의 오류).

③ 인지적 오류를 범하게끔 하는 역기능적 인지도식과 비합리적 신념을 가짐(예를 들어 자신이나 타인이나 세상에 대한 절대적이고 완벽주의적인 당위적 요구를 가짐).

④ 부적응적이고 자기파멸적 행동을 함으로써 자신의 부정적 인지체계를 다시 확인하는 악순환에 갇혀 있음.

이상과 같이 인간의 삶이 괴롭고 힘든 이유를 인류, 한국집단, 개인 차원으로 범위를 좁혀가면서 논하고 나서, 권석만은 인지행동치료에서 제시하는 괴로움 극복의 길로서 '인지적 재구성과 행동적 변화'를 설명한다. 나아가 고통의 근본 원인 및 해결책을 물질이나 신神에서가 아니라 인간 마음에서 찾는 내향적 접근이라는 점에서 심리학과 불교는 서로 유사하며, 그 둘은 각각 과학과 종교로서 상호 보완적 관계에 있음을 언급한다.

진화심리학에서의 괴로움 | 괴로움은 왜 진화했는가　　　　　전중환 · 195

심리학에서의 괴로움 | 삶이 괴롭고 고달픈 이유　　　　　권석만 · 235

괴로움,
어디서 오는가

붓다의 괴로움과 그 소멸

정준영(서울불교대학원대학교 불교학과)

1. 괴로움(dukkha)을 맞이하며

최근 부적절한 일로 인해 몸과 마음이 모두 괴로움을 경험했다. 육체적인 괴로움은 얼마 가지 않았다. 하지만 심리적 괴로움은 시간의 흐름과 함께 눈덩이처럼 커져 갔다. 일생에 있어 심리적 괴로움의 심각함이 어느 정도인지 처음으로 경험하게 된 것이다. 괴로움을 직접 경험하니 다른 사람들의 괴로움에 대해서도 조금씩 눈이 떠지기 시작했다. 그리고 괴로움에 대해 다른 시각에서 접근하게 되었다. 괴로움, 이것은 버티기 힘든 현실이었다. 벗어나기도 해결하기도 쉽지 않았다. 인류의 스승이신 붓다라면 이러한 괴로움을 어떻게 해결하셨을지 고민하게 되었다. 붓다는 2,500여 년 전에 이미 사성제四聖諦를 통하여 괴로움과 괴로움의 소멸에 대하여 설하셨다. 하지만 내가 괴로움에 빠지고 보니 사성제라는 분명한 가르침이 눈에 띄지 않았다. 보다 빠른 해결을 위해 엉뚱한 곳을 찾아 헤맬 뿐이었다.

초기불교에서 괴로움은 나라고 하는 자아 관념이 강하면 강할수록 증폭된다. 그 사실을 익히 보고 들어 알면서도 나는 내가 괴롭지 않기 위해, 나를 보호하기 위해 자아 관념을 더욱 강화시키려고만 했다. 나를 내려놓을 생각은 하지 못했던 것이다. 아마도 자아 관념이 괴로움 보다 훨씬 강하기에 괴로움의 원인을 내려놓는다는 것이 쉽지 않았던 것 같다. 붓다는 괴로움과 괴로움의 해결을 위해 사성제를 설한다. 사성제는 불교학계에서 가장 많이 연구된 분야 중에 하나일 것이다. 따라서 본 연구는 기존 연구들을 바탕으로 진행하되, 사성제의 내용에 대해 기존의 개념적 설명에서 벗어나 새로운 해석과 접근을 시도해 보고자 한다.

본고는 크게 세 부분으로 구성되어 있다. 먼저 초기불교에서 말하는 괴로움의 의미이다. 괴로움은 한자로 '쓰다'는 의미의 '고苦,' 영어로는 '괴롭다'는 의미의 'suffering'으로 표현한다. 첫 번째 장에서는 붓다가 우리들의 괴로움을 이러한 부정적인 의미로 사용하신 것인지, 모든 것이 괴롭다는 일체개고一切皆苦의 가르침이 이교도의 주장처럼 염세주의를 표방하는 것인지 등에 대해서 살펴보고자 한다. 이 과정에서 빠알리어 둑카dukkha가 지닌 의미에 대해 다시 생각해 보게 될 것이다. 두 번째는 괴로움의 원인이다. 괴로움은 왜 생겨나며 어떻게 확장되어 가는지에 대해서 초기경전의 가르침을 중심으로 살펴볼 것이다. 이 과정에서 다양한 괴로움의 원인들과 그 원인들이 자아 관념과 함께 확대되어 가는 과정을 살펴볼 것이다. 그리고 마지막은 괴로움의 극복이다. 괴로움의 극복은 열반涅槃이라고 부를 수 있는 상태로 완전한 소멸을 의미한다. 본고는 초기불교에서 제시하는 괴로움의 극복 과정에 대해 설명하고 더 나아가 아라한의 괴로움을 논의할 것이다. 열반을 성취한 아라한은 일상생활을 하며 살아가야만 한다. 그렇다면 아라한에게 있어서 괴로움의 소멸은 무엇을 의미하는지, 아라한은 어떤 과정을 통해 대상과 접촉하고 느끼는지 알아보고자 한다. 결과적으로 본고는 불교에서 가장 잘 알려진 가르침인 사성제를 토대로 한다. 다만 그 논의의 중심을 범부凡夫의 괴로움과 원인, 그리고 아라한阿羅漢의 경험에 한정하고자 한다. 본고는 가능한 초기경전(Pali-Nikaya)을 중심으로 진행하고자 노력하였다. 그러다 보니 사성제에 대한 기존의 선행 연구 활용에 미흡한 부분이 있다. 참고로 본고 안에서는 괴로움과 둑카를 같은 의미로 사용하고자 한다.

붓다는 세상의 진리로 사성제를 설한다.[1] 첫 번째 진리는 괴로움 자체, 두 번째의 진리는 괴로움의 원인, 세 번째 진리는 괴로움의 소멸, 그리고 네 번째 진리는 그 소멸에 이르는 방법인 팔정도를 말한다. 먼저 고성제를 통한 괴로움의 의미를 살펴보기로 하겠다.

2. 괴로움의 의미: 불만족

초기불교에 나타나는 '괴로움'은 빠알리Pāli어로 '둑카dukkha'라고 부른다. 빠알리어 둑카의 어원은 분명하지 않다. 둑카는 초기경전 내에서 폭넓은 의미로 사용되었다. 그리고 둑카의 의미를 분명하게 하기 위한 다양한 시도 역시 진행되었다. 『Pali English Dictionary』에 따르면 둑카는 접두사 '두duḥ'에서 파생되어 '까ka'와 합성되었으며,[2] '수카sukha'와 유사한 파생을 지닌다고 설명한다. 이와 관련하여 붓다고사 Buddhaghosa는 『청정도론(Visuddhimagga)』을 통하여 둑카의 어원을 설명한다.

"여기서 '두du'라는 단어는 비열하다(kucchita)라는 뜻으로 사용된다. 왜냐하면 비열한 아이를 두뻣따dupputta라고 말하기 때문이다. '카kha'라는 단어는 비었다(tuccha)라는 뜻으로 사용된다. 왜냐하면텅 빈 허공을 카kha라고 말하기 때문이다. 첫 번째 진리는 여러가지 위험이 도사리는 소굴이기 때문에 비열하고, 어리석은 사람들이 상상하는 항상함, 아름다움, 행복, 자아가 없기 때문에 비었다. 그러므로 비열하기 때문에, 비었기 때문에 둑카라고 부른다."[3]

"고통스럽게 만들기 때문에 둑카이다. 일어나고 머무는 것의 두가지 방법으로(dvidhā) 파기(khanati) 때문에 육체적 고통(dukkha)이다. 나쁜 마음상태(dummana bhāva)가 정신적 고통(domanassa)이다."[4]

이처럼 둑카는 '두'와 '꾸치따'를 통하여 '경멸'하거나 '무시'하는,[5] '비열한', '나쁜' 등의 상태를 의미하고 있다. 또한 사람을 괴롭게 만들고, 현재 일어나고 머물게 하기 때문에, 두 가지 방법으로 나타나 괴롭히기에 둑카라고 설명한다. 초기경전 안에서 괴로움을 의미하는 둑카는크게 세 가지로 나타나는데 이들은 1) '고성제(苦聖諦, dukkha ariya sacca)'의 괴로움, 2) '삼법인(三法印, ti-lakkhaṇa)'의 괴로움, 그리고 3) '느낌(vedanā, feeling)'의 괴로움이다. 이들을 살펴보면 다음과 같다.

1) 고성제의 괴로움

초기불교에서 말하는 둑카는 다양한 형태와 의미로 나타난다. 붓다는 『상윳따니까야』의 「담마짝까빠왓따나 왁가(Dhammacakkapavattana vagga, 初轉法輪)」를 통해 고성제의 괴로움을 소개한다.

"비구들이여, '이것이 괴로움의 성스러운 진리이다'라고 나에 의해 설해졌다. 여기에는 헤아릴 수 없는 많은 뜻, 헤아릴 수 없는 많은 표현, 헤아릴 수 없는 많은 의미를 내포하고 있다"라고 설한다.[6]

고성제는 괴로움을 의미하지만 헤아릴 수 없이 많은 의미와 표현이 내포되어 있다. 따라서 고성제의 괴로움인 빠알리어 '둑카'를 '이것이다'라고 정의할 수 있는 적절한 번역어는 찾기 어렵다. 둑카는 육체적 괴로움뿐만 아니라 철학적이고 심리학적인 뉘앙스의 복잡한 감정을 표현하는 데 사용하기도 한다. 예를 들어, 인간이 지니게 되는 고민, 고뇌, 번민 등의 다양하고 격렬한 경험들을 나타낸다. 초기불교는 이러한 괴로운 감정들이 깨달음을 얻지 못한 모든 인간에게 매우 다양한 수준과 형태로 나타나며, 매일의 삶과 행동에서 끊임없이 지속적으로 괴로움을 경험해야만 한다고 설명한다. 이러한 괴로움을 '네 가지 성스러운 진리' 중 첫 번째인 '고성제(苦聖諦, dukkha ariya sacca)'라고 부른다. 고성제는 일반적으로 '사고팔고四苦八苦'[7]와 '괴로움의 세 가지 성질(三性)'을 통해 소개된다. 「담마짝까빠왓따나 왁가」는 이러한 괴로움에 대해 13가지로 구체화시킨다.

"비구들이여, 이것이 괴로움의 성스러운 진리이다. 태어남도 괴로움

이다. 늙음도 괴로움이다. 병도 괴로움이다. 죽음도 괴로움이고
슬픔, 비탄, (육체적) 괴로움, (정신적) 괴로움, 고난도 괴로움이다.
싫어하는 (대상)들과 만나는 것도 괴로움이다. 좋아하는 (대상)들
과 헤어지는 것도 괴로움이다. 원하는 것을 얻지 못하는 것도 괴로움
이다. 요컨대 취착의 대상이 되는 다섯 가지 무더기(五取蘊)들 자체가
괴로움이다."[8]

이들은 ①출생(jāti), ②늙음(jarā), ③질병(vyādhi), ④죽음(maraṇa),
⑤슬픔(soka), ⑥비탄(parideva), ⑦(육체적) 괴로움(dukkha), ⑧(정
신적) 괴로움(domanassa), ⑨고난(upāyāsa), ⑩싫어하는 사람과 함께
하는 것(appiyehi sampayoga), ⑪좋아하는 사람과 헤어지는 것(piyehi
vippayoga), ⑫원하는 것을 얻지 못하는 것(yaṃ pi icchaṃ na labhati
taṃ), 그리고 ⑬오취온(五取蘊, pañcupādānakkhandā)이다.[9] 『위나야삐
따까(律藏)』의 경우는 앞서 ⑤슬픔, ⑥비탄, ⑦(육체적) 괴로움, ⑧(정
신적) 괴로움, ⑨고난의 5가지가 빠져 8가지로 설명되고 있으며 이들을
'사고팔고四苦八苦'라고 부른다.[10]

「담마짝까빠왓따나 왁가」에서 설명하는 둑카는 현재의 삶에 만연하
고 있는 다양한 수준과 형태의 육체적, 정신적 괴로움들로 구성되어
있다. 경전의 설명에 따르면, 붓다는 자신이 깨달음을 얻은 후에 이
내용을 어떻게 다른 사람들에게 전달할 것인가에 대해 주저하고 고민했
다. 가장 커다란 숙제는 이처럼 심오한 내용을 이전에 전혀 들은 바
없는 사람들에게 전달했을 때 이해할 수 있을지가 분명하지 않다는
점이었다. 그래서 그는 가르침에 대해서 가능한 단순화하고, 분류하고,

분명히 전달하려 노력했다. 이와 같은 노력에 의해 그의 가르침은 최초의 다섯 제자들에게 고스란히 전달되었다.[11] 이와 같이 실질적이고 단순화한 가르침은 눈에 띄었고, 기존에 없던 전혀 새로운 가르침을 펼치는 데 있어서도 많은 도움이 되었다. 사성제의 가르침에 따르면 둑카는 ① 출생으로부터 시작되어 ⑫ 원하는 것을 얻지 못하는 것과 ⑬ 오취온의 형태로 마무리 된다. 이들은 둑카 자체이며 둑카를 심화시키는 근본적인 원인이기도 하다. 이들에 대한 구체적인 내용은 후대의 주석 문헌을 통해 나타난다.

『청정도론』은 이들이 왜 괴로움이며, 왜 괴로움의 원인이 되는지 설명하기 위해 13가지 둑카의 특징을 설명한다. 먼저 ① 출생(jāti)은 모태 안에서, 그리고 출산 시에 태아가 겪어야 하는 싫어하는 조건들을 말한다. 또한 모태 안에서 태아가 경험하는 타는 듯한 뜨거운 느낌이나 분만 시에 엄마가 경험하는 고통과 같은 괴로움을 태아도 경험하는 것을 말한다. 두 번째로 ② 늙음(jarā)은 젊음을 사라지게 하고 죽음으로 이끄는 것이라고 설명한다. 특히 늙음으로 인한 노쇠함과 무기력은 모두 육체적·정신적 괴로움의 원인이 된다. ③ 질병(vyādhi)과 ④ 죽음 (maraṇa)은 따로 부연하지 않아도 괴로움의 특성임을 알 수 있다. 또한 『청정도론』은 ⑤ 슬픔(soka), ⑥ 비탄(parideva), ⑧ (정신적) 괴로움(domanassa), ⑨ 고난(upāyāsa)의 차이점에 대해서도 설명하는데, ⑤ 슬픔(soka)은 가까운 친인척 등을 잃었을 때 빠지는, 가슴이 타는 듯한 슬픔을 말하며, ⑧ (정신적) 괴로움(domanassa)과 유사하다. 다만 이들의 차이는 ⑤ 슬픔이 내적으로 통절한 특성을 지니고, ⑧ (정신적) 괴로움은 마음을 괴롭히는 특성을 지니고 있다고 한다. ⑥ 비탄 (parideva)은 육체적 정신적 괴로움의 외적 표현으로 울음이나 눈물,

흐느낌 등으로 드러나는 것을 말한다. ⑨ 고난(upāyāsa)은 앞서 설명한 ⑤ 슬픔(soka), ⑥ 비탄(parideva), ⑧ (정신적) 괴로움(domanassa)이 모두 함께 묶여 압도된 상태를 말한다. ⑦ (육체적) 괴로움(dukkha)은 육체적으로 나타나는 통증 등을 말하며, ⑧ (정신적) 괴로움(domanassa)과 대조적이지만 점차 발전하여 정신적인 괴로움의 원인이 되기도 한다. ⑩ 싫어하는 사람과 함께 하는 것(appiyehi sampayoga), ⑪ 좋아하는 사람과 헤어지는 것(piyehi vippayoga), ⑫ 원하는 것을 얻지 못하는 것(yaṃ pi icchaṃ na labhati taṃ)은 모두 정신적인 괴로움의 원인이 된다고 설명한다. 마지막으로 ⑬ 오취온(pañcupādānakkhandā)은 둑카 그 자체로 설명된다.(saṃkhittena pañcupādānakkhandā pi dukkhā) 오취온五取蘊에서[12] '취取'는 '우빠다나(upādāna, clinging)'를 말하는며, '오온'에 대한 '집착'과 '욕망'을 말한다. 이러한 오온에 대한 집착이 둑카를 일으키는 원인이 된다. 따라서 초기경전은 '오온에 대한 집착이 바로 괴로움이다'라고 설명한다.[13] 한 방울의 바닷물로 그 짠맛을 알 수 있듯이 오온 중 어느 하나에 대한 집착이라고 할지라도 그것은 괴로움을 이끄는 원인이 된다. 이들을 고성제라고 부른다.

『상윳따니까야Saṃyutta Nikāya』는 잠부카다까Jambukhādaka 유행승과 사리뿟따Sariputta 존자의 대화를 통해 괴로움의 세 가지 성질(三性)을 설명한다. 이들은 ① 고고(苦苦, dukkha dukkha), ② 괴고(壞苦, vipariṇama dukkha), 그리고 ③ 행고(行苦, saṅkhara dukkha)이다.

"벗이여, 사리뿟다여, '괴로움, 괴로움'이라고 하는데, 벗이여, 괴로움이란 무엇입니까?" "벗이여, 이와 같은 세 가지 괴로움(dukkhatā)

이 있습니다. 고통의 괴로움(dukkhadukkhatā, 苦苦性), 형성의 괴로움(saṅkhāradukkhatā, 行苦性), 변화의 괴로움(vipariṇamadukkhatā, 壞苦性)입니다. 벗이여, 이와 같은 세 가지 괴로움이 있습니다."[14]

『상윳따니까야』에서 설명하는 둑카는 일상적인 괴로움의 성질인 '고고성', 조건 지어진 상태에서 경험하는 괴로움의 성질인 '행고성', 그리고 변화로 인하여 발생하는 괴로움의 성질인 '괴고성'으로 구분된다. 고고성은 보편적인 괴로움으로 모든 육체적·정신적인 괴로움을 말한다. 태어나고, 늙고, 죽고, 병들고, 싫어하는 사람과 만나고, 좋아하는 사람과 헤어지고, 원하는 것을 이루지 못하는 것, 슬픔, 비탄, 근심 등이 이에 해당한다. 행고성은 나라고 하는 생각들에 의해서 발생하는 괴로움을 말한다. 다시 말해 존재, 개체, 오온이 나라고 생각하는 것에서 비롯되는 괴로움을 말한다. 괴고성은 즐거움이나 행복이 변화하기에 영원히 지속되지 않는 것에 대한 괴로움을 말하다. 이들은 1) 고통스럽기 때문에 둑카이고, 2) '나'라거나 '내 것'으로 취착하기 때문에(五取蘊) 둑카이며, 3) 결국은 변하고 말기 때문에 둑카라고 설명하는 것이다. 『청정도론』은 둑카의 세 가지 성질에 대해 좀 더 구체적으로 접근한다. 다만 행고와 괴고의 순서에 있어서는 차이점을 보인다.

"괴로움은 여러 가지가 있으니 다음과 같다. ①고통에 기인한 괴로움(dukkhadukkha), ②변화에 기인한 괴로움(vipariṇamadukkha), ③형성됨에 기인한 괴로움(saṅkhāradukkha), ④감춰진 괴로움(paṭcchanna dukkha), ⑤드러난 괴로움(appaṭicchanna dukkha), ⑥간접적인 괴로움(pariyāya dukkha), ⑦직접적인 괴로움(nippariyāya dukkha)이

다. 이 가운데서 육체적이고 정신적인 괴로운 느낌은 고유 성질로서
도, 이름에 따라서도 괴롭기 때문에 ①고통에 기인한 괴로움이라고
한다. 즐거운 느낌은 그것이 변할 때 괴로운 느낌이 일어나는 원인이
되기 때문에 ②변화에 기인한 괴로움이라고 한다. 평온한 느낌과
나머지 삼계에 속하는 형성된 것들(行, saṅkhāra)은 일어나고 사라짐
에 압박되기 때문에 ③형성됨에 기인한 괴로움이라고 한다. 귀의
통증, 이의 통증, 탐욕으로 인한 열, 성냄으로 인한 열 등 육체적이고
정신적인 괴로움은 질문을 해야 알 수 있고 발병하는 것이 드러나지
않기 때문에 ④감춰진 괴로움이라 한다. 분명하지 않은 괴로움이라
고도 한다. 32가지 형벌 때문에 생긴 괴로움은 질문하지 않고서도
알 수 있고 발병하는 것이 드러나기 때문에 ⑤드러난 괴로움이라고
한다. 분명한 괴로움이라고도 한다. 고통에 기인한 괴로움을 제외하
고 『분별론』의 괴로움의 진리의 해설에서 언급된 태어남 등의 나머지
모든 괴로움은 갖가지 괴로움의 토대가 되기 때문에 ⑥간접적인
괴로움이라고 한다. 고통에 기인한 괴로움은 ⑦직접적인 괴로움이
라고 한다."15

붓다고사는 고고성과 직접적인 둑카(nippariyāya dukkha)를 동일시
하고 있다. 그는 치통(齒痛, paṭicchanna dukkha)과 이통(耳痛, apākaṭa
dukkka)과 같이 현저하지 않은 작은 유형의 둑카들에 대해서도 설명할
뿐만 아니라, 고문에 의한 고통 역시 분명하고 직접적인 둑카(pākaṭa
dukkha, appaṭicchanna dukkha)의 모음 안에 포함시킨다. 반면에 출생과
같은 통증은 간접적인 둑카(pariyāya dukkha)에 해당한다. 『앙굿따라니
까야Aṅguttara Nikāya』는 둑카의 다양한 성질에 대해 설명하며, 수행자

는 이들의 차이를 이해해야 한다고 설명한다.

> "비구들이여, 무엇이 괴로움의 다양성인가? 비구들이여, 아주 강한
> 괴로움, 미미한 괴로움, 천천히 변하는 괴로움, 빨리 변하는 괴로움
> 이 있다. 이것이 괴로움의 다양성이다."[16]

이처럼 초기경전 안에서의 괴로움은 매우 다양한 성질로서 소개되고
있다. 특히 괴로움의 세 가지 성질 중에 행고와 괴고의 성질은 삼법인과
도 매우 밀접하게 연관되어 있다.

2) 삼법인의 괴로움

초기불교 안에서 둑카는 존재의 전반적인 속성을 의미하는 삼법인〔무상
(無常, anicca), 고(苦, dukkha), 무아(anatta, 無我)〕의 특징으로 설명된
다. 하지만 둑카에 대한 잘못된 번역이 불교에 대한 오해로 이끌기도
한다. 특히 '일체개고(一切皆苦, sabbe saṅkhāra dukkha)'의 둑카를 단순
히 '苦', 'suffering', '괴로움' 등으로 번역하여 '모든 것이 괴롭다'라고
설명한다면 이는 둑카에 대한 잘못된 이해에서 비롯된 것이다. 월폴라
라훌라Walpola Rahula는 많은 사람들이 둑카의 의미를 잘못 번역하여
사용함으로 인해 불교를 염세주의라고 오해하게 만든다고 지적한다.

> "많은 사람들이 불교를 염세주의적인 사상으로 잘못 이해하게 된
> 것은 바로 이러한 한정되고 안이한 번역과 피상적인 해석 때문이다.
> …… 빠알리어 둑카를 일반적으로 괴로움, 아픔, 슬픔, 불행의 의미로
> 행복, 편암함, 즐거움을 나타내는 수카sukha의 반대어로 사용하는

것이 사실이다. 그러나 사성제의 둑카는 붓다의 시선에서 바라본 세상과 삶의 다양하고 깊고 거대한 철학적인 의미를 내포하고 있다. 물론 사성제의 둑카 역시 일반적인 의미로서의 괴로움을 나타내는 것은 사실이다. 그러나 이때의 둑카는 '불완전성', '무상함', '비어 있음', '실체 없음' 등의 의미도 포함하고 있다. 때문에 사성제의 둑카가 가지고 있는 의미를 모두 포함하는 단어를 찾기는 쉽지 않다. 따라서 둑카를 괴로움이나 고통 등의 부적절하거나 잘못된 단어로 번역하는 것보다는 번역하지 않고 둑카로 놔두는 것이 더 나을 수 있다."[17]

붓다가 괴로움을 설명하지만 삶의 행복을 부정하는 것은 아니다. 붓다는 재가와 출가에 대한 구분 없이 여러 가지 형태의 육체적·정신적 즐거움에 대하여 설한다. 하지만 초기경전의 설명에 따르면 재가의 즐거움, 출가의 즐거움, 애착의 즐거움, 정신적인 즐거움, 육체적인 즐거움 모두 둑카에 해당한다. 더 나아가 수행을 통해 얻는 선정(jhāna)의 상태, 높은 수행의 단계 역시 둑카에 해당한다. 왜냐하면 둑카는 일상적인 의미에서의 괴로움이 아니라, 무상한 것은 무엇이든지 만족스럽지 못하다는 의미이기 때문이다. 이처럼 둑카는 단순히 육체적·정신적 느낌뿐만 아니라, 철학적 의미로도 사용된다. 위제세케라Wijesekera는 이러한 특징을 지닌 둑카를 '불만족성(unsatisfactoriness)'이라고 소개한다. 개체를 이루는 그 모든 것은 무상한 성질 때문에 덧없으며, 비지속적이기 때문에 만족스러운 경험의 근거가 되어줄 수 없다는 것이다. 무상한 것은 무엇이건 무상하기 때문에 불만족스럽다. 그는 불교에서 사물을 보는 두 가지 관점을 소개한다.

"불교에서 사물을 보는 데는 낮은 관점과 높은 관점 두 가지가 있다. 괴로움을 관찰함에 있어서도 물론 이 두 가지 관점이 있다. 낮은 세속적 관점에서 보면 우리의 경험세계, 즉 감각과 느낌의 영역에는 즐겁거나 행복한 느낌, 불쾌하거나 불행한 느낌, 괴롭지도 즐겁지도 않은 느낌이 있다. …… 세상에는 불행과 마찬가지로 행복이라는 것이 있다. 그러나 그러한 여러 가지 느낌을 더 깊이 검토해 보면, 이 세 가지 유형의 경험들 사이에는 반드시 공통분모가 있다. 즉 이 세 종류의 경험이 모두 무상 혹은 변천이라는 보편적인 속성에 종속된다는 사실이다."[18]

그의 설명에 따르면 붓다가 설한 사성제와 일체개고의 둑카는 (괴로운) 느낌의 차원을 초월한다. 심지어 즐거움이나 행복도 그것이 무상한 것이라면 불만족의 속성을 벗어날 수 없기에 둑카라는 것이다. 「니다나 상윳따Nidana saṃyutta」는 붓다와 사리뿟따의 대화를 통해 모든 느낌이 둑카라고 설한다.

"벗이여, 세 가지 느낌이 있다. 세 가지란 무엇인가? 즐거운 느낌과 괴로움 느낌과 즐겁지도 괴롭지도 않은 느낌이다. 벗이여, 이 세 가지 느낌은 무상하며, 무상한 것은 괴로운 것이라고 알려질 때 느낌 가운데 환락이 일어나지 않는다. …… 싸리뿟따여, 훌륭하다. 싸리뿟따여, 훌륭하다. 그 법문은 이와 같이 '무엇이든 느껴진 것은 괴로움에 속한다'라고 간략하게 설할 수 있다."[19]

이처럼 느낌을 통한 괴로움은 즐거움과 대비되는 낮은 세속적 관점의 괴로움을 말한다. 하지만 붓다가 삼법인을 통해 설하고자 했던 괴로움은 느낌의 범주뿐만 아니라, 모든 현상은 무상함 안에서 불만족스럽다는 보편적인 진리를 말하는 것이다.

3) 느낌의 괴로움

괴로움은 감각이나 느낌으로 나타난다. 초기불교 안에서 느낌에 대한 이해는 매우 중요하다. 먼저 둑카는 '괴로움', '불행', '즐겁지 않은'의 의미로 느낌의 범주 안에서 가장 먼저 나타난다. 초기경전에서 나타나는 느낌(vedanā, feeling)에는 크게 세 가지가 있는데, 『상윳따니까야 Saṃyutta Nikāya』는 느낌의 종류에 대하여 다음과 같이 설명한다.

"비구들이여, 세 가지 종류의 느낌들이 있다. 어떤 세 가지인가? 즐거운 느낌, 괴로운 느낌, 괴롭지도 않고 즐겁지도 않은 느낌. 이렇게 세 가지 느낌들이 있다."[20]

이러한 종류의 느낌들은 물질과 정신의 양쪽 면을 모두 가지고 있다. 느낌을 물질적인 느낌과 정신적인 느낌으로 구분하는 것에 대해 몇몇의 수행자들은 빠알리 용어 '웨다나(vedanā, 느낌)'를 오직 정신적인 면으로 이해해야 한다고 설명하기도 한다.[21] 하지만 「웨다나 상윳따Vedanā-saṃyutta」는 느낌이 물질과 정신의 양쪽 성질을 모두 가지고 있다고 설명한다.

"비구들이여, 무엇이 두 가지 종류의 느낌인가? 육체적인 것과 정신적인 것, 이것들을 두 가지 종류의 느낌들이라고 한다."[22]

더 나아가 초기경전에서 나타나는 느낌은 위의 분류뿐만 아니라 3, 5, 6, 18, 36, 108가지 등으로 다양하게 나누어 설명한다.[23] 그리고 이들 중에 느낌의 종류로서 가장 널리 알려져 있는 구분은 이미 위에 언급한 3가지 종류의 느낌들과 물질적 정신적 구분을 포함하는 5가지 종류의 느낌들이다. 이들은 ① 육체적으로 즐거운 느낌(kāyikā sukhā-vedanā, sukha), ② 육체적으로 괴로운 느낌(kāyikā dukkhā-vedanā, dukkha), ③ 정신적으로 즐거운 느낌(cetasikā sukhā-vedanā, somanassa), ④ 정신적으로 괴로운 느낌(cetasikā dukkhā vedanā, domanassa), 그리고 ⑤ 괴롭지도 즐겁지도 않은 느낌, 또는 중립의 느낌(adukkhamasukhā vedanā, upekkhā)[24]으로 나누어진다.[25] 그러므로 불교 안에서 나타나는 느낌이란 즐거운 것, 괴로운 것, 괴롭지도 즐겁지도 않은 것이며, 이들은 다시 육체적인 것과 정신적인 것들로 나누어진다. 이들 중에 정신적으로 육체적으로 즐겁지 않고 괴로운 느낌을 둑카라고 부른다. 특히 둑카는 육체적으로 괴로운 느낌에 자주 사용한다. 이러한 느낌은 갈애의 원인이며 갈애는 집착의 원인이 된다. 그리고 이들은 괴로움 그 자체인 동시에 괴로움의 원인이 된다.

초기불교는 '사고팔고'와 '세 가지 성질(三性)'로 나타나는 '고성제'의 괴로움을 설명한다. 붓다는 이 세상의 첫 번째 진리로서 현실이 괴롭다는 것을 제시한 것이다. 하지만 이 괴로움은 감각적인 괴로움만을 의미하는 것은 아니었다. 붓다는 무상한 것은 무엇이든지 만족스럽지 못하다는 의미에서 괴로움을 설하였다. 다시 말해 괴로움이란 존재의 전반적인 불만족성을 말하는 것이다. 따라서 초기불교의 '일체개고'를 세속적인 괴로움의 관점으로 한정하여 모든 것을 괴로워하는 염세주로 보는 것은 재고의 여지가 있다. 괴로운 느낌은 육체적인 것뿐만 아니라 정신적인 것도 있으며, 이들의 구분은 괴로움을 소멸한 아라한의 느낌과 관련하여 논의할 수 있다. 아라한의 느낌과 관련해서는 4장에서 다루고자 한다.

3. 괴로움의 원인: 인식 과정

초기불교는 괴로움의 원인을 다양하게 설명하고 있다. 그중 대표적인 것은 갈애, 집착, 느낌, 자아 관념 등이다. 본고에서는 초기경전에서 설명하는 괴로움의 다양한 원인을 살펴보고 이들이 어떠한 인식 과정에 의해 괴로움으로 발전하는지 살펴보고자 한다.

1) 갈애

초전법륜初轉法輪으로 잘 알려진 「담마짝까빠왓따나 왁가(Dhamma-cakkapavattana vagga)」의 설명에 따르면 붓다는 집성제(集聖諦, duk-khasamudaya ariyasacca)를 통해 둑카의 원인을 갈애(渴愛, taṇhā)로 설명한다.

"비구들이여, 괴로움의 발생의 거룩한 진리는 이와 같다. 그것은 바로 쾌락과 탐욕을 갖추고 여기저기 환희하며 미래의 존재를 일으키는 갈애이다. 곧 감각적 쾌락의 욕망에 대한 갈애, 존재에 대한 갈애, 비존재에 대한 갈애이다."[26]

앞서 살펴본 것과 같이 괴로움에는 많은 원인들이 있지만 붓다는 집성제를 통해 갈애를 그 대표적인 원인으로 설명하고 있다. 갈애는 '목마름'이라는 의미로 빠알리 동사 √tṛṣ(to be thirsty)에서 파생된 명사이다. 경전은 갈애를 크게 세 가지로 설명하는데 이들은 '욕애(慾愛, kāma-taṇhā)', '유애(有愛, bhava-taṇhā)', '무유애(無有愛, vibhava-taṇhā)'로 구분된다.[27] 욕애는 감각적 욕망에 대한 갈애로 다섯 감관을 통해 생겨나는 갈애를 말한다. 유애는 존재에 대한 갈애를 말한다. 존재를 열망함에 의해서 생긴 상견常見에 비유되며, 색계와 무색계에 대한 갈애로 소개되기도 한다. 그리고 무유애는 비존재에 대한 갈애로, 존재하지 않는 것에 대한 갈애를 말하며 단견斷見에 비유되기도 한다.[28] 「마하사띠빳타나숫따」는 갈애가 일어나는 원인에 대해 좀 더 구체적으로 설명한다.

"비구들이여, 이런 갈애는 어디서 일어나서 어디서 자리 잡는가? 세상에서 즐겁고 기분 좋은 것이 있으면 거기서 이 갈애는 일어나서 거기서 자리 잡는다. 그러면 세상에서 어떤 것이 즐겁고 기분 좋은 것(piya rūpaṃ sāta rūpaṃ)인가? 눈(cakkhu)은 세상에서 즐겁고 기분 좋은 것이다. 귀(sata)는 ⋯ 코(ghāna)는 ⋯ 혀(jivhā)는 ⋯ 몸(kāyo)은 ⋯ 마음(mano)은 세상에서 즐겁고 기분이 좋은 것이다. 여기서 이 갈애는 일어나서 여기서 자리 잡는다. 형상(rūpa)은 ⋯ 소리(saddā)는 ⋯ 냄새(gandhā)는 ⋯ 맛(rasā)은 ⋯ 감촉(phoṭṭha-bhā)은 ⋯ 법(dhammā)은 ⋯. 안식(cakkhu-viññāṇa)은 ⋯ 이식은 ⋯ 설식은 ⋯. 눈의 접촉(cakkhu-samphasso)은 ⋯ 귀의 접촉은 ⋯. 눈의 접촉에서 생긴 느낌(cakkhu-samphassajā vedanā)은 ⋯ 귀의 접촉에서 생긴 느낌은 ⋯. 형상의 인식(rūpa saññā)은 ⋯ 소리의 인식은 …. 형상의 의도(rūpa sañcatanā)는 … 소리의 의도는 ….
형상의 갈애(rūpa taṇhā)는 … 소리의 갈애는 …. 형상의 일으킨
생각(rūpa vitakko)은 … 소리의 일으킨 생각은 …. 형상의 머무는
생각(rūpa vicāro)은 … 소리의 머무는 생각은 … 여기서 이 갈애는
일어나서 여기서 자리 잡는다."[29]

이들은 인식의 과정과 더불어 갈애의 연기적인 관계를 설명하고
있다. 경전은 갈애의 원인을 60가지로 설명한다. 먼저 여섯 가지의
① 근根, ② 경境, ③ 식識과[30] 그리고 이들의 ④ 접촉(觸), 접촉으로 인
한 ⑤ 느낌(受), 느낌에 의한 ⑥ 인식(想), ⑦ 대상에 대한 의도(思),
⑧ 대상에 대한 갈애(愛), ⑨ 대상에 대한 일으킨 생각(尋), ⑩ 대상에
대한 머무는 생각(伺)들이 모두 즐겁고 기분 좋은 것이며, 이들이 갈애의
원인이라는 것이다. 따라서 초기불교 안에서 육근을 다스리고 느낌을
관찰하는 것은 갈애를 일으키지 않는 주요한 원인이 된다.

근根·경境·식識 → 촉觸 → 수受 → 상想 → 사思 → 애愛 → 심尋
→ 사伺 × 6 = 60가지

2) 집착

빠알리어 '우빠디(upadhi, 집착)'는 '우빠upa'와 '다dhā'의 합성으로 '자리
하다'라는 '우빠다하띠upadahati'의 의미를 지닌다.[31] 따라서 우빠디는
어딘가에 도착하거나 접촉, 닿으려고 한다는 의미를 포함한다. 또한
'우빠디'는 '우빠다나upādāna'와 유사한 의미로 '취착', '집착', '잡음',
'연료', '생명' 등의 뜻도 지니고 있다. 「다니야 숫따Dhaniya sutta」는

집착(우빠디)에 대해서 개인이 지니고 있는 다양한 재산이나 소유물로
표현하고 있다. 이러한 소유로 인한 집착은 슬픔의 원인이 된다.

"자식이 있는 이는 자식으로 인해 슬퍼하고, 소를 가진 이는 소
때문에 슬퍼합니다. 집착의 대상으로 인해 사람에게 슬픔이 있으니,
집착이 없는 사람(nirūpadhi)에게는 슬픔이 없습니다."[32]

「아리야빠리예사나 숫따Ariyapariyesana sutta」 역시 우빠디에 대해
부와 재산으로 비유하고 있다.[33] 이처럼 우빠디는 초기경전을 통해
반복적으로 불행이나 괴로움의 원인으로 설명된다. 『숫따니빠따』는
누군가 괴로움을 경험한다면 그것은 우빠디에 의한 것이며, 우빠디가
괴로움의 원인이라고 설명한다.

"어떤 괴로움이 생겨나더라도 모두 집착을 조건(upadhīnidānā)으로
한다는 것이 하나의 관찰이고, 그러나 집착을 남김없이 사라지게
하여 소멸시켜 버린다면 괴로움이 발생하지 않는다고 하는 것이
두 번째 관찰이다."[34]

경전은 집착이 괴로움의 원인임을 분명히 정의한다. 반면에 우빠디가
없는 경우는 평화롭고 시원한 상태로 묘사된다.[35] 또한 『숫따니빠따』의
주석서에 따르면, 우빠디는 네 가지를 포함하는데 이들은 '욕망
(kāmūpadhi)', '오온(khandhūpadhi)', '번뇌(kilesūpadhi)', '행(abhi-
saṅkhārūpadhi, 의도)'이다.[36] 이들은 우리가 가지고 있는 소유물에 대한
욕망, 우리가 가진 것 중에 가장 강한 욕망이 붙어 있는 오온, 우리가

가진 것들에 대한 정서적·의도적 반응들을 의미한다. 결국 우빠디는 우리가 가진 물리적 소유물, 오온, 그리고 정신적으로 강한 집착 모두를 포함한다. 이러한 집착은 괴로움의 원인이며 접촉의 원인이 되기도 한다. 『우다나』는 접촉이 우빠디에 의해 만들어진다고 설명한다.

"마을이나 숲에서 ① 괴로움과 즐거움을 접촉해도 자신에게도 타인에게도 전가하지 말라. ② 집착의 대상을 조건으로 접촉들(phassā)이 접촉하니, 집착의 대상을 여읜 님(nirupadhiṃ)을 어떻게 접촉들이 접촉하겠는가?"[37] (번호는 논자 첨가)

『우다나』의 설명에 따르면, '집착이 없는 자는 접촉이 일어나지 않는다'는 설명과 같다. 이 부분을 자세히 살펴보면 다음과 같다. 먼저 ①은 이미 괴로움과 즐거움이 발생한 이후에 대한 접촉을 말한다. 즉 1차적인 접촉으로 '근·경·식의 화합'이 발생한 이후를 의미하는 것이다. ②는 앞서 생긴 느낌(괴로움 혹은 즐거움)을 좋아하거나 싫어하는 갈애나 집착을 일으키지 말라는 설명으로 이해된다. 집착을 단속하지 않으면 계속해서 또 다른 접촉으로 확산되기에 집착이라는 조건이 단속되고 사라지면 또 다른 접촉으로 정신적인 경험의 확산을 막을 수 있다는 의미이다. 문장상으로는 '집착' 이후에 '접촉'이 나오기에 12연기를 역행하는 것 같지만, 내용상으로는 12연기의 진행 과정과 유사하다.[38] 따라서 삼사의 화합 이후에 현상에 집착이 일어나면 이 집착은 또 다른 접촉들을 만들어 내고, 또 다른 접촉들은 더욱 다양한 집착과 갈애들을 만들어 낸다는 설명으로 보인다. 그럼에도 불구하고 본 경구는 접촉과 집착의 관계에 대해 다시 생각하게 만든다. 이와 관련된 내용은 4장의 2) '아라한의 괴로움과 그 소멸'에서 다루도록 하겠다.

『상윳따니까야』는 괴로움이 일어나게 되는 여섯 가지 원인을 설명하고 이들의 인과관계에 집중한다.

"세존께서는 이와 같이 말씀하셨다. … '세상에 늙음과 죽음을 일으키는 많은 종류의 괴로움, 이러한 괴로움은 도대체 무엇을 조건으로 하고, 무엇을 원인으로 하고, 무엇을 발생으로 하고, 무엇을 바탕으로 하는가?' 무엇이 있다면 늙음과 죽음이 있고, 무엇이 없다면 늙음과 죽음이 없는가? 그는 숙고하여 이와 같이 안다. '세상에 늙음과 죽음을 일으키는 많은 종류의 괴로움, 이러한 괴로움이야말로 집착(upadhi)을 조건으로 하고, 집착을 원인으로 하고, 집착을 발생으로 하고, 집착을 바탕으로 한다. 집착이 있다면 늙음과 죽음이 있고, 집착이 없다면 늙음과 죽음이 없다.' … '그런데 집착은 도대체 무엇을 조건으로 … 원인으로 … 발생으로 … 바탕으로 하는가?' … '집착은 갈애(taṇha)를 조건으로 … 원인으로 … 발생으로 … 바탕으로 한다.' 갈애가 있다면 집착이 있고, 갈애가 없다면 집착이 없다. … '그런데 이런 갈애가 생겨나면 어디에서 생겨나고, 들어가면 어디로 들어가는가?' … '세상에 사랑스럽고 즐거운 것마다 갈애가 언제나 거기에서 생겨나고, 언제나 거기로 들어간다. 그런데 세상에서 사랑스럽고 즐거운 것은 무엇인가?' 시각이라는 것은 세상에서 사랑스럽고 즐거운 것이다. 갈애는 언제나 여기에서 생겨나고 언제나 여기로 들어간다. 청각이라는 것은 … 후각 … 미각 … 촉각 … 정신 …. 어떤 수행자들이라도 세상에서 사랑스럽고 즐거운 것을 영원하다고 보았고, 행복하다고 보았고, 자기라고 보았고, 건강하다 보았고, 안온하다 보았다면 그들은 갈애를 키운 것이다. 갈애를 키운 사람은 집착을 키운 것이다. 집착을 키운 사람은 괴로움을 키운 것이다. 괴로움을 키운 사람은 태어남과 늙음과 죽음, 슬픔, 비탄, 고통, 근심, 절망으로부터 해탈하지 못한 것이다."[39]

초기경전은 태어남과 늙음, 죽음, 슬픔, 비탄, 고통, 근심, 절망 등의 괴로움에 대한 원인을 설명한다. 붓다는 이들 괴로움의 원인이 '집착(upadhi)'에 있음을 주장한다. 그리고 집착의 원인이 '갈애(taṇhā)'에 있음을, 갈애의 원인이 '세상에 사랑스럽고 즐거운 것(loke piyarūpaṃ sātarūpaṃ)'에 있음을, 이들의 원인이 '안이비설신의'에 있음을, 그리고 육근이 영원(nicca)하고, 행복(sukha)하고, 자신(atta)이라고 보았을 때, 건강하고 편안하다고 보았을 때 갈애가 생겨남을 설명한다. 다시 정리하면, 일반 사람은 육근의 작용을 자신이라고 생각하여 그들에 대해 있는 그대로 보지 못하고 흔들리면[40] 육근을 사랑스럽고 즐거운 것이라고 생각한다. 이러한 생각은 나와 현상에 대한 갈애로 발전하며, 이러한 갈애는 집착의 원인이 된다. 결국 집착으로 인해 괴롭다는 설명이다.

육근은 영원(常)하고, 행복(樂)하고, 자기 자신(我)의 것이다 → 사랑스럽고 즐거운 것 → 갈애 → 집착 → 괴로움

이처럼 『상윳따니까야』에 따르면, 괴로움의 직접적인 원인은 '집착' 이다. 또한 현상에 대한 무상(anicca)·고(dukkha)·무아(anatta)의 특성

을 이해하지 못할 때 육근에 대한 갈애가 일어나고, 이러한 갈애가 집착의 원인이 된다. 집착의 소멸은 열반과도 직접적으로 연결되어 있다. 또한 '집착(우빠디)'의 유무에 의해 유여(有餘, saupādisesa)열반과 무여(無餘, anupādisesa)열반을 구분하기도 한다.[41]

3) 느낌

「니다나 상윳따」는 붓다와 사리뿟따와의 대화를 통해 갈애의 원인이 느낌(vedanā)에 있음을 설명한다.

> "세존이시여, 만약 저에게 '벗이여, 사리뿟다여, 갈애는 무엇을 조건으로 하고, 무엇을 원인으로 하고, 무엇을 발생으로 하고, 무엇을 바탕으로 하는가?'라는 질문을 한다면 세존이시여, 저는 그 질문에 이와 같이 '벗이여, 갈애는 느낌을 조건으로 하고, 느낌을 원인으로 하고, 느낌을 발생으로 하고 느낌을 바탕으로 한다'라고 대답하겠습니다."[42]

육입처를 통해 나타나는 삼사三事의 화합인 접촉은 느낌으로 이어진다. 또한 느낌에 대한 통제는 갈애로의 발전을 막을 수 있게 한다. 더 나아가 괴로움의 원인인 집착으로의 확장도 막을 수 있는 것이다. 「마두삔디까 숫따Madhupiṇḍika sutta」는 시각, 형상, 그리고 시각의식이 있을 때에 이 세 가지 요소의 결합으로 접촉(phassa)이 일어나고 이 접촉으로 인해 느낌이 생겨난다고 설명한다.[43] 이러한 세 가지 요소들의 결합은 시각뿐만 아니라 청각, 후각, 미각, 촉각, 그리고 정신에서 모든 형태의 접촉을 만들어 내며 다시 이 접촉은 느낌의 원인과 조건이 된다.[44] 중요한 것은 접촉을 통하여 느낌이 생성되는 지점까지의 과정 안에는 자아의 개념이 들어가지 않는다는 것이다. 그러므로 범부에게 접촉으로 인해 느낌이 일어나는 순간까지의 과정은 수동적으로 발생하며 노력으로 인한 조절이 불가능하다. 하지만 이러한 과정 이후에 느낌이 일어난 상태에서부터는 훈련을 통한 능동적 제어가 가능하게 된다.[45] 냐냐포니까 테라Nanaponika Thera는 알아차림의 대상으로써 느낌에 대해서 다음과 같이 설명한다.

"감각적인 측면에서 느낌은 어떤 감각적 접촉에 대한 첫 번째 반응이기 때문에 마음을 정복하고 싶어하는 사람이 특별한 주의를 기울일 가치가 있다. 붓다가 설한 '연기(paṭicca-samuppāda)'의 법칙으로 '고통 덩어리인 육신이 생겨나는' 조건을 알 수 있고, 감각적 접촉이 느낌의 주요 원인이 된다는(phassa-paccayā vedanā) 것을 알 수가 있다. 그리고 육신의 기관에서 느낌은 갈애의 원인이 되며, 그 결과 갈애가 강해지면서 갈애는 취함의 원인이 된다.(vedanā-paccayā taṇhā, taṇha-paccayā upādānaṃ) 그러므로 느낌은 다양한 형태의 격렬한 감정이 일어나게 하고 십이연기의 수에서 (윤회가) 연속되는 것을 깨뜨릴 수 있다는 점에서 고통의 조건을 만드는 중요한 문제이다. 만일 감각적인 접촉을 받아들일 때 느낌의 단계에서 잠시 쉬거나 멈추게 할 수 있거나, 또는 그 첫 번째 단계에서 청정한 염을 통해 느낌을 바라본다면 느낌은 갈애나 다른 갈망의 원인이 되지 않을 수도 있다."[46]

냐냐포니까 테라는 12연기의 과정을 통하여 느낌을, 둑카가 발생하는

원인이자 동시에 둑카를 멈출 수 있는 조건으로 설명하고 있다. 초기불
교는 몸과 마음으로부터 발생되는 모든 것들은 느낌으로 인지된다고
보고 있다. 그러므로 인식 과정에 대한 알아차림은 둑카의 종식을
위해 중요한 과정이다. 불교적인 분석에 따르면 느낌은 갈애(taṇhā)의
가장 직접적인 원인이 되기도 한다.

「마하니다나 숫따Mahanidāna sutta」[47]와 「니다나 상윳따Nidāna-
saṃyutta」[48]에 따르면, 느낌은 갈애를 발생하게 하는 조건으로써 설명되
어진다. 그러므로 여섯 가지 감각기관들을 통하여 느낌이 완전하게
통제된다면 갈애는 나타나지 않게 되는 것이다. 즉 둑카의 원인이
제거될 수 있다.

"느낌을 조건으로 갈애가 생긴다고 불려진다. 아난다여, 어떤 방법을
통하여 느낌을 조건으로 갈애가 일어나는지가 이해될 수 있는가.
가령 눈의 접촉으로 생겨나는 느낌, 귀, 코, 혀, 몸의 접촉…… 마음의
접촉으로 생겨나는 어디에서든 느낌이 없다면, 느낌의 제거됨으로
써 갈애가 나타나느냐?" "그렇지 않습니다, 스승님." "그러므로 아난
다여, 이것은 갈애(taṇhā)의 원인, 근원, 기원, 그리고 조건이다.
그것이 느낌(vedanā)이다."

초기불교 안에서 느낌을 전제로 한 갈애는 다시 집착(upādāna)의
원인이 되고, 이는 둑카가 발생하는 데 매우 현저한 요소로 나타난다.
그러므로 불교에서는 통제가 가능한 느낌과 인식의 과정을 이해하고
조절하는 것이 둑카의 원인이 되는 갈애를 줄이고 더 이상 발생되지

않도록 도움을 준다고 설명하고 있는 것이다. 이러한 느낌과 집착의 관계에 대해 「브라흐마잘라숫따Brahmajāla sutta」는 부처님께서 느낌의 발생과 소멸의 바른 이해를 통하여 집착을 여의고 해탈을 얻게 되었다고 설명한다.

> "여래는 그것을 완전히 안다. 거기로부터 더 나은 것을 안다. 그것을 완전히 알면서 그는 집착하지 않는다. 집착하지 않는 그에게 멸이 스스로 이해된다. 비구들이여, 여래는 느낌들의 일어남을 있는 그대로 알면서 집착하지 않고 해탈된 자이다."[49]

그러므로 우리가 수행을 통하여 느낌을 조절하고 바르게 이해한다면 느낌은 갈애의 원인으로 발전되지 않을 것이다. 뿐만 아니라 이러한 실천을 통하여 우리는 느낌의 본래의 성질인 무상함 역시도 이해하게 될 것이다. 이처럼 느낌은 둑카의 원인이다.

4) 자아 관념

둑카의 또 다른 원인에는 무엇이 있을까? 「쭐라웨달라숫따Cūḷavedalla sutta」의 설명에 따르면 일반 범부(puthujjano)는 오취온을 통해 영속하는 자아 관념(sakkāya diṭṭhi, 有身見)을 가지게 된다. 오온에 대한 '우빠다나(upādāna, 집착)'는 "물질(色, rūpa)을 자아로 여기고, 물질을 가진 것을 자아로 여기고, 자아 가운데 물질이 있다고 여기고, 물질 가운데 자아가 있다고 여긴다." 나머지 수상행식에 대해서도 반복한다. 이때 오온에 대한 취착의 상태에서 또 다시 욕망과 탐욕(chandarāga)이 일어나며 이것을 다시 '우빠다나'라고 부른다.[50] 이러한 반복적인 작용에 의해 범부는 자신이 영원히 존재한다고 믿게 된다. 이것을 '자신이 있다고 믿는 견해'라고 부른다. 무상함이라는 보편적 진리 안에서 영속하는 자신이 있다는 견해는 만족스럽지 못하다. 결국 이러한 견해는 현상에 대한 불만족으로 이끌어질 수밖에 없다. 따라서 자아 관념에 의한 오취온은 괴로움 그 자체이다. 경전의 설명에 따르면, 범부에게 오취온을 떠난 집착은 찾아보기 어렵다. 결과적으로 다른 집착들(chandarāga)은 오취온이 발생한 이후에 나타나는 것들이다. 따라서 오온은 다시 집착에 의해 오염되기를 반복한다.[51] 이처럼 오온에 대한 잘못된 이해는 둑카의 원인이 된다. 「아비야까따상윳따Abyākata saṃyutta」는 붓다와 아누룻다의 대화를 통해 오온에 대한 잘못된 이해가 괴로움의 원인이 된다고 설명한다.

"아누룻다여, 어떻게 생각하는가? 물질은 영원한가 무상한가?" "세존이시여, 무상합니다." "그렇다면 무상한 것은 괴로운 것인가 즐거운 것인가?" "세존이시여, 괴로운 것입니다." "아누룻다여, 괴로움은 무상한 것인가 유상한 것인가?" "세존이시여, 무상한 것입니다." "그런데 무상하고 괴롭고 변화하는 것을 '이것은 나의 것이고, 나이고, 이것은 나의 자아이다'라고 여기는 것은 옳은 것인가?" "세존이시여, 옳지 않습니다." "느낌 … 지각 … 형성 … 의식 …"[52]

이처럼 대부분의 사람들은 영원하지 않은 것들에 대해 영원하다고 생각하며, 자신의 생각이 맞지 않음에 괴로워하며 살고 있다. 「마간디야 숫따Māgandiya sutta」는 아름답고 흰옷을 입고 싶어 하는, 앞을 보지 못하는 장님에게 더러운 옷을 속여 파는 얘기가 나온다. 경전의 설명에 따르면, 이 장님은 오염되고 더러운 옷을 희고 깨끗한 옷이라고 속아 평생을 입고 살다가 훌륭한 의사에 의해 눈을 고쳐 앞을 볼 수 있게 된다. 스스로의 눈으로 자신이 입은 옷을 보았을 때, 그는 더러운 옷을 입고서 오랫동안 깨끗하다고 속아 기만당하고 미혹된 것에 대해서 분노와 적의가 일어날 것이라는 설명이다. 이와 같이 붓다의 가르침을 통해 오온에 대한 집착이 사라지면, 그동안 오온에 취해서 집착하고 이들 집착을 조건으로 괴로운지도 모르고 지속적으로 괴로움을 경험해 왔다는 사실을 알게 된다는 얘기이다. 이처럼 인간의 마음은 인간 스스로를 속인다. 마음은 항상 행위에 앞서 선행하며 가이드 역할을 한다. 이 세상은 마음에 의해 이끌어지며 동시에 마음에 의해 문제가 생긴다.[53] 인간은 잘못 지각하는 마음에 속아 무상한 것을 영원한 것으로 간주하고 그들에 대해 집착하기 시작한다. 하지만 머지않아 영원할 것이라던 대상이 변화한다는 현실과 직면했을 때 둑카를 경험하게 되는 것이다. 이처럼 감각기관 등을 통해 형성되는 오온에 대한 집착은 더 커다란 집착으로 발전하고, 결국 인간에게 다시 둑카의 덩어리가 생겨난다. 따라서 둑카의 원인은 자아 관념에 의한 집착에 있다. 결국 자아 관념과 집착의 종식이 둑카의 종식으로 이끌 수 있다.

본고를 통하여 갈애, 집착, 느낌, 자아 관념(오취온)을 분리하여 살펴보고 있지만, 이들은 서로 연결되어 있다. 초기경전 안에서 괴로움의 원인은 매우 다양하게 나타난다. 앞서 살펴본 것처럼 '우뻬디니'도 둑카의 원인이며, 「출라웨달라숫따Cūḷavedalla sutta」의 설명에 따라 '갈애(taṇhā)'와 취착도 둑카의 원인이다.[54] 「살아야따나 상윳따Saḷāya-tana saṃyutta」에 따르면 '유신견(sakkāya-diṭṭhi)'도 둑카의 원인이다.[55]

또한 「드와야따누빠사나 숫따Dvayatānupassanā sutta」는 다양한 측면에서 둑카의 원인을 설명한다.[56] 따라서 괴로움은 다양한 번뇌들로 인하여 발생한다고 볼 수 있다.[57]

이와 같은 설명을 통해 분명해지는 것은, 둑카의 원인은 한 가지가 아니며 이들은 다양한 원인과 중첩되어 발전해 나간다는 것이다. 특히 현상에 대한 잘못된 인지 과정에 의해서 확장되어 간다. 인간은 본능적으로 태어나면서부터 즐거움에 대한 욕망(sukha kāma)과 괴로움에 대한 혐오(dukkhapaḷikūla)를 지니고 있다.[58] 인간은 이 세상에 태어나자마자 바로 외부 세상과의 접촉을 시작한다. 그리고 이러한 접촉을 통해 개별적인 감각이 일어난다. 이것은 인간의 감각기관과 외부 대상과의 상호 작용이 시작되는 것이다. 이러한 상호 작용은 둑카라고 부르는 '다툼', '대립', '불만족', 그리고 '정신적인 괴로움'을 일으킨다. 따라서 둑카를 이해하기 위해서는 이들의 상호 작용을 이해할 수 있어야 한다. 그리고 이들이 어떻게 발생하는지, 현상에 대한 인식 과정이 어떻게 진행되는지를 분명하게 파악해야만 한다.

「살아야타나 상윳따」의 붓다는 자신이 감각기관, 감각의 대상, 그리고 감각의 접촉에 대한 이해를 목적으로 정진해 나아갔던 것을 강조한다. 왜냐하면 이들에 대한 이해가 둑카의 종식으로 이끌기 때문이다.[59] 앞서 느낌에서 살펴본 「마두삔디까 숫따」는 시각, 형상, 그리고 시각의 식이 있을 때에, 삼사의 화합으로 접촉이 일어나고, 곧 이어 느낌과 지각이 생겨난다고 설명한다.

"친구여, 눈이 있고 형상이 있고 안식이 있을 때, 접촉(phassa)이라고 불려지는 것이 나타날 수 있다. 접촉이라고 불려지는 것이 있을

때, 느낌(vedanā)이라고 불려지는 것이 나타날 수 있다. 느낌이라고
불려지는 것이 있을 때, 지각(saññā)이라고 불려지는 것이 나타날
수 있다. 지각이라고 불려지는 것이 있을 때, 생각(vitakka)이라고
불려지는 것이 나타날 수 있다. 생각이라고 불려지는 것이 있을
때, 희론(망상)에 오염된 지각과 관념(papañcasaññāsaṅkhā)의 생겨
남이라고 불려지는 것이 나타날 수 있다."[60]

이 경전은 이러한 세 가지 요소들의 결합은 시각뿐만 아니라 몸과
마음을 원인과 조건으로 하여 청각, 후각, 미각, 촉각, 그리고 정신에서
모든 형태의 접촉을 만들어 내게 되며, 이 접촉은 느낌의 원인과 조건이
된다고 설명한다.[61] 이 과정에서 중요한 것은 위의 접촉을 통하여 느낌이
생성된 이후에 이 느낌에 대한 알아차림이 바르게 나타나지 않으면
지각과 생각으로 진행되고, 머지않아 망상에 오염된 지각과 관념
(papañcasaññāsaṅkhā)으로 발전하여 결국에 '이것은 나의 것이다(etaṃ
mama)', '이것은 나이다(eso ahamasmi)', '이것은 나 자신이다(eso me
attā)' 등의 자아 관념(mamatta, asmimāna)으로 고착된다는 것이다.[62]
이러한 자아 관념은 이전에 살펴본 오온에 대한 집착과도 같다. 즐거움
에 대한 욕망과 괴로움에 대한 혐오와 같은 인간의 본능은 자아 관념의
생성을 촉구하고 더욱 견고하게 만든다. 이러한 관념은 갈애, 자만
(māna), 그리고 사견(diṭṭhi)에 의해 더욱 강화된다. 결국에는 자아
관념에 대한 집착과 더불어 둑카가 일어난다.

또한 초기경전은 둑카의 원인과 관련하여 양극단과 함께 설명하고
있다. 「빠사디까 숫따Pāsādika sutta」는 둑카와 관련하여 잘못된 견해

8가지를 소개한다. 1) 즐거움과 괴로움은 영원하다, 2) 즐거움과 괴로움은 영원하지 않다, 3) 즐거움과 괴로움은 영원하기도 하고 영원하지 않기도 하다, 4) 즐거움과 괴로움은 영원한 것도 아니고 영원하지 않은 것도 아니다, 5) 즐거움과 괴로움은 자기가 만든 것이다, 6) 즐거움과 괴로움은 타자가 만든 것이다, 7) 즐거움과 괴로움은 자기가 만든 것이기도 하고 타자가 만든 것이기도 하다, 8) 즐거움과 괴로움은 자기가 만든 것도 아니고 타자가 만든 것도 아니다. 이들은 우연히 발생한 것이다. 이것이야말로 진리이고, 다른 것은 거짓이다.[63] 붓다는 이러한 극단적인 견해를 지지하지 않았다. 그리고 이러한 자아 관념에 대한 이론들이 고행주의와 쾌락주의라는 양극단으로 이끈다고 설명한다. 붓다는 이러한 극단으로부터 벗어나 둑카를 설명하고자 시도한다.[64] 결국 둑카는 '내가 있다'라는 자아 관념에서 비롯된다고 볼 수 있다. 나라고 하는 생각이 이 세상과 개인 사이에 특별한 모양과 색깔을 만들어 내는 것이다. 이와 같은 일그러지고 여러 가지로 나눠진 잘못된 견해는 현상에 대해 있는 그대로 볼 수 있을 때 제거할 수 있다. 대상에 대한 잘못된 집착(taṇhā, rāga)이나 혐오(dosa, paṭgha)는 사람의 마음을 지속적으로 쥐어 잡고 억누른다. 그러므로 느낌, 지각, 생각 등은 인간에게 자아 관념을 발생시키는 조건들이 될 수 있다. 하지만 나타난 현상이기에 수행자가 노력을 통해 알아차릴 수 있는 좋은 관찰 대상이기도 하다.

4. 괴로움의 극복: 소멸 과정

괴로움의 극복은 멸성제와 도성제를 통해 설명된다. 멸성제는 괴로움의 소멸, 즉 열반을 말하며, 도성제는 괴로움의 소멸에 이르는 길을 말한다. 초전법륜으로 잘 알려진 「담마짝까빠왓따나 왁가」의 설명에 따르면, 붓다는 도성제道聖諦를 통해 괴로움의 극복 과정을 설명한다. 이들은 여덟 겹의 고귀한 길(ariyo aṭṭhaṅgiko maggo)로 표현되는 팔정도八正道이다.

> "벗이여, 그 괴로움을 완전히 알기 위한 길이 있고 방법이 있습니까?" "벗이여, 그 괴로움을 알기 위한 길이 있고 방법이 있습니다." "벗이여, 그 괴로움을 완전히 알기 위한 어떤 길, 어떠한 방도가 있습니까?" "벗이여, 그 괴로움을 알기 위한 이와 같은 여덟 가지 고귀한 길이 있습니다. 그것은 올바른 견해, 올바른 사유, 올바른 언어, 올바른 행위, 올바른 생활, 올바른 정진, 올바른 마음챙김(사띠), 올바른 집중입니다."[65]

팔정도는 계정혜戒定慧 삼학三學으로 구성되어 있으며, 정학定學을 통해 올바른 정진(正精進), 올바른 마음챙김(正念), 올바른 집중(正定)이 소개된다. 경전의 설명에 따르면, 정념은 사념처四念處 수행으로, 정정은 사선정四禪定 수행으로 알려져 있다.

1) 오취온의 소멸

사념처 수행의 방법을 소개하고 있는 「마하사띠빳타나 숫따」는 법념처法念處를 통해 오취온의 관찰을 설명하고 있다.

> "비구들이여, 그러면 어떻게 비구가 법에서 법을 관찰하는 수행을

하면서 지내는가? 비구들이여, 여기에 어떤 수행자가 다섯 가지 집착된 모음(五取蘊)이라는 법에서 법을 관찰하면서 지낸다. 그러면 비구들이여, 어떻게 다섯 가지 집착된 모음이라는 법에서 법을 관찰 하면서 지내는가? 비구들이여, 여기에 비구가 '이것은 물질(色)(적 현상)이다', '이것은 물질(적 현상)의 발생이다', '이것은 물질(적 현상) 의 소멸이다'라고 분명히 안다. '이것은 느낌(受)(작용)이다', '이것은 느낌(작용)의 발생이다', '이것은 느낌(작용)의 소멸이다'라고 분명 히 안다. '이것은 지각(想, 인식)(작용)이다', '이것은 지각(작용)의 발생이다', '이것은 지각(작용)의 소멸이다'라고 분명히 안다. '이것은 행위(行)(작용)이다', '이것은 행위(작용)의 발생이다', '이것은 행위 (작용)의 소멸이다'라고 분명히 안다. '이것은 의식(識)(작용)이다', '이것은 의식(작용)의 발생이다', '이것은 의식(작용)의 소멸이다'라 고 분명히 안다."[66]

오온에 대한 완전한 이해 없이, 오취온으로부터 벗어나고자 노력하지 않고서 둑카dukkha로부터 벗어나는 것은 불가능하다. 반면에 오온을 이해하고, 오온으로부터 벗어나, 오온의 진정한 모습을 분명히 보고 이해하면 자아 관념으로부터 벗어나 완전한 깨달음을 성취할 수 있게 된다.[67] 「마하뿐나마숫따Mahāpuṇṇama sutta」는 붓다가 오온에 대하여 상세하게 설명하고 이를 이해한 60명의 비구들이 둑카로부터 벗어나 열반을 성취하는 내용을 설명하고 있다.[68] 그리고 「담마짝까빠와타나 숫따」[69]와 「아낫따라카나 숫따Anattalakkhaṇa sutta」[70]는 붓다의 첫 번째 제자인 5명의 비구들이 '무아'에 대한 설법과 '오온'에 대한 설법을 듣고 둑카로부터 벗어나 아라한과를 증득하는 내용을 묘사하고 있다.

또한 「악기왓차곳따 숫따Aggivacchagotta sutta」의 설명에 따르면, 붓다는 오온을 버리고 윤회로부터 벗어나게 되었다고 설한다.

"왓차여, 이와 마찬가지로 사람들은 물질(느낌, 지각, 행위, 의식)로써 여래를 묘사하려 하지만, 여래는 그 물질을 버렸습니다. 여래는 물질의 뿌리를 끊고, 밑둥치가 잘려진 야자수처럼 만들고, 존재하지 않게 하여, 미래에 다시 생겨나지 않게 합니다. 왓차여, 참으로 여래는 물질이라고 여겨지는 것에서 해탈하여, 심오하고, 측량할 수 없고, 바닥을 알 수 없어 마치 커다란 바다와 같습니다. 그러므로 여래에게는 사후에 다시 태어난다는 말도 타당하지 않으며, 사후에 다시 태어나지 않는다는 말도 타당하지 않으며, 사후에 다시 태어나기도 하고 다시 태어나지 않기도 한다는 말도 타당하지 않으며, 사후에 다시 태어나는 것도 아니고 태어나지 않는 것도 아닌 것이란 말도 타당하지 않습니다."[71]

수행자는 오취온의 통찰을 통하여 둑카와 그 원인이 집착에 있었음을 여실하게 이해하고 더 이상 나라고 하는 고정된 실체에 집착하지 않는다. 더 나아가 오온의 집착으로부터 벗어난 수행자는 윤회의 괴로움으로부터 벗어나게 되는 것이다.

2) 아라한의 괴로움과 그 소멸

완전한 열반(nibbanā)을 성취한 아라한은 더 이상 괴로움에 시달리지 않는다. 왜냐하면 열반은 괴로움의 종식을 의미하기 때문이다.[72] 물론 아라한과를 성취한 자가 더 이상의 육체적인 괴로움을 느끼지 않는다는

의미는 아니다. 그렇다면 아라한은 괴로움을 가지고 있는가, 가지고
있지 않은가? 아라한의 열반은 모든 괴로움의 종식을 말하는 것인가,
불만족이라는 심리적 괴로움의 종식을 말하는 것인가? 『이띠웃따까
Itivuttaka』는 살아 있는 아라한의 상태에 대해서 설명한다.

"비구들이여, 여기 비구는 …… 존재의 모든 속박들을 제거했으며,
…… 그는 다섯 가지 감각을 가지고 있으며 그들은 아직 부서지지
않았다. 그는 즐거운 느낌, 괴로운 느낌, …… 느낀다."[73]

경전의 설명에 따르면 열반을 성취한 아라한은 육체적 즐거움과
괴로움을 경험한다. 또한 『테라가타Theragāthā』는 깨달음을 얻은 아라
한이라고 할지라도 그들에게는 오온五蘊에 대한 집착이 사라졌을 뿐,
오온은 남아 있으며 육체적인 느낌을 느낀다는 것을 설명한다. 결국
아라한은 탐·진·치의 삼독심과 번뇌가 제거되었음에도 불구하고 인간
의 구성요소인 몸과 느낌을 그대로 가지고 있음을 보여준다.[74] 그렇다면
아라한에게는 육체적인 느낌만이 있고 정신적인 느낌은 없다는 것인
가? 아라한은 대상과 어떠한 접촉들을 이루는가? 본 장에서는 아라한의
괴로움과 그 소멸 과정을 이해하기 위해 접촉과 느낌에 대해서 살펴볼
것이다. 특히 스리랑카의 불교학자인 릴리드 실바Lily de Silva의 연구를
통해 초기경전에서 나타나는 아라한의 감각적 경험을 소개하고자 한
다.[75] 이 과정을 통해 아라한의 감각기관의 작용, 그리고 육체적인
괴로움과 정신적인 괴로움에 대해서 논의할 수 있을 것이다. 아라한에
대한 연구가 부족한 시점에서 문헌을 바탕으로 하는 연구를 시도하였다
는 점에 그 의미를 두고자 한다.

(1) 아라한의 접촉

아라한은 대상과 감각기관의 접촉을 통해 나타나는 영역에 마음을 사로잡히지 않으며, 그런 것들이 나타나는 그대로 알아차리고 관찰한다. 이러한 현상의 소멸 또한 관찰한다. 이것이 자아 관념을 부여하지 않고 나타나는 현상을 있는 그대로 볼 수 있는 방법이다. 아라한은 육근을 통하여 들어오는 대상에 마음을 사로잡히지 않고, 혼란되지 않고, 동요하지 않는다. 즉 아라한의 접촉이 범부와 다르다는 의미이다. 본고의 제3장 2절 '괴로움의 원인' 중 '집착'에서 살펴본 것을 참고로 아라한의 접촉과 일반 범부의 접촉에는 차이점이 있을 수 있다. 대부분의 범부들은 소유물에 대한 집착에 의해 또 다른 접촉이 일어난다. 하지만 아라한의 경우에는 소유물에 대한 집착이 없기에 그 집착으로 인한 새로운 접촉이 일어나지 않는다.

우리는 일상생활을 통해 대상과 항상 접촉을 하지 않는다. 지금 이 순간에도 우리의 감각기관이 활동하고 있으나 모든 감관이 접촉을 하고 있는 것은 아니다. 따라서 우리는 우리가 좋아하는 대상을 선택하고 그 대상에 마음을 보내어 접촉을 이룬다. 물론 어쩔 수 없이 대상과 자동반사적인 접촉을 이루는 경우도 많다. 하지만 항상 반사적인 접촉만을 이루는 것도 아니다. 아라한도 모든 대상에 선택적 혹은 반사적으로 접촉하지 않는다. 아라한의 경우에는 필요에 의해 선택적인 접촉을 이룰 수 있으며[76]이러한 접촉은 범부와 다른 환경에서 일어난다.

앞서 「마두삔디까 숫따」에서 살펴본 것과 같이 범부는 시각, 형상, 그리고 시각의식이 있을 때에 이 세 가지 요소의 결합으로 접촉(phassa, 觸)이 일어나고, 이 접촉으로 인해 느낌이 생겨난다. 이와 같은 삼사의 화합은 대부분이 자동반사적으로 일어난다. 그러나 아라한의 경우는 그 스스로 감각기관의 통제가 가능하기에 본의 아니게 일어나는 반사적인 접촉은 발생시키지 않는다. 범부와 아라한 사이의 접촉은 성질 자체가 다른 것이다. 『숫따니빠따』는 "존재의 흐름(bhavasotā)을 추구하여 접촉에 패배당한 사특한 길에 들어선 사람들은 장애(saṃyojana)를 부수기 어렵다. 그러나 접촉에 대하여 두루 알아 최상의 지혜와 그침을 즐기는 사람은 접촉을 고요히 가라앉혀 바람 없이 완전히 열반에 든다"고 설한다.[77] 다시 말해 외부대상과의 접촉을 고요히 가라앉혀 아무런 바람이 없을 때, 괴로움의 소멸과 열반을 성취한다는 설명이다. 사리뿟따Sariputta는 『앙굿따라니까야』를 통하여 여섯 가지 접촉의 감역이 남김없이 사라져 소멸하면 자아 관념을 일으키는 희론(망상)이 소멸하고 멈춘다고 설명한다.

"벗이여, '여섯 가지 접촉의 감역이 남김없이 사라져 소멸하더라도 다른 어떤 것이 남아 있다'라고 말하는 것은 희론할 수 없는 것을 희론하는 것입니다. 벗이여, '여섯 가지 접촉의 감역이 남김없이 사라져 소멸하더라도 다른 어떤 것이 남아 있지 않다'라고 말하는 것도 희론할 수 없는 것을 희론하는 것입니다. 벗이여, '여섯 가지 접촉의 감역이 남김없이 사라져 소멸하더라도 다른 어떤 것이 남아 있기도 하고 남아 있지 않기도 하다'라고 말하는 것은 희론할 수 없는 것을 희론하는 것입니다. 벗이여, 여섯 가지 접촉의 감역이 남김없이 사라져 소멸하면 희론이 소멸하고 희론이 그칩니다."[78]

이처럼 감각적 접촉에 따른 외부대상과 육근의 활동이 완전히 중지될 때에 개념적 사고의 확산도 멈추게 된다. 즉 수행자는 접촉의 중지와 함께 망상이 자아 관념으로 확산되는 것을 막을 수 있다. 『테라가타 Theragāthā』는 아라한의 접촉에 대해 나가사말라Nāgasamāla 비구의 예를 들고 있다. 경전의 설명에 따르면, 나가사말라는 음악을 반주로 아름다운 옷을 입고 춤추는 젊은 여자를 보았다. 하지만 그는 그녀를 감각적 욕망의 대상으로 삼지 않고, 그녀를 명상의 주제로 삼았고 머지않아 아라한과를 성취하게 된다.[79] 이 경전이 강조하는 것은 나가사말라 비구가 아름다운 춤을 추는 여인에 대해, 범부가 대상을 보고 일으키는 접촉을 일으킨 것이 아니라, 대상에 대해 직접 '지혜로운 주의(yoniso manasikara, 如理作意)'를 기울였다는 점이다. 다시 말해 같은 대상이라고 할지라도 그 대상을 바라보는 방법이 달라지는 것이다.

릴리드 실바Lily de Silva의 설명에 따르면, 수행자에게 '지혜로운 주의'가 일어나지 않으면 접촉이 일어난다. 지혜로운 주의와 접촉은 서로 양립하기 어려운 현상인 것이다. 만약 누군가 나타나는 현상을 지혜로운 주의로 바라보면 접촉은 일어나지 않고, 접촉으로 대상을 인지하면 지혜로운 주의가 일어나지 않는다는 설명이다. 수행자가 우리의 감각기관인 육근의 접촉을 통하여 현상의 무상함이란 실재를 보게 되면, 그에게는 접촉에 대한 혐오감이 일어난다.[80] 접촉에 대한 혐오감을 지니게 되면 접촉하고자 하는 욕구가 줄어들고, 보다 순수한 방법을 모색하게 된다. 그것이 지혜로운 주의이다. 따라서 여실지견하는 '지혜로운 주의'를 가지고 있는 아라한에게는 접촉이 일어나지 않는다. 결국 아라한은 범부가 세상과 접촉하는 방식과는 전혀 다른 방식으로 세상과의 관계를 유지할 수 있도록 변화된 것이다.

사실 아라한에게 어떠한 신체적 변화가 일어났는지에 대해서는 분명하지 않지만, 수행자의 분명한 알아차림을 방해하던 장애(nīvaraṇa)와

족쇄가 완전히 제거됨으로써 매우 예리한 감각기능으로 강화되었다고 볼 수 있다. 그렇다면 아라한은 접촉 없이 어떻게 예리한 감각의 자료를 기억하고 받아들이는 것인가? 릴리드 실바는 접촉을 대신하여 '사띠 (sati, mindfulness)'의 역할을 강조한다. 그녀는 사띠가 매우 강한 정신적 현상이며, 수행자의 기억하는 힘을 예리하게 만들어 접촉이 없이도 있는 그대로 현상을 보면서 알아차림이 가능하게 한다고 설명한다.[81] 「세카 숫따Sekha sutta」는 사띠가 가지고 있는 능력을 설명한다. 아난다 는 붓다를 대신하여 마하나마에게 설명한다.

"세상에서 고귀한 제자는 …… 사띠를 확립합니다. 그는 최상의 사띠와 분별을 갖춥니다. 그는 오래 전에 행한 것이나 오래 전에 말한 것을 기억하고 회상합니다."[82]

그는 대상을 바라볼 때, 어떤 편견이나 편애에 의한 왜곡 없이 정확하 게 현상을 있는 그대로 본다. 대상을 통해 좋아하거나, 싫어하거나 하는 정서적인 판단을 하지 않는다. 이러한 경우 윤회의 삶을 유지하기 위한 네 가지 자양분 중에 하나인 접촉의 자양분(phassāhāra)은 필요하 지 않게 되는 것이다.[83]

완전한 해탈을 이룬 아라한은 대상을 보고도 마음이 동요되거나 흔들리지 않는다. 그는 마치 사방에서 불어오는 바람에도 흔들리지 않는 거대한 바위와 같다. 더 나아가 그는 그 현상의 소멸까지도 바라본 다. 우리는 앞서 「마두삔디까 숫따」를 통해 일반 범부의 인식 과정에 대해서 살펴보았다. 아라한의 경우에는 경전에서 설명하는 것과 같은 인식의 작용은 있을 수 있으나 이들의 연결 고리와 같은 진행 과정은 일어나지 않는다. 그에게는 외부 세상과의 접촉이 일어나지 않는 것이다. 또한 12연기를 통해 무지(avijjā)를 모태로 시작하는 연결 고리 역시 아라한에게는 해당하지 않는다. 왜냐하면 그에게 더 이상 무지가 없으며 무지가 명지(vijjā)로 전환되었기 때문이다. 아라한에게 윤회를 쥐고 있는 연결 고리의 힘은 사라졌다. 연기의 한 고리를 차지하고 있던 접촉도 완전히 변환되었다. 그러므로 아라한은 일반 범부가 경험하는 것과 같은 접촉을 경험하지 않는다. 따라서 아라한은 나타나는 현상과의 접촉을 통해 더 이상의 괴로움을 경험하지 않는다.

그런데 이와 같은 설명에는 재고의 여지가 있다. 여기서의 접촉을 '삼사의 화합' 자체로 보는 것이냐, 아니면 삼사의 화합 이후에 일어나는 집착에 대한 접촉들로 인한 것이냐의 문제이다. 왜냐하면 접촉이 없다는 얘기는 육근을 가지고 있는 아라한이 자동적으로 반응하는 삼사의 화합(觸)을 하지 않는다는 얘기가 될 수 있기 때문이다. 살아 있으며 육체적 감각을 지니고 있는 아라한에게 접촉이 일어나지 않는다는 설명은 이견의 여지가 있다. 그리고 지혜로운 주의와 사띠가 아무리 훌륭하다고 할지라도 접촉의 자리를 대신할 수 있는지에 대해서도 의문이다. 지혜로운 주의나 사띠는 접촉 이후의 역할이다. 따라서 화살의 비유나 나가사말라 비구의 경우처럼, 삼사의 화합(반사적 접촉)은 하지만 그 이후에 집착으로 인해 발생하는 2차적인 접촉(정신적 접촉)은 하지 않는다고 보는 것이 적절할 수 있다. 하지만 본 장에서의 접촉은 아라한의 경우이다. 아라한의 인식 구조를 범부의 입장에서 이해하려는 시도 역시 적절하지 않을 수 있다. 자아 관념이 없는, 탐진치를 소멸한 상태에서의 인식 과정임을 고려해야만 한다. 또한 집착으로 인해 발생하는 2차적인 접촉도 삼사의 화합에 의해 일어난다는 것을 전제로 한다면, 여기서의 접촉은 삼사의 화합 그 자체로 해석할 수밖에 없다.

(2) 아라한의 느낌

아라한이 육체적인 괴로움을 경험한다고 할지라도 그 괴로움은 범부가 경험하는 괴로움과 다르다. 일반 범부는 육체적인 괴로움이 일어나면 괴로움을 괴로운 느낌으로 받아들이는 것이 아니라, 지나간 과거와 다가오지 않은 미래의 근심을 섞어, 현재의 괴로움보다 크고 강렬한 괴로움으로 확장시킨다. 왜냐하면 일반 범부에게는 괴로운 느낌에 대한 '지혜로운 주의'가 없기 때문이다. 하지만 아라한의 경우는 육체적인 괴로움을 경험하나 그 괴로운 느낌을 괴로운 느낌으로 받아들일 뿐 더 이상 개념적인 확산을 이루지 않는다. 따라서 아라한이 경험하는 괴로움은 일반 범부의 괴로움과 다르다.

『웨다나 상윳따』의 설명에 따르면, 일반적인 범부에게는 즐거운 느낌, 괴로운 느낌, 괴롭지도 않고 즐겁지도 않은 느낌이 일어나며, 즐거운 느낌에는 탐욕(rāgānusayo)이 잠재하고 있고, 괴로운 느낌에는 성냄(paṭighānusayo)이 잠재하고 있으며, 괴롭지도 않고 즐겁지도 않은 느낌에는 무지(avijjānusayo)가 잠재하고 있다고 한다.[84] 따라서 어떠한 느낌이라고 할지라도 탐진치 삼독심의 불선한 뿌리(akusalamūla)가 잠재하고 있다. 하지만 아라한의 경우는 탐진치의 삼독심이 제거된 상태이기에 범부가 경험하는 느낌과는 다른 느낌을 경험한다. 『숫따니 빠따』는 아라한이 경험하는 느낌에 대해 다음과 같이 묘사한다.

"어떤 괴로움이 생겨나더라도 모두 느낌을 조건으로 한다는 것이

하나의 관찰이고, 그러나 느낌을 남김없이 사라지게 하여 소멸시켜 버린다면, 괴로움이 발생하지 않는다고 하는 것이 두 번째 관찰이다. ……수행승은 '느껴진 모든 것이 괴롭다'고 알고, 부서지고 마는 허망한 사물에 접촉할 때마다 그 소멸을 보아 이처럼 그것에 대한 집착을 버리고, 모든 느낌을 부수고 바램 없이 완전히 열반에 든다."[85]

이처럼 아라한은 느낌을 느낌으로 경험한다. 그는 느낌의 발생, 느낌의 전개, 느낌의 중지, 느낌의 중지로 이끄는 방법, 느낌의 위험함, 느낌으로부터의 벗어남을 완전하게 이해하고 있다. 이와 같은 느낌에 대한 완전한 이해가 그를 깨달음으로 이끈 것이다.[86] 범부에게 갈애(taṇhā)는 느낌이 일어나게 하는 길이며, 접촉(phassa)은 느낌이 일어나게 하는 원인이다. 갈애는 더욱 더 많은 느낌들이 일어나도록 자극하는 역할을 하고, 접촉은 느낌이 일어나는 직접적인 원인인 것이다. 하지만 아라한의 느낌은 다르다. 왜냐하면 그에게는 모든 갈애가 제거되었기 때문이다. 그에게 더 이상의 느낌들이 일어나도록 촉진하는 기능이 없다. 하지만 우리가 경험하듯이 우리의 몸은 크고 작은 느낌들로 가득 차 있다. 몸 안에서 느낌이 일어나지 않는 곳은 없다고 해도 과언이 아닐 정도로 우리의 몸에서는 많은 느낌들이 일어나고 사라진다. 온몸에 퍼져 있는 얽히고설킨 신경섬유 다발이 서로 연결망을 이루고 있어 모든 종류의 느낌들이 일어나도록 한다. 몸이 살아 있는 한 이 현상은 지속될 것이다. 따라서 몸에서는 다양한 느낌들이 일어난다. 이는 마치 하늘에 여러 방향으로 다양한 바람들이 부는 것과 같다. 그런데 이러한 몸의 느낌이 깨달음 이후에도 지속적으로 일어난다면 모든 것을 알아차리는 아라한에게 매우 귀찮은 현상이 될 수 있다.

아라한은 범부가 경험하는 일반적인 느낌들을 모두 경험하지 않는다. 물론 아라한도 육체적인 느낌을 느낀다. 하지만 극히 일부에 제한한다.[87] 『숫따니빠따』는 느낌이 중지된 상태에서 괴로움은 일어나지 않는다고 설명한다.[88] 이러한 설명을 통해 아라한은 정신적으로 괴로운 느낌을 경험하지 않으며, 육체적으로 괴로운 느낌을 경험하는 경우는 극히 일부에 해당한다고 유추할 수 있다. 「웨다나 상윳따」는 '잘 배운 고귀한 제자(sutavā ariyasāvaka)'를 통하여 아라한의 육체적, 정신적 느낌에 대해서 설명하고 있다.

"이와 같이 비구들이여, 잘 배운 고귀한 제자(아라한)는 괴로운 느낌 과 접촉해도 슬퍼하지 않고, 근심하지 않고, 통탄하지 않고, 통곡하 지 않고, 혼미해지지 않는다. 그는 정신적이 아닌 육체적인 한 가지 느낌만을 느낀다."[89]

경전의 설명에 따르면, 잘 배운 고귀한 제자는 육체적으로 괴로운 느낌만을 느끼며 정신적으로 괴로운 느낌을 느끼지 않는다. 곧 아라한에 게는 오온을 통한 육체적인 느낌들(sukha, dukkha)만이 있을 뿐 이에 의한 정신적인 느낌(domanassa)을 가지고 있지 않다는 설명으로 볼 수 있다.[90] 결과적으로 아라한 역시 육체적으로 병들거나 심각한 고통을 경험할 수 있다. 예를 들어 붓다의 경우도 돌에 부딪쳐 발이 다친 경우가 있다. 그는 심한 고통을 경험했지만 사띠와 분명한 알아차림으로 지치지 않고 참아낼 수 있었다.[91] 통증은 마음이 약할 때 견디기 어려워진 다. 이러한 경우는 두 가지 화살로 비유되기도 한다. 일반적으로 범부는 질병이나 사고에 의해 육체적 고통을 경험하면서 그 고통을 정신적으로 확장시켜 나간다는 것이다. 육체적인 괴로움은 첫 번째 화살을 맞은 것과 같으며, 정신적인 괴로움은 두 번째 화살을 맞은 것과 같다. 두 번째 화살은 맞지 않아도 되는 것인데도 불구하고 대부분의 범부는 스스로 두 번째 화살을 맞아 고통을 두 배로 키운다는 설명이다.[92] 정신적인 괴로움을 경험하지 않는 아라한은 두 번째 화살을 맞지 않는다.

일반적인 기준으로 만약 아라한이 괴로움의 종식을 선언했다면, 그에게서 더 이상의 괴로움이 나타나서는 안 된다. 왜냐하면 그가 괴로운 감각이나 통증을 경험한다면 그것은 괴로움의 종식이라고 보기 어렵기 때문이다. 하지만 초기불교에서 설명하는 괴로움은 이러한 육체적인 경험에 한정하는 것이 아니다. 아라한은 육체적인 괴로움을 경험한다. 그리고 이러한 경험을 정신적인 괴로움으로 확산하지 않는다. 따라서 그는 그와 같은 육체적 괴로운 느낌들로 인하여 정신적으로 영향을 받거나 방해받지 않는다. 결과적으로 육체보다는 정신적인 문제가 괴로움의 원인이 된다는 것이다. 심지어 그것이 즐거움이라고 할지라도 변화한다는 속성을 가지고 있다면 그것은 둑카의 원인이 되는 것이다. 이것이 앞서 설명한 둑카의 세 가지 성질(三性) 중에 두 번째에 해당하는 괴고(壞苦, vipariṇāma dukkha)이다. 결국 둑카는 마음의 문제로 인해 발생한다. 『앙굿따라니까야』는 아라한이 육근을 통해 대상을 인식하더라도 마음에 혼란이나 동요가 일어나지 않으며 그것을 관찰한다고 설명한다.

"시각에 의해 인식되는 다양한 형상이 시각의 영역에 들어오더라도, 그의 마음은 사로잡히지 않고 그의 마음은 혼란되지 않고 확립되어 동요하지 않고 그것의 소멸을 관찰하고, (청각, 후각, 미각, 촉각, 정신) ······ 그의 마음은 사로잡히지 않고 그의 마음은 혼란되지 않고 확립되어 동요하지 않고 그것의 소멸을 관찰합니다."[93]

어떠한 느낌을 경험한다 할지라도 그 느낌으로 인하여 마음에 영향을 주지 않는다는 설명이다. 「살아야따나 상윳따」 역시 아라한은 오온五蘊 과 함께 느낌들을 가지고 있으나 발생하는 느낌들에 대하여 집착한다거나 욕망을 일으키지 않는다고 설명한다.[94] 물론 이전에 살펴보았듯이 느낌은 고통의 원인이 될 수 있고 아라한들 역시 느낌을 가지고 있지만 이들은 이러한 느낌이 갈애(taṇhā)의 원인이 되지 않도록 개발되어 있다. 이와 관련하여 『앙굿따라니까야』는 다시 아라한이 살아가는 10가지 길에 대해서 설명하고 있다. 이 중에 하나로 '여섯 가지 감각기관에 대한 지킴'이 있는데, 이 지킴은 살아가는 데 필수 불가결한 여섯 가지의 감각과 느낌을 거부하는 것이 아니라 이들을 고스란히 가지되 평정(upekkhā)과 사띠sati, 알아차림(sampajañña)을 통하여 관찰함으로써 육근六根으로 발생한 느낌이 더 이상 고통으로 발전되지 않는 것을 의미한다.

"비구들이여, 어떻게 비구는 여섯 가지 요소들을 가지고 있는가? 여기서 비구는 눈으로 물질을 보면서 좋아하지 않고 싫어하지 않으며 사띠sati, 알아차림, 평정함으로 머문다."[95]

따라서 아라한의 경우도 오온은 온전히 남아 있으며 감각기관이 활동하는 상태로 살아간다. 그러므로 그는 육체적인 괴로움을 느낀다.

하지만 더 이상 그에게 둑카는 없다. 왜냐하면 그에게는 감각의 대상에 대한 집착이 사라졌으며 그들로부터 벗어났기 때문이다. 이를 통해 우리는 오온 그 자체가 아니라 오온에 대한 취착이 둑카로 이끈다는 사실을 확인할 수 있다. 오온에 대한 취착이 둑카로 이끈다. 다시 말해 몸의 괴로움으로부터 벗어나는 것이 불교 수행의 목적이 아니다. 취착의 마음으로부터 벗어나는 것이 그 목적인 것이다. 이처럼 오온과 오취온은 다르다.[96]

현상의 세 가지 특성(三法印)은 상호 연기적이다. 하지만 둑카는 삼법인의 무상(anicca)이나 무아(anatta)와는 다른 성질을 지닌다. 무상이나 무아가 불교에서 바라보는 세상의 보편적 특성이라면 둑카는 보다 조건적이며 연기적 발생이라고 할 수 있다.[97] 왜냐하면 둑카(苦)는 소멸이 가능하기 때문이다. 아라한과를 성취하였다고 할지라도 무상과 무아의 특성은 유지된다. 하지만 둑카라는 특성으로부터 벗어날 수는 있다. 결국 삼법인 중에서 일체개고는 노력에 의해 벗어날 수 있는 현상의 특징 중 하나이다.

수행을 통한 여실지견은 수행자가 둑카에 대한 '혐오(nibbidā, 厭離)'를 일으키고 더 나아가 '탐욕에서 벗어나(virāga, 離欲)'는 조건이 되기도 한다. 『앙굿따라니까야』는 수행자가 '집중'을 통해 '여실지견'을 얻고 '혐오'가 일어나 '탐욕에서 벗어'나 '해탈'을 얻는 과정을 설명한다.

"······ 올바른 집중(sammā samādhi)이 있고 올바른 집중을 지닌 자는 있는 그대로의 앎과 봄(yathābhūtañāṇadassana)의 조건을 얻는다. 있는 그대로의 앎과 봄이 있을 때 있는 그대로의 앎과 봄을 지닌

자는 혐오(nibbidā)의 조건을 얻는다. 혐오가 있을 때 혐오를 지닌
자는 이욕(virāgo)의 조건을 얻는다. 이욕이 있을 때 이욕을 지닌
자는 해탈지견(vimuttiñāṇadassana)의 조건을 얻는다."[98]

따라서 수행자가 나타나는 현상들에 대하여 집중하고 여실지견할
때 혐오와 이욕이 일어난다. 그리고 혐오와 이욕이 있을 때 해탈지견의
힘을 얻을 수 있게 된다. 결국 괴로움으로부터 완전하게 벗어나기
위해 수행자에게는 집중과 여실지견의 힘이 필요하다.

또한 수행자가 대상을 볼 때는 단지 보여질 뿐이며, 들을 때는 들려질
뿐이며, 느낄 때는 느껴질 뿐이며, 인식할 때는 인식되어질 뿐으로
알아차려야만 한다.[99] 수행자의 마음이 이와 같이 안정되면 다양한
삶의 변화에 직면했을 때에도 흔들리거나 주저하거나 자극받지 않는다.
초기경전은 다양한 삶의 변화를 팔세간법(lokadhamma)에 비유한다.
이들은 ① 이익(lābha)과 ② 불이익(alābha), ③ 명예(yasa)와 ④ 불명예
(ayasa), ⑤ 칭찬(pasaṃsa)과 ⑥ 비난(nindā), 그리고 ⑦ 즐거움(sukha)
과 ⑧ 괴로움(dukkha)이다. 서로 상반된 것들이지만 세상에서 지속적으
로 반복되는 현상들이다. 대부분의 사람들은 이들의 반복에 빠져 흔들리
고 주저한다. 따라서 수행자는 이들에 대해 단지 보여질 뿐, 들려질
뿐 등으로 관찰하지 못한다. 수행자가 이들에 집착하지 않고 빠지지
않고, 나타나는 현상들을 객관적으로 있는 그대로 바라볼 때 이들로부터
벗어날 수 있다. 이처럼 둑카에 맞서 영향 받지 않는 수행자를 『앙굿따라
니까야』는 다음과 같이 설명한다.

"마음이 바르게 해탈한 비구에게는, 만일 눈으로 인식되는 강한

형상들이 눈의 영역에 나타나더라도 그의 마음을 사로잡지 못하고, 그의 마음에 섞이지 않나니, 그의 마음이 안정되고 흔들림이 없는 상태에 도달하며, 다시 사라짐을 관찰합니다. 마음이 바르게 해탈한 비구에게는, 만일 귀로 인식되는 강한 소리들이 …… 냄새들이 …… 맛들이 …… 감촉들이 …… 현상들이 마음의 영역에 나타나더라도 그의 마음을 사로잡지 못하고, 그의 마음에 섞이지 않나니, 그의 마음은 안정되고 흔들림 없는 상태에 도달하며, 다시 사라짐을 관찰합니다."[100]

지금까지의 연구에 따르면, 둑카는 범부가 이 삶을 살아가며 피할 수 없는 고통스러운 경험이라는 사실을 알 수 있다. 반면에 아라한의 경우는 그들의 견해가 완전하기에 그들의 행위가 더 이상 둑카의 조건이 되지 않는다. 따라서 둑카란 깨달음을 얻지 못한 자들이 외부 세상과의 관계를 통해 얻는 괴로움이라고 정의할 수 있다. 일부의 사람들은 둑카에 대해 이 세상과 삶에 대한 붓다의 입장이라고 설명하기도 한다. 왜냐하면 간혹 경전에서 둑카는 "괴로움 위에 이 세상이 서 있고"라는 형태로 설명되기 때문이다.[101] 하지만 둑카를 분석해보면, 둑카는 세상을 괴로움으로 정의하는 붓다의 견해가 아니라 깨달음을 얻지 못한 범부들에 대한 표현임을 알 수 있다. 따라서 불교는 염세주의가 아니다. 사실상 둑카는 가장 기초적인 괴로움이며, 인류 존재의 대다수가 경험하고 있다. 붓다는 수행자가 둑카를 극복할 수 있으며, 외부의 세상과 자신의 삶에 대한 분명한 이해를 돕는 수행 과정에 둑카의 원리를 적용한 것이다.

5. 괴로움(dukkha)을 벗어나며

지금까지 초기불교에서 나타나는 괴로움에 대해서 살펴보았다. 본고는 사성제를 기반으로 하며 '괴로움의 의미', '괴로움의 원인', 그리고 '괴로움의 극복'으로 구성되어 있다. 첫 번째로 초기불교에서 말하는 '괴로움의 의미'를 살펴보았다. 괴로움은 크게 세 가지로 설명되었다. 이들은 '고성제', '삼법인', 그리고 '느낌'의 괴로움이다. 고성제의 괴로움은 13가지 괴로움과 3가지 성질을 통해 구체적으로 논의하였다. 이를 통해 초기불교의 괴로움이 단순히 통증이나 슬픔의 문제가 아니라 무상함, 그리고 자아 관념 등의 번뇌와 밀접한 관련이 있음을 알 수 있었다. 또한 괴로움은 느낌의 범주뿐만 아니라, 모든 현상이 무상함 안에서 불만족스럽다는 보편적인 진리를 바탕으로 한다는 사실도 알 수 있었다. 다시 말해 통증이나 슬픔도 괴로움이지만 즐거움이나 행복도 괴로움에 포함되었다. 왜냐하면 즐거움이나 행복도 변화한다는 속성에서 벗어날 수 없기 때문이다. 따라서 둑카를 단지 감각적인 괴로움으로 한정하는 것은 재고의 여지가 있다.

두 번째로 괴로움의 원인과 그 전개 과정에 대하여 살펴보았다. 본고에서 괴로움의 원인들로 다룬 대표적인 기제들은 '갈애', '집착', '느낌', 그리고 '자아 관념'이다. 이들은 그 자체가 괴로움의 원인이었으며 동시에 이들 대부분이 육근을 다스리지 못해 괴로움으로 확장되어 가는 것을 알 수 있었다. 따라서 육근을 다스리고 갈애, 집착, 느낌 등을 관찰하는 것은 괴로움의 확산을 막는 주요한 원인이 되었다.

마지막으로 괴로움의 극복에서는 괴로움의 극복 방법과 아라한의 괴로움을 다루었다. 특히 초기경전을 통해 아라한과를 성취하면 '접촉'

이 소멸된다는 사실을 알 수 있었다. 범부에게 삼사의 화합을 통해 자동적으로 발생하는 접촉이 아라한의 경우에 발생하지 않는다는 설명은 재고의 여지가 있다. 하지만 문헌을 바탕으로 살펴보았을 때, 연기를 벗어난 아라한이 접촉으로부터 자유로울 수 있다는 설명은 설득력을 보인다. 본고에 따르면 아라한에게 접촉은 자동 반사적으로 발생하지 않았고, 그 자리를 '지혜로운 주의'와 '사띠'가 대체하였다. '지혜로운 주의'는 현상을 있는 그대로 관찰하여, 접촉이 갈애와 집착으로 확장되는 것을 막아주었으며, '사띠'는 접촉 없이도 과거에 대한 기억과 알아차림을 통해 현상을 파악하는 역할을 하였다. 또한 아라한의 느낌도 논의되었다. 아라한은 육체적인 '느낌'만을 경험했다. 붓다의 경우도 육체적 통증은 경험했지만, 육체적 괴로움을 심리적 괴로움으로 확장시키지는 않았다. 결과적으로 초기불교의 궁극적인 목표는 마음, 즉 심리적 괴로움의 벗어남이라고 해도 과언이 아니다. 또한 수행자는 '고苦'라는 '둑카'로부터 벗어날 수는 있다. 결국 삼법인의 '일체개고'는 염세주의나 괴로움을 표방하는 것이 아니라 수행자가 노력으로 벗어날 수 있는 현상의 특징이다.

초기경전 안에서 붓다는 괴로움을, 깨달음을 얻지 못한 모든 존재들의 곤경과 같은 상태로 지적하고 있다. 그는 어느 누구보다도 현실세계에 만연한 괴로움을 인지하고 있었다. 그는 "비구들이여, 나는 당황과 갈망에 의해 괴로움이 나타난다"고 설한다.[102] 붓다는 곤경에 빠진 자신과 인간 모두의 문제를 해결하고자 출가하였으며, 그 문제를 벗어나 목표를 달성할 수 있었다. 괴로움으로부터 벗어난 것이다. 이러한 성취를 깨달음(Bodhi)이라고 부른다. 그는 스스로 깨달음을 얻은 후에 자신이 발견한 깨달음을 다른 사람들과 나누고자 지속적으로 노력했다. 그리고 그 방법을 전달하기 위해 40년간 설법에 전념했다. 그 가르침이 2,500여 년이 지난 오늘날까지 이어지고 있다. 붓다는 깨달은 자로서 자신의 삶에 대해 "이전에도 지금도 나는 괴로움과 괴로움의 소멸에 대해서 설한다"[103]고 한다. 다시 말해 초기불교의 핵심은 둑카와 둑카로부터 벗어나는 길에 있다고 해도 과언이 아니다.

괴로움의 뿌리인 번뇌가 곧 보리

월암(은해사 기기암 선원장)

1. 이끄는 말

선종의 전적에는 괴로움, 즉 '고苦'와 관련된 용어가 많이 사용되고 있지 않다. 즉 선종의 교설에는 괴로움의 뿌리라 할 수 있는 번뇌에 대해 언급할 때 '번뇌 즉 보리'라는 불이不二의 관점에서 기술하고 있기 때문에, 고苦에 대한 관점 또한 고락苦樂의 불이중도不二中道적 입장에서 언급하고 있음을 볼 수 있다. 따라서 고苦라는 용어의 한정적 사용으로 인하여 '선종의 고苦에 대한 고찰'은 어쩔 수 없이 '선종의 번뇌에 대한 고찰'을 시도해 봄으로써 선종에서 말하는 '괴로움'을 유추해 보는 방식을 택할 수밖에 없겠다. 따라서 본고에서는 고苦의 뿌리라고 할 수 있는 번뇌에 대하여 천착해 봄으로써 선종의 괴로움에 대한 입장을 정리해 보도록 하겠다.

그런데 번뇌에 대한 교리적 연구는 대부분 부파불교와 유식에서 체계화되었으며, 대승의 많은 경론에서는 번뇌의 공성空性을 설하여 번뇌와 보리의 불이不二적 관점에서 번뇌로부터의 해탈을 강조하고 있다. 기존의 불교학에서 거론하고 있는 번뇌관을 그대로 인정하고, 아울러 대승불교의 번뇌에 대한 관점을 계승하고 있는 선종 역시 "번뇌 즉 보리煩惱卽菩提"라는 깨달음에 주안점을 두고 있기 때문에 번뇌 그 자체에 대한 기술 역시 자세한 설명이 없는 경우가 대부분이라고 할 수 있다.

어떤 의미에서 보면, 선종에서는 번뇌를 번뇌로 보지 않는 관점을 제시하고 있다고 말해야 정확한 이해라고 할 수 있을 것이다. 따라서 전체 선종의 종지는 번뇌로부터의 해방에 초점을 맞추고 있다고 하겠다. 그러므로 번뇌가 일어나는 심리적 현상이라든가, 번뇌가 장애가 되어 마음을 괴롭히는 고苦의 문제에 대해서는 별로 중요하게 다루지 않고 있음을 볼 수 있다.

선종에서는 주요하게 번뇌와 깨달음을 동시에 다루는 심성론心性論의 입장에서 진망일원眞妄一元으로 번뇌를 파악하고, 수증론修證論의 각도에서 번뇌의 대치對治를 설하고 있는 것이다. 그래서 본고에서는 선종에 있어서 번뇌와 깨달음의 문제를 동시에 고찰하는 심성론의 입장에서 번뇌로부터 해탈하는 수증 방법에 그 주안점을 두고 고찰해 보도록 하겠다.

우선 초기선종 적적에서 사용되고 있는 괴로움과 그 관점에 대해 살펴보고, 다음으로 선종에서 주장하고 있는 고통의 뿌리로써의 번뇌의 의미를 천착해보겠다. 그리고 이어서 달마선에서 동산법문에 이르는 초기선종의 심성心性 해탈의 방편으로써의 번뇌 문제를 살펴보고, 나아

가 남북종선과 홍주종을 중심으로 한 조사선의 심성론과 수증 방편을
통해 번뇌가 곧 깨달음임을 이해해 보도록 하겠다.

2. 선종 전적에 나타난 고苦와 그 관점

먼저 선종 초기 전적에 나타난 고苦에 대한 용례와 관점에 대해 살펴보기
로 하겠다. 달마선의 안심법문의 내용에 고苦에 대해 이렇게 기술하고
있음을 볼 수 있다. 달마가 설한『이입사행론』의 "사행四行"의 설명을
들어보도록 하자.

무엇이 전세의 원한에 보답하는 실천(報寃行)인가? 수행자들이 만약
괴로움(苦)을 받을 때에 마땅히 스스로 생각해서 '내가 옛날부터
무수한 겁 중에 근본(本)을 버리고 지엽(末)을 좇아서 미혹한 세계(諸
有)에 유랑하여 다분히 원한과 증오심을 일으키며 어기고(違) 해함
(害)이 한이 없었으니, 지금은 비록 범한 게 없지만 이는 모두 전세의
재앙(宿殃)이며 악업의 열매가 익은 것이요, 하늘이나 다른 사람이
줄 수 있는 것이 아니다. 달가운 마음으로 참고 받아들여서 도무지
원수가 없다'고 말하고, 경에 '괴로움을 만나도 근심하지 않는다'라고
이르셨는데, 무엇 때문인가? 그것은 괴로움(苦)의 원인을 알았기
때문이다. 이 마음이 일어날 때에 진리와 더불어 상응하여 원망을
체득하여 도에 나아가게 된다. 그래서 보원행이라 한다.
둘째, 인연을 따르는 실천(隨緣行)이다. 중생에게는 자아(我)가 없
다. 그래서 업으로 인해 바뀌어져 고락苦樂을 함께 받으니, 모두
인연으로부터 생긴 것이다. 만약 수승한 보답과 영예 등의 일을

얻었다고 하더라도 이것은 단지 나의 과거의 숙명적 원인이 가져온 결과일 뿐이다. 지금에야 비로소 얻었으나 인연이 다하면 도리어 없어지니, 어찌 기쁨이 있겠는가? 얻고 잃는 것은 인연을 따르는 것이어서 마음에는 늘거나 주는 것(增減)이 없으며, 즐거운 바람에 움직이지 않아서 그윽이 도에 수순한다. 이러한 까닭으로 수연행이라 한다.

셋째, 구하는 바가 없는 실천(無所求行)이다. 세상 사람들은 크게 미혹해서 곳곳에서 탐착하는 바를 구한다. 지혜로운 사람은 진리를 깨달아서 장차 세속과는 반대로 마음을 편안히 하여 억지로 함이 없고(無爲), 형상이 움직이는 대로 따르며, 모든 존재가 텅 비어서(萬有斯空) 원하고 즐거워하는 바가 없느니라. 공덕과 어둠이 항상 서로 따라다녀, 삼계에 오래 머묾이 마치 불난 집에 사는 것과 같다. 몸이 있으면 모두 괴로움이 있으니, 누가 편안함을 얻겠는가? 이러한 것을 요달하는 까닭에 모든 존재를 버리고 생각을 쉬어서 구함이 없다. 경에 '구함이 있으면 모두 괴롭고, 구함이 없으면 이내 즐겁다' 하시니, 구함이 없는 것이 진실로 도道의 실천이 되는 줄 판단해 알 수 있다. 그러므로 무소구행이라고 말한다.

넷째, 법에 들어맞는 실천(稱法行)이란 성품의 청정한 이치를 지목하여 법으로 삼는 것이다. 이 이치를 믿고 이해하면 뭇 상相이 텅 비어서 물듦도 없고 집착함도 없으며, 이것도 없고 저것도 없다. 경에 "법에는 중생이 없으니 '중생'이라는 때를 여의었기 때문이며, 법에는 자아가 없으니 '나'라는 때를 여의었기 때문이니라"고 하니, 지혜로운 사람이 만약 능히 이 이치를 믿고 이해한다면 응당 법에 칭합하여 살아가리라. 법의 본체는 아낌이 없어서 몸과 목숨과 재물에 보시를 행하되 마음에 아끼고 아쉬움이 없으며, 세 가지가 공함(三空)을 잘 알아서 의지하거나 집착하지도 않는다. 다만 더러움을 제거하여 중생을 칭찬하고 교화하여 상相을 취하지 않으니, 이것이 자기도 실천하고 또한 남도 이롭게 하며, 또한 능히 보리를 장엄하는 도道이다. 베푸는 것(檀施)이 이미 이러하니, 나머지 다섯도 또한 그러하리라. 망상을 제거하기 위해서 여섯 가지 바라밀(六度)을 닦되 행하는 바가 없는 이것을 칭법행이라 한다.[1]

달마는 보원행을 통해 고苦에 대해 언급하고 있다. 즉 수행하는 사람이 고통이 따를 때 먼저 스스로 생각하기를, 내가 다겁생래多劫生來의 무수겁 동안 근본인 진여본성을 버리고 지말支末인 번뇌망념을 따라 사생 육도에 윤회하면서 원한과 미움을 일으켜 다른 이를 괴롭힘이 한량없었음을 성찰하라고 가르치고 있다. 그리고 금생에 비록 악행을 짓지는 않았지만 과거생에 지은 악업의 과실이 무르익어 지금에 그 과보로써 고통을 받는 것이니, 기꺼이 달게 받아 원망하는 마음이 없어야 한다고 주장하고 있다. 그리고 고통을 만나도 슬퍼하지 않는 까닭은, 과보의 인과가 본래 공空함을 사무쳐 보았기 때문이라고 하였다. 한 생각 괴로운 마음이 일어날 때 이것이 공한 이치와 상응하여 원한의 마음을 돌이켜 수행심으로 나아가게 하기 때문에 보원행이라 한다고 주장하고 있다.

다시 말하면, 보원행이란 불교 수행자가 지금 여기 일상생활에 있어서 일어나는 고통, 즉 원한과 미움 등을 신앙적 수행으로 어떻게 극복할 것인가를 설하고 있다. 달마는 이러한 현실적 고통이 과거 전생에 지은 숙업의 과보임을 사무쳐 보고, 업業이 본래 공함을 알기에 업의 주체로서 당당히 맞서서 능동적으로 극복할 것을 강조하고 있는 것이다. 달마는 일체법이 다 공하다는 입장에서 고통의 인과성因果性마저 공함을 여실히 관찰하여 본래 고통 없음을 깨우쳐 한 생각에 고통의 굴레에서 벗어나게 하고 있다. 이러한 사상은 한 생각(一念) 일어남에 있어서 앞생각의 미혹을 돌이켜 뒷생각에 바로 놓여나는 전미개오轉迷開悟의 일념해탈一念解脫을 성취하는 돈오해탈頓悟解脫을 말한다.

달마는 수연행을 설하면서 또한 마찬가지로 일체가 공(一切皆空)한 입장에서 "중생은 인연의 모임으로 이루어졌기에 참 나의 모습이 아니다"라고 말하고, "고통과 즐거움을 함께 받는 것은 선악의 인연을 지었기 때문이며, 그 인연이 다하면 마음은 본래 더함도 덜함도 없는 본래 평등한 법"임을 강조하고 있다. 이러한 인연의 도리가 본래 공하여 평등함을 잘 관찰하여 순경과 역경에 임하여 인연 따라 수행으로 나아가게 하고 있다.

다시 말하면, 일상생활 가운데 일어나는 기쁜 일, 슬픈 일들이 모두 인연 따라 일어남을 알아 인연에 잘 순응하되 인연 자체가 공空하고 무아無我한 이치를 깨닫게 하는 것이 수연행의 가르침이다. 뒷날 종밀은 진리의 불변성과 가변성에 대해 불변不變과 수연隨緣으로 설명하고 있는데, 이는 바로 체용體用의 도리로써 일체 만법을 설명하고 있는 것이다. 즉 일체법이 공이며 무아임을 요달하되, 동시에 유有이며 유아有我를 실현하고 있는 중도의 실상을 바로 보아 수연隨緣의 도道를 행한 것을 설하고 있다.

그리고 무소구행을 설명하면서 "구함이 있으면 고통이요 구함이 없으면 즐거움이다. 그러므로 구함 없음을 일러서 참다운 수행"이라고 하였다. 보통 사람들은 오랜 세월 동안 무명에 미혹되어 탐착심으로

명리를 구한다. 그러나 진리를 수행하는 사람은 일체 사물의 공空한 이치를 알아 언제나 안심무위安心無爲를 지켜서 나만의 이익을 구하지 않는다. 삼계가 화택火宅인데 불난 집에서 불을 끄는 작업(수행) 외에 무엇을 더 구할 것이 있겠는가? 여기에 이르러 구함 없음마저 버릴 때 괴로움으로부터 해방되는 참 자유인이 될 수 있는 것이다.

달마의 무소구행은 일상생활 가운데서 안분지족安分知足할 것을 강조하고 있다. 진리란 밖으로 구해지는 것이 아니라 안으로 마음을 돌이켜 스스로 구족함을 보는 것이다. 따라서 구하지 않음으로써 고통을 만들지 않는 것이 참다운 수행이다.

계속하여 칭법행을 통해서 고통으로부터 해방된 참된 삶이 무엇인지 설하고 있다. 그것은 다름 아닌 "자성청정심을 회복하는 삶"이다. 중생의 자성은 본래 공하여 오염됨도 없고 집착함도 없어 너와 나의 상대가 끊어진 자리이다. 그러므로 "경에 말하기를 법에는 중생이 없다, 중생의 물든 마음이 본래 없기 때문이다. 법에는 내가 없다, 본래 나라는 집착을 여의었기 때문"이라고 하였다. 그러므로 지혜로운 사람은 이 도리를 깊게 믿고 이해하여 마땅히 법(진리)에 의지하여 실천해 가는 것임을 강조하고 있는 것이다.

여기서 달마는 칭법행을 설명함에도 또한 철저한 공空의 입장에서 육바라밀을 실천해 나갈 것을 강조하고 있다. 이것이 자리이타自利利他를 실천하는 보살행이기 때문이다. 달마가 제시한 "사행四行"의 수행정신은 반야의 일체개공一切皆空 사상을 도입하여 일체의 고통이 고통 아님을 반조하고, 나아가 열반의 자성청정自性淸淨 사상을 융합하여 고통의 번뇌망념이 바로 진여정심眞如淨心임을 주장하고 있으며, 더 나아가 고통을 벗어난 대승수행자로서 자리이타自利利他, 육도만행(육바라밀의 실천)을 일상생활 가운데서 실천하게 하고 있다.

모든 괴로운 업(一切苦業)은 자기의 마음으로 말미암아 생기는 것이다. 다만 능히 마음을 잘 거두어들여 모든 삿되고 악한 것을 여의면 삼계와 육취에 윤회하는 고통이 자연히 소멸되고 곧 해탈하게 되는 것이다.

다시 말하면, 번뇌와 열반이 공空한 해탈의 경지에서 보면 고통이 또한 고통이 아니요, 즐거움이 또한 즐거움이 아니다. 일체 경계에 망령되이 집착하여 생사윤회하면서 고통을 받고 있는 것이니, 그 근원인 일심이 공한 도리를 사무쳐 깨친다면 삼독을 굴려 삼취정계로 나아갈 수 있고, 육적을 돌이켜 육바라밀로 삼을 수 있게 되는 것이다.

그러므로 참다운 선수행자는 고통과 즐거움, 번뇌와 열반이 함께 공하여 평등함을 알아서 괴로움을 여의지 않고 즐거움을 성취하며, 번뇌를 끊지 않고 열반을 성취하게 되는 것이다. 따라서 달마의 설법에 의거하면, 어리석은 사람은 망령되게 번뇌를 끊고 열반에 들어가 열반에 막히는 바가 되지만, 지혜로운 수행자는 번뇌의 성품이 공한 줄 알아 곧 공한 이치를 여의지 않기 때문에 항상 열반에 있게 되는 것이다. 이것이 달마가 주장한 고통을 여의고 해탈을 이루는 안심법문의 요체이다. 안심법문에서는 고苦가 본래 공하여 고가 아니라는 관점을 제시하고 있는 것이다. 본고에서는 괴로움의 원인인 번뇌가 바로 열반이라는 달마의 안심법문의 토대 위에 이후 전개되는 선종의 번뇌에 대해 더욱 자세히 논구해 보도록 하겠다.

3. 선종에 있어서 번뇌의 의미

선종은 깨달음으로 법칙을 삼는다(以悟爲則). 그러므로 선종에서는 깨달음을 방해하는 일체의 정신작용을 일러 번뇌망념이라 칭한다. 선종의 전적에서 번뇌의 의미로 사용된 용어는 망념妄念, 망상妄想, 분별심分別心, 탐진치貪瞋癡, 객진客塵, 육적六賊, 미혹迷惑, 구구 등 수없이 많다. 이와 같은 갖가지 번뇌에 대한 용어를 조사선에서 한마디로 아우르는 말이 바로 알음알이(知見)라고 할 수 있다.

그리고 선종 사상에서 강조하고 있는 번뇌망념으로 객진 경계에 대한 분별, 즉 시비是非·선악善惡·증애憎愛·진속眞俗·생사生死 등의 이원적二元的 분별심을 들 수 있겠다. 이것을 변견邊見, 이성二性, 이분법二分法, 양극단兩極端이라고 부르기도 한다. 구체적으로 설명해 보면, 인식 주체인 안이비설신의의 육근六根이 객관 대상인 색성향미촉법의 육진六塵을 받아들임에 있어서 인식활동인 안식眼識 내지 의식意識의 십팔인식계十八認識界에 집착된 마음이 곧 분별심이요, 육적六賊으로서의 번뇌망념인 것이다.

혜능은 『단경』에서 남종 돈오선의 근본종지根本宗旨에 대해 설하고 있다. 여기서 설해지고 있는 이른바 삼과법문三科法門에서 선종의 번뇌에 대한 중요한 단서를 포착할 수 있다.

삼과법문이라고 하는 것은 음陰과 계界와 입入이다. 음은 오음이니 색色, 수受, 상想, 행行, 식識이 이것이요, 입은 바로 십이입十二入이니 밖으로 여섯 가지 객관 대상(六塵)인 빛깔(色), 소리(聲), 냄새(香), 맛(味), 닿음(觸), 법法과 안으로 여섯 가지 문(六門)인 눈(眼), 귀

(耳), 코(鼻), 혀(舌), 몸(身), 뜻(意)이 이것이요, 계는 십팔계十八界
니 여섯 가지 객관 대상(六塵)과 여섯 가지 문(六門)과 여섯 가지
식(六識)이 이것이다.

자신의 성품이 능히 만법을 머금으므로 함장식含藏識이라 하는 것이
니, 만약 실체적으로 능히 본다는 사량을 일으키면 이것이 전식轉識이
라, 여섯 가지 식(六識)을 내어 여섯 가지 문(六門)을 나와 여섯
가지 객관 경계(六塵)를 보게 된다. 이와 같은 십팔계 모두가 자기
성품으로부터 작용을 일으키므로, 자성이 만약 삿되면 열여덟 가지
삿됨이 일어나고, 자성이 만약 바르면 열여덟 가지 바름이 일어난다.
만약 악하게 쓰면 곧 중생의 작용이요, 착하게 쓰면 곧 부처의 작용
이다.²

초기불교에서 오온, 십이처, 십팔계는 제법이 연기되어 실체가 없음
을 보여 집착 없는 해탈의 삶을 살게 하기 위한 법문이다. 위에서
혜능은 인연으로 일어난 여러 가지 식識이 전식轉識되어 사량을 일으켜,
집착과 망상으로 물들면 여러 가지 삿된 번뇌가 일어나 중생이 되며,
집착과 망상을 여의면 보리의 작용으로 부처가 된다고 말하고 있다.

이어서 "번뇌와 보리의 작용은 무엇으로 인하여 일어나는가?"라는
물음에 자성의 대법對法으로 말미암아 일어난다고 말하고, 여러 가지
대법에 대해 논하고 있다. 즉 공과 색, 명과 음, 유위와 무위, 음과
양, 범과 성, 대와 소, 사와 정, 번뇌와 보리, 생과 멸 등 서른여섯
가지 대법을 들고 있다. 혜능은 이 서른여섯 가지 대법을 통해 상대되는
대법이 오고 감이 서로 인연하여 공하기 때문에 양변을 여읜 중도로
해탈되어 있음을 설하고 있다.

그러므로 삼십육 대법三十六對法의 법문을 통해 사람과 더불어 이야기함에 있어서 밖으로 모양(相)에서 모양을 떠나고, 안으로 공空에서 공을 떠나게 될 것이라고 말하여 중도해탈中道解脫법을 설하고, 만약 온전히 모양에 집착하면 곧 삿된 견해를 기를 것이며, 만약 온전히 공을 집착하면 곧 무명을 기를 것이라고 하여 번뇌의 일어남에 대해 설명하고 있다. 다시 말하면 육근이 육진을 대하여 육식을 일으킴에 있어서 대상(경계)에 집착함으로 해서 번뇌망념이 일어난다고 규정하고 있다. 따라서 혜능은 번뇌의 일어남에 대해 다음과 같이 정의하고 있다.

미혹한 사람은 경계 위에 생각을 두고 생각 위에 곧 삿된 견해를 일으키므로 그것을 반연하여 모든 번뇌와 망념이 이로부터 생기느니라.[3]

이러한 혜능의 주장을 계승하고 있는 마조 이후의 조사선 역시 경계에 대한 알음알이(知見)로 인해 본성에 계합하지 못한다고 주장하고 있다. 황벽의 『전심법요』를 살펴보도록 하자.

이른바 밝고 정밀한 성품인 일정명一精明이 나뉘어 육화합이 된다고 하였다. 일정명이란 바로 한 마음(一心)이요, 육화합이란 육근六根이다. 이 육근은 각기 육진六塵과 합하는데, 눈은 색과, 귀는 소리와, 코는 냄새와, 혀는 맛과, 몸은 촉감과, 뜻은 법과 제각기 합한다. 그런 가운데 육식六識을 내어 십팔계十八界가 된다. 만약 이 십팔계가 실재하는 것이 아님을 깨닫는다면, 육화합이 하나로 묶이어 일정명이 된다. 이 일정명이 곧 마음이다. 그런데 도를 배우는 사람들은 이것을 모두 알면서도, 단지 일정명이니 육화합이니 하는 알음알이만을 내기 때문에 드디어는 법에 묶이어 본래 마음에 계합치 못한다.[4]

황벽 또한 혜능과 마찬가지로, 인식 주체인 육근과 인식 대상인 육진이 화합하여 인식 작용인 육식을 내니 그것을 십팔계라 하였다. 이 십팔계라는 경계는 모두 마음의 작용에 의해 나타나기 때문에 육근·육진·육식이 본래 공하므로 그 어디에도 실다움은 존재하지 않는다. 따라서 십팔계가 존재하지 않음을 알면 육화합이 하나로 합해져 일정명一精明이 되는데, 이것이 곧 한 마음(一心)인 것이다. 그러나 중생들은 이 도리를 깨닫지 못하고 경계에 탐착하여 알음알이(번뇌)를 내어 본심을 위배하게 된다는 것이다. 이와 같이 선종에서 말하는 번뇌는 마음이 스스로 만들어낸 십팔경계가 도리어 공한 도리를 알지 못하여 그것에 집착하여 분별하는 이원적 망념(알음알이)이라 할 수 있다.

4. 초기선종의 심성 해탈 — 사망귀진捨妄歸眞

먼저 초기 선 사상에서의 불성과 번뇌의 관계와 그 해탈법문에 대해 고찰해 보도록 하겠다. 초기선종에 있어서 번뇌에 대한 언급은 항상 보리, 불성과 함께 언급되고 있음을 볼 수 있다. 즉 중생의 마음 가운데 깨달음의 성품이 존재하고 있다는 불성본유佛性本有[5]설의 기초 위에서 그 고유한 불성의 현현을 장애하는 오염의 작용으로써의 객진망념(번뇌)을 설정하고 있는 것이다

이러한 의미에서 선종은 부파불교의 대중부와 대승불교에서 줄기차

게 주장되어진 이른바 "심성본정心性本淨 객진소염客塵所染"의 관점을 견지하고 있다고 할 수 있다. 즉 대중부에서는 심성心性, 즉 불성은 본래 청정(淸淨: 空)하나 객진번뇌에 의해 오염되었다고 주장한 바 있다. 초기선종 전적의 하나인 『능가사자기』에 『기신론』의 내용을 인용해 자성청정심自性淸淨心을 설하고 있다.

> 심진여心眞如란 곧 일법계一法界의 총상법문의 바탕(總相法門體)이니, 이른바 심성은 불생불멸不生不滅한데, 일체법은 다만 망념으로 인하여 차별이 있게 된 것일 뿐이다. 만약 마음(心念)을 떠나면 경계의 모양이 없다. 이 까닭에 일체법은 본래로부터 언설상言說相을 떠났고, 명자상名字相을 떠났으며, 심연상(心緣相: 想念)을 떠나 필경에 평등하고, 변함이 없으며, 파괴할 수 없는 오직 일심인 까닭에 이름하여 진여眞如라 한다.
>
> 또 진여 자체의 모양은 범부, 성문, 연각, 보살, 제불에 달리 증감增減이 없으며, 전제前際에도 생함이 아니요, 후제後際에도 멸함이 아니어서 필경에 항상하며, 본래로부터 성품에 일체의 공덕을 스스로 만족하고 있으니 자체에 대지혜의 광명의 뜻이 있는 까닭이며, 자성 청정심自性淸淨心의 뜻이 있는 까닭이다.[6]

심성은 본래 항상하는 진여로서 불생불멸不生不滅하지만 다만 일체법이 망념으로 차별이 있어 갖가지 경계의 상을 지어 분별하고 있다. 그러나 본래의 성품은 대지혜의 빛이며, 자성청정自性淸淨의 마음인 것이다. 이것이 초기선종에서 이해하는 심성론心性論이라 할 수 있다. 사실 이러한 심성론은 선종 전체의 심성론을 관통하고 있다고 해도 과언이 아니다.

선종을 대표하는 상징적 의미가 있는 혜능의 돈황본『단경』의 심지게
송心地偈頌에서 "불성은 항상 청정한데(佛性常淸淨), 어디에 티끌이
있겠는가(何處有塵埃)"라고 설하고 있듯이, 전체 선종의 심성론은 심성
본정心性本淨의 입장에 서 있다고 말할 수 있다. 이른바 "심성본정,
객진소염"설은 자성청정인 "심성본정"의 입장(본각: 부처)을 강조하느
냐, 아니면 번뇌망념인 "객진소염"의 입장(불각: 중생)을 강조하느냐에
따라 선종의 수증론에 차이가 생기게 되는 것이다.

그런데 달마는 중생이 본래 가지고 있는 불성을 깨달아 해탈하기
위해서는 객진망념(번뇌)을 여의고 진여본성으로 돌아가야 한다고 주
장하고 있다. 따라서 달마는『이입사행론』에서 "사망귀진捨妄歸眞"설을
주장하고 있는 것이다.

> 중생은 성인과 동일한 성품을 지니고 있으나, 다만 객진망상에 뒤덮
> 여 있어 그 참 성품을 드러내지 못하고 있음을 깊이 믿는 것이다.
> 만약 망념을 제거하여 진성을 드러내기(捨妄歸眞) 위해서는 마음을
> 집중하여 벽관을 행해야 한다.[7]

여기서 달마는 중생과 부처는 본래 동일진성同一眞性을 가지고 있으
나 객진망념에 덮여 있다고 규정하는 이른바 "심성본정 객진소염"설,
즉 자성청정심을 토대에 깔고, 망념을 제거하고 참 성품에 돌아가기
위해서는 좌선에 의거한 벽관을 수행하라고 가르치고 있다. 초기선종에
서 강조하고 있는 좌선간심坐禪看心의 수증론은 중생의 입장(不覺)에서
번뇌를 제거하고 진성을 드러내는 방법에 기초하고 있다. 이러한 사망귀

진의 방법론은 초기선종에 있어서 거의 반복적으로 거론되고 있음을 볼 수 있는데, 대부분의 선사들이 『십지경』에서 설하고 있는 불성설을 인용하고 있음을 볼 수 있다.

『십지경』에서 말한다. 중생의 몸 가운데 금강불성金剛佛性이 있으니 태양(日輪)과 같이 본체는 밝고 원만하며 광대무변廣大無邊하다. 단지 오음의 두꺼운 구름에 가려져 있어 중생이 보지 못할 뿐이다. 만약 지혜의 바람이 휙 불어와 쓸어내 버리면 오음의 두꺼운 구름이 멸진하여 불성이 원만하게 비추어 훤하게 빛나 밝고 맑을 것이다.[8]

일체 중생이 모두 불성을 가지고 있으나 다만 색수상행식色受想行識의 오음에 가려져서 원만하고 광대무변한 본체를 드러내지 못하고 있기 때문에 좌선수행을 통하여 지혜의 바람으로 오음의 구름을 날려 버리면 자연히 불성은 드러나 맑고 밝게 빛나게 되는 것이다. 이와 같이 번뇌를 여의고 불성을 드러내는 것이 초기선종의 수선修禪의 요체가 되는 것이다.

도신 역시 망상을 여의고 본래 청정한 마음을 보는 것을 안심安心이라고 하여 달마의 안심법문安心法門을 계승하는데, 대승의 수행자는 마땅히 안심의 수행을 통하여 항상 현전하되 한 물건도 없는 마음을 분명히 요지了知하라고 가르치고 있다.

묻기를, 대승의 안심입도安心入道의 법이란 무엇입니까?
답하기를, 대승의 도를 수행하고자 하면 먼저 안심을 해야 한다. 대개 안심의 법은 일체의 불안不安, 그것이 이름하여 참된 안심이다.

안심이란 것은 모든 반연을 단박에 멈추고 망상을 영원히 쉬어 몸과 마음을 놓고 비우는 것이다. …… 무릇 안심이란 반드시 항상 본래 청정한 마음을 보아야 하며 또한 보지 말아야 한다. 이와 같이 보지 않는다면 마음이 항상 현전할 것이다. 비록 항상 현전하지만 한 물건도 얻을 것이 없다. 비단 한 물건도 얻을 것이 없을 뿐만 아니라 티끌만큼의 모양에 이르기까지 역시 얻을 것이 없다. 이와 같이 행하는 곳에 분명히 깨달아 일체 언교의 가르침에 미혹되어 어지럽지 않게 되리니, 이 같은 마음을 버리지 말라. 초발심으로부터 성불할 때까지 이러한 수행을 여의지 말아라.⁹

위에서 말한 이른바 "항상 현전하되 한 물건도 얻을 것이 없는" 청정한 마음을 지키는 것을 도신은 "하나를 지켜 움직임이 없다"는 뜻의 "수일불이守一不移"의 관심수행이라 주장하고 있는 것이다. 도신의 "수일불이"는 번뇌 망상을 쉬어 청정 불성을 보게 하는 안심수행의 방법으로 설해진 것이다.

동산법문의 한 축으로 도신의 선 사상을 전승하고 있는 홍인 역시 주장하기를 "수도의 본체는 몸과 마음은 본래 청정하여 나지도 않고 멸하지도 않으며 분별이 없음을 알아야 한다"라고 전제하고, "자성의 원만 청정한 마음은 나의 본래 스승이므로 시방의 제불을 염하는 것보다 수승하다"고 주장하면서 이른바 "자성청정自性淸淨"의 바탕에서 번뇌와 불성의 관계를 설명하고 있다.

묻기를, 어떻게 자성이 청정함을 압니까? 답하길, 『십지경』에 이르기를, 중생의 마음 가운데 금강의 불성이 있으니 마치 태양의 본체가 밝고 원만하여 광대무변함과 같지만, 다만 오음의 검은 구름에 뒤덮여 있을 뿐이다. 마치 병 안의 등광이 밝게 비추지 못하는 것과 같다. 또 태양으로 비유해 보면, 마치 세상의 운무가 팔방에서 함께 일어나 천하가 어둡게 된다면 어찌 태양이 빛날 수 있겠는가! 묻기를, 어째서 빛이 없습니까? 답하기를, 태양의 빛은 부셔져 없어지는 것이 아니다. 단지 운무에 의하여 가려져 있을 뿐이다. 일체 중생의 청정한 마음도 또한 이와 같다. 단지 욕사(欲事: 경계)에 끄달려 망념과 모든 사견의 두꺼운 구름에 덮여져 버렸기 때문이다. 만약에 분명히 마음을 지키면(守心) 망념은 일어나지 않으며, 열반의 법은 자연히 나타나게 된다. 그러므로 자심이 본래 청정한 것임을 알 수 있다.[10]

홍인 역시 자심본래청정自心本來淸淨의 관점인 "심성본정心性本淨 객진소염客塵所染"설을 강조하여 그 실천 방법으로 본래 스스로 청정한 마음을 지킬 것을 제시하고 있다. 홍인이 강조한 심성본정설과 선수행의 방법론으로써의 수심守心은 달마의 응주벽관凝住壁觀과 도신의 수일불이守一不移의 사상과 완전히 일치하고 있음을 알 수 있다.

행주좌와 가운데 항상 본래 참마음을 지켜(守本眞心) 망념이 일어나지 못하게 하면 나의 마음을 멸하게 되니, 일체 만법은 자심을 떠나지 않는다.[11]

도신의 수일불이나 홍인이 설한 수본진심守本眞心 모두 본래 청정심을 지켜 망념이 일어나지 않게 하는 수행 방법론에 입각해 있다고

108

할 수 있다. 여기서 주장하고 있는 본래 청정한 마음을 지키기 위해 망념이 일어나지 않게 하는 것을 또한 "심불기心不起"라고 말한다. 다시 말하면 심불기란 마음(망념)이 일어나지 않는 본래 청정심의 자리를 일컫는 말이다.

『능가경』에 말하였다. 모든 부처님의 마음이 제일이다(諸佛心第一). 내가 법을 가르칠 때에 마음이 일어남이 없는 그 자리(心不起處)가 바로 이것(모든 부처의 마음)이다. 이 법은 삼승을 초월하며, 보살 십지를 넘어 불과처를 구경으로 하나니 단지 묵심默心하여 스스로 깨달아 알 뿐이다. 무심으로 양신하고, 무념으로 안신하며, 한가한 곳에 정좌하여 근본을 지키고 진에 돌아간다(守本歸眞).[12]

모든 부처님의 마음은 마음이 일어남이 없는 그 자리의 마음인데, 여기서 "마음이 일어남이 없다(心不起)"라고 하는 것은 한 생각도 일어남이 없는 자리, 곧 번뇌망념에 오염되지 않는 마음의 상태를 말하고 있다. 아무 생각이 없어 목석과 같이 멍한 상태가 아니라 한 생각이 일어나기 이전의 상태요, 동시에 생각을 내되 생각에 집착이 없는 마음을 일컫는 말인 것이다.

그런데 여기서 한 가지 주목해야 할 사실이 있다. 우리의 본성, 즉 본심이 본래 청정하나 지금 현재 번뇌에 물들어 오염된 상태라면, 그 본래성에서 볼 때는 하나이지만 현재상에서 본다면 둘로 나누어져 있다는 것이다. 다시 말하면, 자성청정한 진여본심을 번뇌망념이 덮고 있으므로 굳이 망념을 버리고 진심으로 돌아가야 한다고 한다면, 본래의 진여眞如와 현재의 망념妄念이 이원화二元化되어 둘이라는 것이다.

진여자성인 청정심에서 볼 때는 하나이지만 중생의 집착된 염심에서 볼 때에는 당연히 돌아가야 할 진여본심이 있고, 소멸해야 할 망념이 따로 존재하게 되는 것이다. 이것이 어리석은 중생을 위한 방편의 시설이라 하더라도 이는 진망이원眞妄二元의 입장에서 본성의 청정성(본각)보다는 오히려 번뇌의 입장(불각)에서 그 대치大治를 강조하고 있는 것이 된다.

이와 같이 달마로부터 홍인에 이르는 초기 선에서 주장하는 벽관이란 이름의 좌선간심은 중생의 입장에서 망념과 진여를 둘로 보고 있는(眞妄二元) 중생의 현실상을 인정하고, 그 바탕 위에서 번뇌를 버리고 진성을 회복할 것(捨妄歸眞)을 주장하고 있는 것이다. 그러므로 심불기心不起란 망념이 일어나기 이전의 자성청정심自性淸淨心의 상태를 말하는 것임과 동시에 그 상태를 회복하기 위한 수선修禪의 방법론이 되는 것이다. 이와 같은 심불기에 의한 사망귀진의 수행 방편은 북종선에도 그대로 전승되고 있음을 볼 수 있다.

5. 남북종선의 심성 해탈

1) 북종선의 심성 해탈 ─ 진망이원眞妄二元

북종의 선법에서는 초기선종의 "진망이원眞妄二元"의 심성관이 더욱 체계화되고 있음을 볼 수 있다. 즉 신수를 중심으로 한 북종선 역시 초기 선에서 제창한 사망귀진의 방법론에 기초하여 "관심간정觀心看淨"의 선법을 전개하고 있다. 관심간정의 좌선법이 북종선이 제창하는 수행의 요체이다.

묻기를, 만약에 어떤 사람이 불도를 구함에 마땅히 어떤 수행법이 가장 중요한 요점이 됩니까? 답하기를, 오직 관심일법觀心一法이 일체법을 포괄하니 불법수행의 최고 덕목이다.[13]

또한 『관심론』에서 말하기를 "마음은 만법의 근본이다. 일체 모든 법은 오직 마음의 소생이다. 만약 능히 마음을 요달하면 만행을 모두 갖추게 된다"라고 설하여 마음의 수행이 최고의 수선 방편임을 주장하고 있다.

신수는 『기신론』의 "진망이심眞妄二心"의 체용설을 인용하여 번뇌와 불성의 관계를 설명하고 있다. 주지하는 바와 같이 『기신론』에서는 "일심이문一心二門"을 설하고 있는데, 중생이 본래 갖추고 있는 청정한 일심一心을 진여문眞如門과 생사문生死門으로 나누어 설명하고 있다. 즉 일심의 본체에 있어서는 진성(眞性: 청정본심)으로 동일하나, 그 작용에 있어서는 정심(淨心: 진여)과 염심(染心: 생사)으로 나뉘게 된 것이다.

그러나 번뇌로 오염된 생사의 작용도 그 체에 있어서는 진여본각의 청정성을 갖추고 있기 때문에 생사의 허망함(空性)을 바로 깨달음으로써 진여의 청정성을 회복할 수 있다는 것이다. 이것을 일러 신수는 "깨달음의 본체는 생사의 망념을 떠났기에(覺體離念), 망념 자체가 실다움이 없음을 보아서, 진여본심의 청정심을 보게 되는 것(觀心看淨)"이라고 말하고 있다.

이러한 사상적 기초 위에 그는 "망념이 일어나지 않고(妄心不起), 진심을 잃지 않는 것(眞心不失)"으로써 수증문을 삼아, "망념을 쉬고 진심을 닦는" 의미의 "식망수진息妄修眞"의 관심수행을 강조하고 있다.

위에서 언급한 바와 같이, 북종의 이른바 식망수진의 수증 방법은
『기신론』의 진망이심眞妄二心의 사상에 그 연원을 두고 있다. 『관심론』
에 설하고 있는 법문을 들어보자.

묻기를, 어떻게 관심을 깨달음이라 합니까?
대답하기를, 보살이 깊은 지혜바라밀을 행할 때 사대 오음이 본래
공空·무아無我인 것을 깨닫고, 자심의 작용에 두 가지의 차별이
있음을 요견了見한다. 그 두 가지 마음이란 하나는 정심淨心이요,
다른 하나는 염심染心이다. 이 두 종류의 마음은 법계의 자연으로서
본래 구족하고 있는 마음이다. 이 두 종류의 마음은 연에 따라서
서로 떨어지기도 하지만, 또한 서로 상대相待한다. 정심은 항상
선인善因을 원하고, 염체染體는 항상 악업을 생각한다.
만약에 오염된 바를 받아들이지 않으면 바로 성聖이라고 칭하며,
드디어 모든 고통을 멀리 여의어 열반의 낙을 증득하게 된다. 만약에
염심에 따르면 업을 짓고 그 업의 속박을 받으면 그를 범凡이라고
이름한다. 그리하여 삼계에 침윤하여 가지가지 고통을 받게 된다.
왜냐하면 그 염심은 진여의 체를 장애하기 때문이다.
『십지경』에 설하기를 "중생의 몸 가운데에 금강의 불성이 있으니
마치 태양과 같이 그 본체가 밝고 원만하여 광대무변하다. 다만
오음의 두꺼운 구름에 뒤덮여 있을 뿐이다. 즉 병 안의 등불이 (밖으
로) 드러나지 않는 것과 같다"라고 하였다.
또 『열반경』에 설하기를, "일체 중생은 모두 불성이 있다"라고 하였
다. 다만 무명에 뒤덮여 있기 때문에 해탈을 얻지 못하는 것이다.
불성佛性이란, 즉 각성覺性이다. 자기도 깨닫고 남도 깨닫게 하여

지혜의 명료함을 깨달으면 바로 해탈이라 할 수 있다. 따라서 알수 있다. 일체 모든 선善은 각覺으로서 근본을 삼으며, 그 각覺의 뿌리로 인하여 드디어 모든 공덕의 나무를 나타내게 되고, 열반의 과실은 이것으로 인하여 이룰 수 있다. 이와 같은 관심觀心을 깨달음 (了)이라고 이름하는 것이다.[14]

여기서 알 수 있듯이 북종선 역시 그 토대에 달마선 이래의 "심성본정心性本淨 번뇌소염煩惱所染"의 기본 입장을 견지하고 있다. 『열반경』의 "일체 중생이 모두 불성이 있다(一切衆生悉有佛性)"는 말과 『십지경』의 금강불성과 두꺼운 구름(重雲: 오음)의 비유를 들어 불성과 번뇌의 관계를 설명하고, 더 나아가 『기신론』의 체용體用의 논리를 적용하여 그 체에 있어서는 일심으로 동일하지만 그 용에 있어서는 정심(淨心: 불성)과 염심(染心: 번뇌)으로 차별이 있음을 설명하고 있다. 정심의 작용은 선인을 원하기 때문에 고통을 여의고 즐거움을 얻어 성인을 이룬다. 반면 염심의 작용은 악업을 생각하므로 업을 지어 삼계에 윤회하며 고통을 받게 되는 것이다.

그러므로 염심(번뇌)을 쉬고 정심(불성)을 닦아(息妄修眞) 작용의 염심으로부터 본체와 하나인 정심으로 돌아가는(由用歸體) 관심간정觀心看淨의 수증 방편이 필요하게 되는 것이다. 본각本覺의 입장에서 보면 깨달음의 본체는 망념을 떠나 있지만(覺體離念), 불각不覺인 중생의 입장에서 보게 되면 또한 망념이 일어나지 않게 하고 진심을 잃지 않게 하는 방편수행이 요구되는 것이다. 망념(작용)을 여의고(離念) 진성(본체)으로 돌아간다는 수행 방편으로써 이념離念을 강조하고 있는 것이다. 이러한 두 가지 의미로서 북종선을 이념선離念禪이라 부르는 것이다. 이와 같이 북종선은 중생의 현실, 즉 불각不覺인 중생의 입장을 강조하여 번뇌를 여의고 깨달음으로 나아가게 하는 점수선漸修禪적인 요소가 강하게 나타나고 있다고 하겠다.

그러면 이념선으로서의 북종선이 일상생활 가운데에서 어떻게 선수행 방편을 운용할 것인가에 대한 문제는 이후 전개되는 남종선과 조사선에 지대한 영향을 미치게 된다. 아래에 북종선에서 가르치고 있는 생활선의 수증 방편을 살펴보도록 하겠다.

일체 중생은 이 삼독과 육적六賊 때문에 몸과 마음이 미혹하여 어지럽게 되어(惑亂) 생사의 고해에 깊이 빠지며, 육도에 윤회하여 여러 가지 고뇌를 받는다. 그것은 마치 큰 강이 조그마한 옹달샘에 근원하여 끊임없이 흘러나와 마침내 넘쳐 파도가 만 리나 되는 큰 바다가 되는 것과 같다. 만약 어떤 사람이 삼독과 육적의 근원을 끊게 되면 즉 모든 악의 흐름은 멈추게 된다. 해탈을 구하려는 자는 삼독을 삼취정계三聚淨戒로 전환하고, 육적을 육바라밀로 전환하게 되면 자연히 일체의 고통으로부터 벗어날 수 있다.[15]

위에서 살펴본 바에 의하면 북종선에서 강조하고 있는 선禪 실천의 중요한 관건은 탐진치貪瞋癡 삼독을 삼취정계三聚淨戒로 전환하고, 안이비설신의 육적六賊을 육바라밀六波羅蜜로 전환하여 일체의 고통으로부터 해방되는 것이다. 위에서 삼독을 삼취정계로, 육적을 육바라밀로 전환한다고 했을 때의 '전轉'이라는 말에 주목할 필요가 있다. 여기서 전을 전환轉換·전용轉用의 의미로 사용했을 때 삼독과 육적이라는 번뇌의 방해를 받고 있는 중생의 현실로부터 삼취정계와 육바라밀이 발현되는 깨달음의 이상을 향해 인식(識)을 전환하고 행위(業)를 전용한다는 말이 된다.

그렇다면 지금까지 번뇌를 끊고 보리를 얻고, 생사심을 끊고 열반심을 얻는다고 했을 때의 "끊는다(斷)"는 말은 번뇌의 영역을 완전히 소각시키고 난 연후에 새롭게 보리의 영역이 나타난다는 의미로 오해되어질 요소가 내포되어 있다. 반면에 번뇌를 보리로 전환 혹은 전용한다고 하면, 번뇌를 일부러 끊을 필요가 없이 번뇌의 공성空性을 철저히 깨달으면 번뇌 그대로 보리로 전환(전용)되는 것이다.

여기서 알 수 있듯이 선에서의 끊는다(斷)는 의미는 단절의 의미가 아니라 전환 혹은 전용의 의미이다. 아울러 번뇌를 전환하여 보리로 사용한다고 하였을 때 인식을 전환(식의 전환)한다는 의미이기 때문에, 진정한 전환은 인식 자체의 공성을 철저히 깨닫는 데 있다고 하겠다. 인식 전환의 바탕 위에 행위마저 전용함으로서(업의 전용) 완전한 해탈을 구가하게 되는 것이다.

이와 같이 북종선에서는 초기선종에 나타난 진망이원의 입장에서 제기한 사망귀진의 수증론을 주장하는 한편, 번뇌의 성품이 공함을 요달하여 번뇌를 보리로 전용함으로서 이후 전개되는 남종선의 진망일원眞妄一元의 수증론을 예비하고 있다고 말할 수 있다.

사실 북종선에서 설하고 있는 진망일원적 수증의 단면은 여러 전적에서 나타나고 있다. 다만 북종선은 달마 이래의 수증 전통이라 할 수 있는, 불각不覺이 상태인 중생의 입장에서 번뇌를 소멸하여 본각本覺에 계합하는 시각始覺을 강조하다 보니 점수漸修적 방법인 사망귀진捨妄歸眞을 강조하게 되는 것이다.

그러나 제법의 정성(正性: 바른 성품)이라는 진망불이의 중도적 관점

에서 "심불기心不起"를 설하여 진망이원에 떨어짐을 아울러 경계하고
있음을 볼 수 있다. 『대승무생방편문』에서 『사익경』의 "제법은 자성을
여의어 욕제欲際를 벗어났으므로 정성正性이라 부른다"라는 구절을
인용하여 제법의 정성正性을 설명하고 있다. 또한 "마음이 일어나지
않음이 자성을 여의는 것이며(心不起是離自性), 의식이 일어나지 않음
이 욕제를 여의는 것이며(識不起是離欲際), 마음과 의식이 함께 일어나
지 않는 것이 제법의 바른 성품이다(心識俱不起是諸法正性)"라고 설하
여, 결국 "제법의 바른 성품은 공空하며 청정하여 어디에도 집착하지
않는 것"이라고 말하고 있다.

『사익경』에 의거하면, 오음에서 일어나는 견문각지의 욕제는 마음이
미혹하게 되면 번뇌가 되지만, 마음이 경계에 물들지 않으면(心不起)
항상 무상無相이므로 청정하여 보리가 현전하게 되는 것이다. 자성이
식에 연하되 연한 바 없어 항상 청정함이 바로 제법의 올바른 성품이라는
말은 진망일원眞妄一元의 수증론을 강조한 말이 되는 것이다.

2) 남종선의 심성 해탈 — 진망일원眞妄一元

남종의 혜능 역시 전통의 자성청정自性淸淨의 심성관을 계승하고 있으
며, 자성청정을 단박에 깨닫는 것이(頓悟自性淸淨) 돈오선의 핵심 수증
관이라 할 수 있다. 그러므로 혜능 역시 기본적으로 이른바 "심성본정心
性本淨 객진소염客塵所染" 관점을 견지하고 있다. 그러나 "심성본정"인
본각의 입장을 강조함으로서 종래의 심성관으로부터 획기적 변화를
맞이하고 있다고 하겠다. 즉 종래의 달마선이나 북종선 등에서 태양과
구름을 대비시켜 불성과 번뇌를 설명하고 있는 데 비해, 혜능은 자성(불
성)은 하늘(허공)에 비유하고, 해와 달은 지혜, 구름과 안개는 번뇌에

비유하여 이후 전개되는 조사선의 심성관의 토대를 형성하고 있다고
하겠다.

선지식들아! 세상 사람들의 성품은 본래 스스로 깨끗하여 만 가지
법이 자기의 성품에 있다. 그러므로 모든 악한 일을 생각하면 곧
악을 행하고 모든 착한 일을 생각하면 문득 착한 행동을 닦는 것이다.
이와 같이 모든 법이 다 자성自性 속에 있어서 자성은 항상 깨끗함을
알아라.
해와 달은 항상 밝으나 다만 구름이 덮이면 위는 밝고 아래는 어두워
서 일월성신을 보지 못한다. 그러다가 홀연히 지혜의 바람이 불어와
구름과 안개를 다 걷어 버리면 삼라만상이 일시에 모두 나타난다.
세상 사람의 자성이 깨끗함도 맑은 하늘과 같아서, 혜慧는 해와
같고 지智는 달과 같다. 지혜는 항상 밝되 밖으로 경계에 집착하여
망념의 뜬구름이 덮여 자성이 밝지 못할 뿐이다. 그러므로 선지식이
참 법문을 열어 주어 미망을 불어 물리쳐 버리면 안팎이 사무쳐
밝아 자기의 성품 가운데 만법이 다 나타나니, 모든 법에 자재한
성품을 청정법신淸淨法身이라 이름한다.[16]

다시 말하면, 하늘(淸天)은 본래 맑고 텅 비어서 우주 삼라만상을
그 속에 품고 있다. 해와 달이 나타나면 삼라만상의 두두물물은 그대로
드러나고, 구름이 해와 달을 가리면 삼라만상은 그대로 본래의 모습을
드러내지 않는다. 그러나 해와 달이 나타나 만상을 밝게 비추어도
하늘은 그대로이며, 구름이 가리어 어두워도 하늘은 여전히 그 하늘이
다. 해와 구름이 다만 하늘 가운데의 일인 것처럼 지혜와 번뇌는 오직

자성 속의 일일 뿐이다.

경계에 미혹되어 자성을 보지 못할 때는 지혜와 망념만을 실법實法으로 알고 있으므로, 지혜와 망념은 분명히 달라서 망념의 구름을 없애야 지혜의 해와 달이 나타난다고 여긴다. 그러나 깨닫고 보면 지혜의 해와 달도 망념의 구름과 안개도 모두 자성이라는 하늘 속의 소식일 뿐, 하나의 맑은 하늘만이 불생불멸不生不滅의 진실한 법이고, 지혜니 망념이니 하는 것은 다만 그 속에서 생멸하는 가상假相일 뿐이다.[17]

여기서 지혜와 망념을 이원화二元化시켜 망념의 구름을 없애야 지혜의 일월이 나타난다고 여긴다면, 이는 분명 진망이원의 각도에서 사망귀진捨妄歸眞의 수증 방법에 입각해 있는 것이다. 반면 해와 구름이 하늘 가운데의 일이듯이 지혜와 망념이 모두 자성 속의 일로써 생멸법이라면, 하나의 하늘만이 불생불멸의 진실법이라는 주장은 진망불이眞妄不二의 수증론에 기초하고 있다.

위에서 언급하였듯이 혜능 이전의 심성관에서는 불성과 번뇌를 해와 구름에 비유하여 구름의 번뇌를 제거하고 불성의 해를 드러내는 것으로 수증관을 삼았다면, 혜능으로부터 이후 조사선에서는 불성을 하늘(허공)에 비유하고 지혜와 번뇌를 해와 구름에 비유함으로서 해와 구름에 상관없이 허공은 항상 텅 비어 맑고 밝은 빛을 나타내고 있다고 주장하고 있다. 이런 점이 초기선종과 혜능 이후 본격적으로 전개되는 조사선의 수증관의 상이점이라 할 수 있다.

혜능은 이러한 진망불이의 관점에서 "번뇌가 곧 보리(煩惱卽菩提)"라는 사상을 주장하게 된다. 그는 먼저 제법의 성품이 공하여 두 가지 성품이 없음이 곧 실다운 성품(實性)이라고 말하고, 번뇌와 보리 또한 그 성품에 있어서 두 가지 성품이 아니라 하나임을 강조하고 있다.

어떤 것이 대승의 견해인가? 대사가 말했다. 명과 무명을 범부는 둘로 보지만, 지혜로운 자는 그 성품(性)에 둘이 없음(無二之性)을 요달하니, 둘이 없는 성품이 곧 불성佛性이다.[18]
대사는 말하였다. 번뇌가 곧 보리이며, 이 둘은 둘이 아니며 별개가 아니다. 만약 지혜로써 비추어 번뇌를 부순다고 한다면, 이것은 이승의 견해로서 양이나 사슴과 같이 하근기의 말이고, 상근기의 지혜로운 자라면 모두 이와 같은 견해를 가지고 있지 않다.[19]

범부와 이승의 근기에 있는 자들은 지혜와 번뇌를 둘로 보아, 지혜로써 번뇌를 소멸시킨다고 말한다. 그러나 대승의 상근기 보살은 둘이 아닌 성품(無二之性)을 요달하여 번뇌망념을 여의고 진여본성에 돌아가는 것(捨妄歸眞)이 아니라, 망즉진妄卽眞이요 진즉망眞卽妄으로서 진망불이眞妄不二의 관점이 되어 번뇌를 끊지 않고 보리를 증득한다. 번뇌를 끊지 않고 보리를 얻는다는 말이 무슨 뜻인가 하면, 번뇌가 공함을 알아 번뇌 그대로를 보리로 전용한다는 것이다. 이러한 관점은 모두 불성이 곧 불이중도不二中道라는 입장에서 주장되어진 것이다. 혜능선은 철저히 불성불이佛性不二의 관점에서 중도정관의 수행을 통해 번뇌와 보리가 자성일원自性一元임을 거듭 표명하고 있다.

『열반경』에 그 불성불이佛性不二의 법을 밝히니 곧 이 선禪이다.
…… 선근善根에는 둘이 있으니 하나는 상常이요, 둘은 무상無常이다. 불성은 상도 아니요 무상도 아니므로 끊지 않으니 이름하여 불이不二라 한다. 하나는 선善이요, 둘은 불선不善이다. 불성은 선도 아니요 불선도 아니므로 끊지 않으니 이름하여 불이不二이다. 또한 말하기를

오온五蘊과 18계十八界에 대하여 범부는 두 가지 견해를 내지만, 지혜로운 자는 그 성품이 둘이 아님을 요달하니 둘이 아닌 성품(無二 之性)이 곧 실다운 성품(實性)이다. 명明과 무명無明에 대하여 범부는 두 가지 견해를 내지만, 지혜로운 자는 그 성품이 둘이 아님을 요달하 니 둘이 아닌 성품이 곧 실성이다. 실성은 둘이 아니다(無二). 혜능 대사가 법사에게 말하였다. 그러므로 불성은 불이의 법(不二之法)임 을 알아라.[20]

혜능이 이해한 불성은 상常과 무상無常, 선善과 불선不善, 명明과 무명無明이 두 가지 성품이 아닌(無二之性) 실성實性임을 알 수 있다. 즉 5온 12처 18계의 일체 경계에 대하여 두 가지 견해를 내지 않음이 무이지성無二之性의 불성을 깨닫는 것이다. 따라서 무상을 끊고 상을 얻는다거나 불선을 끊고 선을 얻는다거나, 혹은 무명을 끊고 명을 얻는 것이 아니라 이 둘의 성품이 둘 아닌 성품(無二之性)임을 요달함이 불성을 깨닫는 것이다. 그러므로 불성은 상도 아니요 무상도 아니며, 선도 아니요 불선도 아니며, 명도 아니요 무명도 아니어서 굳이 인위적 으로 끊을 필요가 없다고 말하는 것이다.

이와 같이 무이지성無二之性인 불성의 입장에서 볼 때 번뇌를 끊고 보리를 얻는다거나, 망념을 끊고 정념을 얻는다거나, 생사를 여의고 해탈을 얻는다는 것은 연목구어緣木求魚가 된다.

혜능은 불이중도의 관점에서 자성청정심의 무이지성無二之性을 깨달 음으로서 자연히 번뇌망념을 제거할 수 있다고 주장하고 있다. 즉 남종선에서 볼 때 번뇌망념의 대치는 자성이 본래 청정(空)한 입장에서 번뇌의 공성을 요달하여 번뇌를 끊고 보리를 얻는 것이 아니라, 번뇌 즉 보리이므로 적극적으로 번뇌를 보리로 돌려쓰게(轉用) 하는 것이다.

여기서 알 수 있듯이 혜능은 불이중도不二中道 법문을 십분 강조하여, 그것을 바탕으로 하여 망념이 곧 진념(妄念卽眞念)이며, 번뇌가 곧 보리(煩惱卽菩提)이며, 세간이 곧 출세간(世間卽出世間)이며, 생사가 곧 열반(生死卽涅槃)임을 강조하고 있다.

이러한 진망불이의 수증관에서 보면 종전의 좌선수행 또한 겉모양의 앉음이 아니라, 일체 경계에 걸림이 없는 무생선無生禪으로서 좌선의 종지를 삼게 되는 것이다. 혜능은 전통의 연좌宴坐를 부정하고 혁명적 입장에서의 남종 돈오 좌선법을 선양하고 있다.

이 법문 가운데에 일체에 걸림이 없어 밖으로 일체 경계에 생각이 일어나지 않음을 좌라 하고, 본래 성품을 깨달아 어지럽지 않음을 선이라 한다.[21]

혜능이 말하고 있는 좌선이란 밖으로 일체 경계에 미혹되어 번뇌가 없고, 안으로 자성(불성)을 깨달아 흔들림이 없는 것이다. 이른바 "일체 경계에 생각이 일어나지 않음이 좌坐"라 하고, "본래 성품을 깨달아 어지럽지 않음이 선禪"이라는 좌선관은 이후 조사선의 좌선관이 되어 일체처 일체시에 경계에 오염되지 않는 생활선으로 전개되는 계기가 되고 있다.

이러한 번뇌와 불성에 대한 혜능의 심성관은 '육조 현창운동'과 '돈오선 선양운동'을 전개한 신회神會에 의해 "자연불성自然佛性" 사상으로 계승 발전되고 있음을 볼 수 있다.

중생은 비록 자연불성自然佛性이 있으나 미혹하여 깨닫지 못하고, 번뇌에 덮여 생사에 유랑하여 성불하지 못한다.[22]

번뇌와 불성은 일시에 있다. 만약 진정한 선지식의 가르침을 만나면 선풍을 요동하여 도를 깨달을 수 있고, 선지식을 만나지 못하면 모든 악업을 지어 생사를 떠나지 못하는 까닭에 성불하지 못한다. 무명과 불성은 모두 자연으로 생한다. 무명은 불성에 의거하고 불성은 무명에 의거한다. 둘이 서로 의지하여 있는 즉 일시에 있다. 깨달으면 곧 불성이요, 깨닫지 못하면 곧 무명이다.[23]

일체 중생의 마음 가운데 완전히 다른 양면성이 존재하고 있다. 하나는 불성이요, 다른 하나는 번뇌(무명)이다. 신회는 중생의 마음 가운데 이 양면성은 모두 본래 갖추어진 것이라고 하여 "자연불성自然佛性"이라 이름하고, 자연불성이므로 또한 "일시에 있다(一時而有)"고 하여 상호 의존하고 있음을 말하고 있다. 불성과 번뇌의 구별은 깨닫고 깨닫지 못함에 있어 깨달은 즉 불성이요, 깨닫지 못한 즉 번뇌다. 그래서 불성과 무명은 자성의 미오迷悟에 달려 있다고 말하는 것이다.

다만 번뇌는 "본래 없으나 지금 있는 것(本無今有)"이므로 생멸이 있고, 불성은 "본래 있으나 지금 없는 것(本有今無)"이므로 생멸이 없다(無生無滅). 신회는 금과 금광의 비유를 들어 불성과 번뇌의 관계를 설명하고 있다.

『열반경』에 이르기를, "마치 금과 금광이 일시에 함께 있다"라고 하였다. 우연히 금사를 만나 용광로에 제련하면 금과 금광이 같이 있음을 안다. 금은 여러 번 제련한 정수요, 광을 만약 여러 번 제련하면

회토로 변한다. 금은 곧 불성에 비유함이요. 광은 곧 번뇌에 비유함이다. 그러므로 "번뇌와 불성은 일시에 있다(一時而有)"고 하는 것이다.[24]

혜능의 불성관을 계승한 신회는, 혜능이 불성을 하늘(淸天)에 비유한 것을, 허공虛空으로 바꿔 말하고 있다. 신회가 생각하기에 번뇌는 인연화합으로 이루어진 가명이기에 생멸이 있다. 그러므로 사람들은 반야지혜를 운용하여 그것을 제거할 수 있는데, 마치 광명이 어두움을 쫓아내는 것과 같다. 불성은 결코 제거할 수 없는 것인데, 그것은 마치 허공과 같아서 밝음과 어두움이 오고 가더라도 끝내 자기의 본래 면목을 보전한다. 그러므로 말하기를 "불성이 항상함이 마치 허공과 같아서 밝음과 어두움이 오고 가도 허공은 오고 감이 없다"[25]라고 하였다. 신회는 불성과 번뇌가 일시에 있다는 사상의 기초 위에 번뇌가 곧 불성이라는 사상을 제시하였다.

선지식을 위하여 번뇌 즉 보리의 뜻에 대하여 간략히 말하겠다. 허공의 비유를 들어 보면, 그 성품은 본래 동정이 없어 밝음이 오면 밝은 것이 공이요. 어둠이 오면 어두운 것이 공하다. 어둠이 공하면 밝음과 다르지 않고, 밝음이 공하면 어둠이 공하지 않아서 허공에 밝고, 어둠이 스스로 오고 가나 허공은 본래 동정이 없다. 번뇌와 보리의 뜻도 또한 이와 같다. 미혹하고 깨달음에 차이가 있을 뿐 보리의 성품에는 원래 차이가 없다.[26]

위에서 신회는 허공의 성품이 본래 밝음도 아니요 어둠도 아닌(非明非

暗) 중도실상中道實相의 입장에서 불성과 번뇌의 관계를 설명하고 있다. 중생의 자성은 본래 청정공적淸淨空寂하여 미혹한 즉 번뇌요, 깨달은 즉 보리(불성)이다. 그러므로 번뇌와 보리는 원래 하나의 체로서 둘이 아니다(一體無二). 다만 불성에 대한 미오迷悟에 차별이 있을 뿐이니, 미혹한 즉 번뇌요 중생이며, 깨달은 즉 보리요 부처이다. 실제로 그가 언급한 중생과 부처가 평등한 본성은 바로 마음이다. 이와 같기 때문에 "중생심 즉 불심이요, 불심 즉 중생심이다."[27] 따라서 "만약 사람의 성품을 요달하지 못하면 중생이 있고 부처가 있지만, 그것을 요달하면 중생심과 불심은 원래 차별이 없다"라고 말할 수 있다.

여기서 주의할 것은, 신회가 제출한 불성은 결코 모종의 중생심(번뇌)과 독립된 실체가 아니고, 번뇌가 본래 공하여 나타난 본성으로서의 불성을 가리키는 것이다. 이것은 자성청정自性淸淨, 자성공적自性空寂의 중도실상의 각도에서 보리와 번뇌의 상호 관계성을 규정짓고 있다.

신회는 북종선법의 수증의 요점을 "마음을 모아 정에 들고(凝心入定), 마음을 머물러 깨끗함을 보고(住心看淨), 마음을 일으켜 밖을 비추고(起心外照), 마음을 거두어 안으로 증득하는 것(攝心內證)"으로 규정하고 이것을 조복심調伏心으로 폄하하고 있다. "조복심이란 성문법聲聞法이요, 불조복심不調伏心이란 우인법愚人法이다. 만약 이와 같은 수정修定은 결코 해탈할 수 없다."[28]

대승불교는 일찍이 "생사에도 머물지 않고(無住生死) 열반에도 머물지 않는(無住涅槃)" 보살만행을 제시한 바 있다. 이른바 "불조복심"은 생사에 집착하는 마음이며, "조복심"은 열반에 집착하는 마음이다. 따라서 신회는 "무주생사 무주열반"의 대승보살행의 관점에서 북종선법이 "조복심"의 소승이라 비판했던 것이다.

결국 남종선은 조복의 성문과 불조복의 중생을 초월하여 생사에도 머물지 않고 열반에도 머물지 않는, 즉 "번뇌가 곧 보리"요 "생사가 곧 열반"의 무주묘행無住妙行이 반야바라밀임을 천명하고 있다. 이와 같은 진망불이眞妄不二의 관점을 생활 가운데 실천하기 위해 신회는 육진삼매六塵三昧로 불리는 돈오해탈頓悟解脫 법문을 제시하고 있다.

각자 마음을 지극히 하라. 여러분들로 하여금 단박에 깨달아 해탈하도록 하겠다. 눈으로 사물(色)을 볼 때 일체 사물을 잘(분명하게) 분별하되 그 분별하는 것을 따라 망념(집착심)을 일으키지 않으면 사물 가운데서 자유를 얻고, 사물 가운데서 해탈을 얻어 색진삼매色塵三昧가 구족되는 것이다. 귀로 소리를 들을 때 일체의 소리를 잘 분별하되 그 분별하는 것을 따라 망념을 일으키지 않으면 소리 가운데서 자유를 얻고, 소리 가운데서 해탈을 얻어서 성진삼매聲塵三昧가 구족되는 것이다. 코로 냄새를 맡을 때 일체의 냄새를 잘 분별하되 그 분별하는 것을 따라 망념을 일으키지 않으면 냄새 가운데서 자유를 얻고, 냄새 가운데서 해탈을 얻어 향진삼매香塵三昧가 구족되는 것이다. 코로 맛을 볼 때 일체의 맛을 잘 분별하되 그 분별하는 것을 따라 망념을 일으키지 않으면 맛 가운데서 자유를 얻고, 맛 가운데서 해탈을 얻어 미진삼매味塵三昧가 구족되는 것이다. 몸이 여러 가지 촉감을 느낄 때 그 촉감을 따라 망념을 일으키지 않으면 촉감하는 가운데서 자유를 얻고, 촉감하는 가운데서 해탈을 얻어 촉진삼매觸塵三昧가 구족되는 것이다. 뜻으로 일체 법(존재, 생각)을 분별할 때 일체 법을 잘 분별하되 그 분별을 따라서 망념을 일으키지 않으면 법 가운데서 자유를 얻고, 법 가운데서 해탈을 얻으니 법진삼매法塵三

昧가 구족되는 것이다. 이와 같이 모든 인식기관이 대상을 잘(분명하
게) 분별하는 것은 본래의 지혜이며, 그 분별하는 것을 따라 망념(집착
심)을 일으키지 않는 것은 본래의 선정이다.[29]

번뇌가 보리이며, 생사가 열반인 자성청정의 입장에서 보면 일체의
견문각지見聞覺知가 그대로 불성의 나타남이 되는 것이다. 육입六入,
십이처十二處, 십팔계十八界가 진여본성의 입장에서 보면 그대로 불성
이 되며, 분별망념에서 보면 번뇌가 된다. 따라서 인식 주체(육근)가
객관 대상(육진)을 대하여 안식 내지 의식의 경계를 드러낼 때 분별망념
을 여의어 진여불성으로 작용하게 되면 십팔계 그대로가 육진삼매가
되고, 돈오해탈을 이루게 되는 것이다.

6. 조사선의 심성 해탈

혜능, 신회에 의해 설립된 남종선은 마조도일의 홍주종洪州宗에 이르러
선의 황금기를 맞이하게 되는데 선종사에서는 이를 조사선[30]의 시대라
고 한다. 남종 돈오선이 혜능에 의해 제창되어 하택종 신회에 의해
확립되었으나, 실제로 그 선법을 발전시킨 것은 홍주종에 의해서이다.
여기서는 홍주종을 중심으로 한 조사선 사상 가운데 번뇌와 불성의
관계에 의한 수증론에 대해 살펴보도록 하겠다.

홍주종의 개창자 마조도일馬祖道一은 혜능의 "돈오자성청정頓悟自性
淸淨" 사상을 계승하여 중도불성의 사상체계를 발전시켰다. 우선 홍주선
의 불성 사상에 대해 천착해 보자. 마조의 불성 사상의 연원은 『능가경』
의 "여래장자성청정심如來藏自性淸淨心"에 있다. 『종경록』에 마조선에

대해 아래와 같이 기록하고 있다.

> 홍주 마조대사가 말하기를, 달마대사가 남천축으로부터 와서 오직
> 대승일심법만을 전했다. 『능가경』으로써 중생심을 설명하고, 이
> 일심법을 믿지 않음을 염려하였다. 『능가경』에 말하기를, 부처님
> 말씀인 마음으로 종지를 삼고(佛語心爲宗), 무문으로 법문을 삼는다
> (無門爲法門). 어째서 부처님이 말한 마음을 종지로 삼는다 하는가?
> 부처님이 말한 마음이란 것은 '마음이 곧 부처(卽心卽佛)'이니, 지금
> 하는 이 말이 곧 마음의 말이다. 그러므로 부처님이 말한 마음을
> 종지로 한다는 것이며, 무문을 법문으로 삼는다는 것은, 본래 성품이
> 공空함을 깨달아 더욱 한 법도 없으니 성품 스스로가 문門이며,
> 성품에는 모양이 없고 또한 문이 없다. 그러므로 문 없음으로 법문法
> 門을 삼는다고 한다.³¹

마조는 『능가경』에서 설한 이른바 "불어심위종佛語心爲宗, 무문위법
문無門爲法門"이 가리키는 것은, 본래 성품이 공함(本性空)과 성품에
모양이 없음으로 표현되는 여래장자성청정심如來藏自性淸淨心라는 것
이다. 앞 절에서 살펴보았듯이 '자성청정'이라는 이 명제는 혜능, 신회의
돈오선법의 기본 사상이며, 홍주종 역시 자성청정自性淸淨인 중도불성
中道佛性의 기초 위에서 마음이 곧 부처임(卽心卽佛)을 강조하고 있다.
아래에 홍주선의 자성청정설에 대한 관점을 살펴보기로 하자.

> 마조대사가 말하기를, 너의 마음을 알려면 단지 지금 말하는 그것이
> 바로 너의 마음이다. 이 마음으로 부처를 지으니, 또한 실상법신불實

相法身佛이라 하고, 또한 도라고 부른다. …… 지금 견문각지見聞覺知하는 이것이 원래 너의 본래 성품이며, 또한 본래 마음이라 부른다. 더욱 이 마음을 여의고 따로 부처가 없다. 이 마음은 본래 있고 지금도 있어서(本有今有) 거짓으로 조작된 것이 아니다. 본래 깨끗하며 지금도 깨끗하여(本淨今淨) 닦을 필요가 없다. 자성은 열반이며, 자성은 청정하며, 자성은 해탈이며, 자성은 (번뇌를) 여의었기 때문이다. 이것이 너의 심성이며, 본래 스스로 부처이니, (밖을 향해) 따로 부처를 구할 필요가 없다.[32]

사실상 혜능이 "불성상청정佛性常淸淨"을 표명한 이래 남종선은 줄곧 자성청정自性淸淨을 자종의 종지로 삼았다. 마조는 자성이 본래 청정하여 자연히 공적한데, 그 공적한 체상에 물듦이 없기 때문에 망심은 자성을 여의지 않아서, 일부러 조작하여 털고 닦을 필요 없이 자연히 청정하므로 자성열반, 자성해탈이라 말하고 있는 것이다.

특히 위의 인용문에서 주의해 볼 만한 가치가 있는 것은 홍주종의 불성에 대한 "본유금유本有今有", "본정금정本淨今淨"의 관점이다. 『열반경』의 설법에 따르면 "불성은 '본유금무本有今無'이고 또한 청정하며, 번뇌는 '본무금유本無今有'이고 또한 오염되었다"라고 설하고 있다. 그러나 마조는 지금 이 순간 보고 듣고 느끼고 아는(見聞覺知) 이것이 바로 우리의 본성이며 또한 본심이니, 다시 이 마음을 떠나 따로 부처가 없다고 말하고 있다.

따라서 불성이 곧 번뇌이며, 번뇌가 곧 불성이므로, 불성은 "본유금유", "본정금정"이라는 적극적 관점을 제기하고 있다. 이것은 홍주종의 자성청정설을 표현한 말인데, "작용으로 성품을 삼는(作用爲性)" 입장에서 자성(불성)의 작용을 강조하고 있는 것이다. 여기서 알 수 있듯이 홍주종의 심성론 역시 혜능선과 마찬가지로 자성청정심, 즉 중도불성론임을 알 수 있다. 마조가 말한 "돈오본성頓悟本性"의 본성이 가리키는 것이 바로 중도불성인 것이다. 그런데 마조의 조사선법은 혜능의 돈오선법보다 한 걸음 더 나아가 진망이원의 그림자를 완전히 떨쳐버리고 철저히 깨달음(본각)의 청정심에서 심성론을 전개하고 있는 것이다. 아래에 홍주선의 중도불성 사상을 살펴보기로 하자.

> 반야바라밀이 자기의 불성이며 또한 대승이다. …… 그러므로 실상법신불이라 말하고, 청정법신 비로자나불이라 부르며, 허공법신불이라 부른다. …… 또한 성종性宗이라 부르고, 또한 공종空宗이라 부르고, …… 또한 제일의공第一義空이라 부른다.[33]
> 중생이라 함은 상相이 있다. 상이 있다는 것은 이미 이루어짐과 허물어짐이 있다; 불성이라 함은 상이 없는 것인데, 상이 없다는 것은 성품이 공하다는 것이다.[34]

홍주종 선사들은 불성에 대해 무상실상無相實相, 공역불공空亦不空, 반야바라밀, 제일의공, 자성공적, 청정법신, 허공법신불 등 모두 중도를 그 내용으로 설하고 있다. 이것은 혜능 돈오선의 불성론과 완전히 일치하고 있다. 『조계대사별전』에서 일찍이 말하기를 "불성은 범부에 있어서 줄어들지도 않고, 현성에 있어서도 늘어나지도 않는다. 번뇌에 있어서도 더럽혀지지 않고, 선정에 있어서도 깨끗해지지 않는다. 따라서 단멸斷滅하지도 않고 항상恒常하지도 않으며, 오지도 않고 가지도 않는다. 또한 중간 및 내외도 아니며, 생生하지도 않고 멸滅하지도 않아서, 모양과 성품이 상주하여 항상 변함이 없다"³⁵라고 하였다.

위에서 살펴본 바와 같이 자성청정이란 본래 자성이 공적함(自性空寂), 즉 불생불멸不生不滅의 중도불성을 말하는 것이다. 따라서 홍주선의 주장은 번뇌 가운데서 번뇌의 공성空性을 바로 보아, 번뇌를 여의지 않고 그대로 보리를 깨닫는 것이다. 즉 세간 현실생활 가운데서 무생무멸無生無滅의 불이중도不二中道를 실현하는 것이다. 그러므로 "모든 부처님이 중생들을 볼 때에 종일 생해도 생함이 없으며(無生), 종일 멸해도 멸함이 없음(無滅)을 본다. 생도 없고 멸도 없음(無生無滅)이 곧 대승의 불과佛果인 것이다"³⁶라고 말하는 것이다. 대주혜해 역시 제법의 불이중도적 관점에서 "이성공二性空"의 설을 주장하고 있다.

이성이 공함(二性空)을 알면 바로 해탈을 얻으며, 이성이 공하지 않다(二性不空)고 알면 해탈을 얻지 못한다. 이것을 지혜라 부르며, 정사正邪를 깨달았다 하며, 체용體用을 알았다 한다. 이성이 공한 즉 본체이며, 이성을 알면 곧 해탈이다. 다시 의심이 일어나지 않음이 곧 작용이다. 이성이 공하다는 것은 유와 무, 선과 악, 애와 증이 일어나지 않음을 말하는 것이니 이를 일러 이성공이라 한다.³⁷

홍주종은 자성청정을 법성이 본래 공하다(性性本空)는 불이중도로 이해하고, 더 나아가 "본래무일물本來無一物"설을 제출하기에 이른다. 황벽의 설법을 들어보기로 하자.

몸이 공하므로 법이 공하며, 마음이 공하므로 성품이 공한 것이다. 몸과 마음 모두 공하므로 성품도 공하다고 한다. 내지 천 갈래의 이설도 모두 너의 본심을 여의지 않는다. 마치 지금 말하는 보리, 진여, 불성, 이승보살 등 모두가 나뭇잎으로 황금이라 하고, 빈주먹 안에 보물이 있다고 말하는 방편설이다. 만약에 손바닥을 폈을 때 하늘이든 사람이든 일체 대중은 모두 손바닥 가운데 한 물건도 없음을 본다. 그러므로 말하기를 "본래 한 물건도 없는데(本來無一物), 어디에 티끌이 있겠는가(何處有塵埃)"라고 하는 것이다. 이미 본래 물건이 없다면 과거, 현재, 미래에 본래 소유할 바가 없다. 따라서 수행자는 단도직입單刀直入으로 깨달아야 그 의미를 알 수 있다.[38]

황벽희운은 "본래무일물本來無一物"로서 제법의 성품이 공함을 설명하고, 또한 제법의 성품이 본래 청정함을 말하고 있다. 그는 제법의 성품, 즉 번뇌와 보리, 중생과 제불, 생사와 열반, 유위와 무위, 세간과 출세간 내지 육도와 사생, 산하와 대지, 유정과 무정 등 모두가 동일체라고 보고 있다. 그 원인에 대해 황벽은 "같다고 말하는 것은 이름의 모양(名相)이 또한 공하기 때문이다. 유도 공이요, 무도 공이며, 항하사 세계 모두가 원래 하나의 공이다"[39]라고 설하고 있다. 황벽이 위에서 말한 "본래무일물"과 『전심법요』 가운데 말한 "이심전심以心傳心", 그리고 『완릉록』의 "직지인심直指人心, 견성성불見性成佛" 등의 설법은 이후 선종오가의 사상에 지대한 영향을 미치게 된다.

특히 "본래무일물本來無一物, 하처유진애何處有塵埃"라는 구절은 황벽에 의해 가장 먼저 사용되고 있으며, 이후 종보본, 덕이본 등의 『단경』에서 모두 이 본래무일물本來無一物로서 돈황본 『단경』의 "불성상청정佛性常淸淨"의 구절을 대체하고 있다. 또한 황벽의 자성청정에 대한 해석은 확실히 남종의 대표성을 띠고 있는데, 조사선에서 보리菩提, 본각本覺,

진심眞心 등을 언급할 때 기본적으로 모두 "나뭇잎을 가리켜 황금이라고 하고(指葉爲黃金)", "빈주먹 안에 보물이 있다(掌拳之說)"고 설법한다. 이것은 실제로 있는 것을 가리키는 것이 아니다.

황벽이 본래무일물로서 제법의 성품이 본래 공하다는 중도불이 사상으로 해석하는 것은 실제로 반야성공般若性空, 중도불성中道佛性의 이론을 조사선 법문에 철저하게 관철시킨 일종의 표현인 것이다. 뿐만 아니라 제법성공, 보리, 진여, 불성 등이 모두가 한 물건도 없으며(無一物), 공하여 얻을 바가 없으며(空無所得), 분명하게 한 물건도 없음을 보며, 자심이 본래 청정하여 본래 부처라고 말하는 것이다. 이러한 본래무일물本來無一物의 청정심은 자연히 즉심즉불卽心卽佛의 사상 노선으로 발전하게 된다.

어떤 스님이 묻기를, 화상께서는 왜 '마음이 부처(卽心卽佛)'라고 말하십니까? 마조가 대답하기를, 애기의 울음을 달래기 위함이다. 묻기를, 울음을 그친 후에는 어찌 합니까? 대답하기를, 마음도 아니요 부처도 아니다(非心非佛). 다시 묻기를, 이 두 종류를 제외한 사람이 오면 어떻게 가르칩니까? 대답하기를, 마음도 아니요(不是心), 부처도 아니요(不是佛), 물건도 아니다(不是物). 묻기를, 홀연히 그런 경지에 있는 사람을 만나면 어찌 합니까? 대답하기를, 대도를 깨우치게 가르친다.[40]

사람들은 일반적으로 스스로의 마음이 본래 부처임을 깨닫지 못하고 밖을 향해 수행을 하고 깨달음을 구하므로, 마조는 이러한 잘못된 정황을 깨우치기 위하여 "즉심즉불卽心卽佛"이라고 말한 것이다. 이것은 사람들이 밖을 향해 부처를 구하는 것을 타파하기 위한 일종의 방편이다. 그러나 마조가 즉심즉불을 강조한 이후 사람들은 또한 즉심즉불의 밖으로 드러난 뜻에만 집착하게 되고 그 본의에 의해 수행하지 않는 풍토가 조성되자, 이번에는 더 나아가 지해방편에 집착하는 것을 부수기 위해 "비심비불非心非佛"이라고 설하게 된 것이다. 다시 말하면 비심비불은 즉심즉불에 대응하여 제기한 일종의 부정어인 셈이다. 그 뜻을 음미해 보면, 주체의 인식활동은 인식 주체와 주체가 인식한 바의 객관 대상에 의해 만들어진 허상에 불과하다.

즉 인식활동은 인식 주체에 있는 것도 아니요, 객관 대상에 있는 것도 아니요, 그 둘이 합쳐지는 데 있는 것도 아니다. 그렇다고 합쳐지는 데 없는 것도 아니니, 인식은 세계의 인식이요, 세계는 인식의 세계일 뿐이다. 따라서 마음도 아니요 부처도 아니어서, 마음이라 해도 틀리고 부처라 해도 틀리게 되는 것이다. 그러므로 또한 말하기를 "마음도 아니요(不是心), 부처도 아니요(不是佛), 물건도 아니다(不是物)"라고 하는 것이다. 이러한 주장은 대치실단對治悉檀의 방편에 집착하지 않음을 나타낼 뿐만 아니라, 부처라는 지견은 내외, 생멸 등 두 가지 법(二法)인 변견에 치우침이 아니고, 불내불외不內不外, 불생불멸不生不滅의 불이중도의 법임을 설명하는 것이다. 따라서 훗날 문각선사는 마음과 부처에 대해 아래와 같이 해석하고 있다.

마음이 곧 부처이며(卽心卽佛), 마음도 아니요, 부처도 아니다(非心非佛). 마음과 부처는 본래 공한데 어찌 '이다(卽), 아니다(非)'가 있겠는가? (공 또한) 공을 지키지 않으며, (마음의) 참된 근원은 스스로 통한다. 부처와 부처, 조사와 조사가 이것으로써 종지를

세웠다.[41]

마음이 부처라고 해도 틀리고, 마음이 부처가 아니라고 해도 맞지 않다. 마음도 부처도 본래 공한 것인데 어디 "이고(卽), 아니고(非)"가 있겠는가. 일체가 다 공하지만, 그 공 또한 공을 지키지 않고 색으로 나타나니, 색이 그대로 공이요(色卽是空), 공 또한 그대로 색이니(空卽是色), 이를 일러 "즉색즉공卽色卽空"의 "진공묘유眞空妙有"라고 한다. 이것이 부처와 조사가 세운 종지이다.

홍주종의 논리에 따르면, 먼저 즉심즉불로 긍정하고, 이후에 다시 비심비불로 부정하고, 중도불이의 입장에서 또한 절대긍정으로 평상심시도平常心是道를 설하고 있다. 그런데 홍주선에서는 또한 즉심즉불의 전제로 성즉시심性卽是心을 들고 있는데, 즉 진여본성과 현실의 마음(現實之心)을 상호 융합시켜 즉성즉심卽性卽心이 된다고 보고 있다. 황벽이 말하고 있다.

달마가 이 땅에 와서 양梁, 위魏 두 나라에 이르기까지 혜가대사 한 사람만이 비밀리에 스스로의 마음을 믿어, 언하에 바로 마음이 부처임을 깨달아 몸과 마음이 함께 없으니, 이를 일러 대도라 한다. 대도는 본래 평등하므로 중생과 성인의 성품이 동일한 진성임을 믿어, 마음과 성품이 다르지 않아서 성품이 곧 마음이니(卽性卽心), 마음과 성품이 다르지 않음을 조祖라 한다.[42]

여기서 주목할 점은 "성품이 곧 마음이다(卽性卽心)"라는 구절이다. 조사란 즉성즉심을 깨달은 사람이다. 그래서 황벽은 달마의 즉성즉심에 의거하여 즉심즉불을 제출하고 있는 것이다. 아울러 홍주선은 자성청정이 자심청정이므로 즉심즉불의 "즉심卽心"은 일반 사람의 현실지심現實之心이 아니고 자성청정을 깨달은 중도지심中道之心이라고 주장하고 있다.

여기서 우리는 혜능선으로부터 홍주선에 이르기까지 남종선에서 아직 해결되지 않은 하나의 문제에 부딪치게 된다. 즉 지금 여기서 쓰고 있는 이 마음(當下之心)의 이해 문제에 관한 것이다. 적지 않은 선학자들은 홍주선이 주장하는 "즉심즉불"의 "즉심"을 사람들이 지금 여기서 바로 쓰고 있는 마음, 즉 당하지심이라 이해하고 있다. 그러면 당하지심을 어떻게 이해해야 가장 정확한 이해인가? 이 당하지심은 지금 당장의 현실지심(妄心)인가, 아니면 지금 당장의 무념지심(無心)인가?

사실 조사선은 전체적으로 깨달음의 입장을 견지하고 있지만 때로는 그 작용적인 면에서 볼 때 당하망심當下妄心과 당하무심當下無心을 분명하게 분별하기 어려운 것 또한 사실이다. 중생의 무명번뇌의 각도에서 보면 당하의 현실지심과 당하의 무념인 불심과는 동등하지 않다고 본다. 홍주선은 명확히 주장하기를 "직하에 자심이 본래 공함을 깨달아(直下頓了自心本空)야 부처"를 이룰 수 있다고 한다. 따라서 우리는 즉심이 당하망심當下妄心이 아니라, 당하무심當下無心을 가리키고 있다는 결론을 얻어낼 수 있다. 이렇게 되면 평상심시도平常心是道의 평상심은 일반 사람들의 중생심이 아니라 청정, 평등한 중도무심中道無心인 것이다. 그러므로 황벽은 이렇게 말하고 있다.

세인들이 모든 부처님께서 모두 마음법을 전했다는 말을 듣고, 마음

가운데에 또 하나의 법을 세워 깨달으려고 하고 취하려고 하여 마음으로 마음을 찾으려 한다. 그래서 마음이 곧 법이요, 법이 곧 마음임을 알지 못한다. 마음으로 다시 마음을 구할 수 없으니 천만겁이 지나도 얻을 수 없다. 당하에 무심하면 바로 본래 법이다.[43]

제불보살과 일체 중생은 대열반의 성품으로 동일하다. 성품이 곧 마음이며, 마음이 곧 부처이다. 한 생각이 참됨을 떠나면 모두가 망상이다. 마음으로써 다시 마음을 구할 수 없고, 부처로써 다시 부처를 구할 수 없으며, 법으로써 다시 법을 구할 수 없다. 그러므로 수도인은 직하에 무심(直下無心)하여 묵묵히 계합하니, 마음에 얽매이면 즉시 어긋난다. 마음으로써 마음을 전하니 이것이 바른 견해(正見)이다.[44]

소위 "마음으로써 다시 마음을 구할 수 없다(不可將心更求於心)"는 것은 일찍이 신회가 북종의 관심선법觀心禪法)을 공격하던 도구로 사용된 유명한 말이다. 홍주선은 여전히 "마음은 얻을 바가 없음(心無所得)"을 견지하면서 동시에 "직하무심直下無心"설을 제기하고 있다. 여기서 황벽은 즉심卽心과 무심無心을 서로 통일시키고 무심이 부처(無心卽佛)라고 주장한다. 이는 "즉심卽心"이 중도정심中道正心의 무심無心으로서, 번뇌에 오염된 현실지심現實之心이 아님을 증명한다. 위에서 논술한 내용으로부터 우리는 하나의 결론을 도출해낼 수 있다.

즉 선학계에서 상용하고 있는 당하지심當下之心에는 두 가지 함의가 있다. 하나는 당하當下의 현실지심現實之心으로서, 이러한 마음은 무명번뇌에 가린 망심을 가리키며, 다른 하나는 당하의 무념지념無念之心, 즉 무심無心을 말하고 있다. 조사선 가운데의 즉심卽心, 평상심平常心

등은 모두 후자에 속하는 "직하무심直下無心"을 가리키는 말이다. 선수
행자가 직하에 무심을 돈오하여야만 불경계에 도달할 수 있다. 마조는
일찍이 생즉무생生卽無生을 내용으로 하는 직하무심直下無心을 설하고
있다.

　　보는 바의 색色은 모두 마음(心)을 보는 것이다. 마음은 스스로
　　마음일 수 없어, 색으로 인해 마음일 수 있다. 너에게 다만 수시로
　　말하기를, 현상이 곧 이치이니(卽事卽理) 모두 얻을 바 없다. 보리의
　　도과道果도 이와 같다. 마음에 일어난 바를 이름하여 색이라 한다.
　　색이 공한 줄 앎으로 생이 곧 불생이다. 만약에 이 도리를 깨닫게
　　되면 때에 맞춰 옷 입고 밥 먹을 수 있어 성태聖胎를 길러 자재하게
　　지낼 수 있다. 그 외에 무슨 다른 일이 있겠는가?[45]

　　위에서 말한 "보는 바의 색은 모두 마음(心)을 보는 것이다. 마음은
스스로 마음일 수 없어서, 색으로 인해 마음일 수 있다"라고 하는 것은
마음과 색, 색과 공을 서로 통일시켜 중도정심을 나타내고 있다. 다시
말하면, 마음은 스스로 마음이라 칭할 수 없어서 반드시 색(境)을 반연해
서 생겨나고, 색은 스스로 색일 수 없어 반드시 마음으로 인해 나타난다.
마음이 생겨난 즉 색이 생겨나고, 마음이 멸한 즉 색이 멸하고, 마음과
색이 함께 멸하니 곧 무소득이다. 그러므로 『기신론』에 "마음이 일어난
즉 가지가지 법이 일어나고(心生則種種法生), 마음이 멸한 즉 가지가지
법이 멸한다(心滅則種種法滅)"고 설한다. 이것이 바로 무소득無所得의
중도정심中道正心이다. 황벽은 이것을 해석하여 "이 마음은 나도 없고
(無我), 주체도 없다(無主). 육근, 육진, 육식이 화합하여 생멸함도

또한 이와 같아서 십팔계가 공하며, 일체 모두가 공하니 오직 본심이 탕연히 청정함이 있을 뿐이다." "반야는 지혜이니, 이 지혜인 즉 무상본심無相本心이다" [46]라고 하였다.

여기서 말한 "이 마음은 나도 없고(無我), 주체도 없다(無主)"는 말의 의미는 마음에 사량분별이 일어나지만, 사량분별의 성품 자체가 본래 공하다는 것이다. 본래 공하다는 것은 무분별無分別을 말한다. 그러므로 무아 혹은 무주라고 말한다. 분별망념은 본래 성품이 공하니 망념이 곧 진념이며, 망아가 곧 진아다. 그러므로 "무소득無所得" 혹은 "무일물無一物"이라고 말한다. 이 무소득, 무일물의 본성을 억지로 가짜 이름을 세워 중도불성이라 말하는 것이다. 신회와 혜해가 말한 "중도도 또한 없다(中道亦亡)"라고 한 것이 바로 이 뜻이다.

이러한 불성이 바로 중도정심인 까닭에 즉성즉심卽性卽心으로부터 즉심즉불卽心卽佛을 거쳐 또한 즉인즉불卽人卽佛 사상에 이르게 되었다. 이와 같이 혜능, 신회에 의해 "즉심시불卽心是佛"이 제기되고, 그리고 홍주종 선사들에 의해 "즉심즉불卽心卽佛"이 강조되고, 그 기초 위에 더 나아가 "즉인즉불卽人卽佛"을 주장하게 된다.

자고로 지금에 이르기까지 부처는 다만 사람일 뿐이니, 사람이 오직 부처이다(人只是佛). [47]
조사가 서쪽에서 와서 일체 모든 사람이 부처라고 바로 가리켰다. [48]
우리 선종에 의거하면 앞생각이 결코 범부가 아니고, 뒷생각이 결코 성인이 아니다. 앞생각이 부처가 아니며, 뒷생각도 중생이 아니다. [49]
중생이 곧 부처요(衆生卽是佛), 부처가 곧 중생이다(佛卽是衆生). [50]

홍주선은 "성품을 여의고 부처가 없고, 마음을 여의고 부처가 없고, 사람을 여의고 부처가 없다. 자성, 자심, 자기가 본래 부처이니 사람마다 모두 불성이 있고, 사람마다 모두 부처"라고 생각하고 있다. 그러므로 도를 배우는 사람은 반드시 먼저 자성, 자심, 자기가 본래 부처임을 스스로 믿고 스스로 깨달아 잘 보호해야 한다. 자기가 본래 부처임을 깨닫지 못하면 미혹하게 되며, 자기가 본래 부처임을 요달함이 깨달음이다. 따라서 미혹한 즉 사람이 곧 범부요, 깨달은 즉 사람이 곧 부처이다. 이와 같이 철저하게 스스로를 비하하는 중생상을 소탕하여 주체적으로 자기가 본래 부처임을 자각하여, 자유자재의 참사람을 수립하는 것으로 오가선문五家禪門 이후의 수증 풍토를 이루고 있다. 즉 홍주선의 "즉인즉불卽人卽佛" 사상은 오가선 이후의 활발발한 조불祖佛 사상으로 전개되는 토대가 되고 있다.

종합적으로 말하여 혜능, 신회의 돈오선은 "자성이 청정함을 돈오함(頓悟自性淸淨)"을 주장하고, 아울러 당하무념의 중도불성을 강조하였다. 이어서 홍주선의 주요 특징 또한 혜능의 당하무념을 자성, 자심의 대용大用으로 삼아, 그 위에서 직하무심直下無心설을 발휘하고 있다. 그래서 인간의 가치를 더욱 두드러지게 하고 있다. 예를 들어 "무엇이 부처인가? 지금 여기(當下)의 사람이다"라고 말하니, 이것이 바로 즉심즉불, 즉인즉불 사상이다.

7. 맺는말

대승불교의 근본정신은 "생사를 해탈하여 열반을 성취하되(無住生死) 그 열반에 안주하지 않고, 생사의 땅으로 다시 돌아와(無住涅槃) 중생을 이롭게 하는 것(饒益衆生)"에 있다. 즉 생사가 공한 줄 알면 생사가 그대로 열반이요, 열반마저 공한 줄 알면 열반이 그대로 생사이니, 생사를 떠나지 않고 열반을 성취하고, 열반을 여의지 않고 생사의 중생을 이롭게 한다. 이것을 무주행無住行이라 하고, 반야바라밀이라 한다. 지혜로써 생사에 머물지 않고, 자비로써 열반에도 머물지 않는 "비지쌍운悲智雙運"의 실천이 또한 선종의 심지법문이다.

선종의 심지법문에서 볼 때 번뇌와 보리는 하나이자 둘이다. 일심의 체용에서 보았을 때 체용유별體用有別에 서면 진망이원眞妄二元이 되어 번뇌를 여의어 보리를 얻는 사망귀진捨妄歸眞의 수증 방편이 성립된다. 이것이 초기선종의 수증론이라 할 수 있다. 그러나 체용일여體用一如의 입장에서 보면 진망일원眞妄一元이 되어 "번뇌가 곧 보리煩惱卽菩提"이므로 단박에 번뇌의 공성空性을 요달하여 번뇌가 번뇌 아닌 보리로 전용하게 된다. 이것이 혜능으로부터 전개된 조사선의 수증론인 것이다.

선의 본질은 인간의 일상생활에서 일념해탈一念解脫을 구가하는 데 있다고 하겠다. 즉 견문각지의 일념 중에 일념의 공성을 바로 깨달아 일시에 해방되는 일념해탈에 그 목적이 있다. 일념의 중도성을 요달해서 "생각 생각에 해탈이요(念念解脫), 생각 생각에 성불(念念成佛)"을 실현하는 일념성불一念成佛이 바로 조사선의 핵심법문이다.

그래서 『단경』에서는 "앞생각이 미혹하면 중생이요(前念迷則衆生), 뒷생각에 깨달으면 부처(後念悟則諸佛)"라고 설하고 있으며, 황벽은 『전심법요』에서 "산하대지는 견문각지의 산하대지요, 견문각지는 산하대지의 견문각지이니, 눈으로 보되 봄이 없고(眼見而不見), 귀로 들되 들음이 없으며(耳聞而不聞), 몸으로 느끼되 느낌이 없고(身覺而不覺), 마음으로 분별하되 분별함이 없다(意知而不知)"라고 설파하고 있다.

그러므로 "본심은 견문각지에 있는 것도 아니요(本心不屬見聞覺知),
또한 견문각지를 떠나서 있는 것도 아니다(亦不離見聞覺知)"라고 말하
고, "같이 있음도 아니고, 떠나 있음도 아니며(不卽不離), 머물지도
않고, 집착하지도 않아서(不住不着) 일체 경계에 걸림이 없으니(縱橫自
在), 있는 그대로가 해탈도량 아님이 없다(無非道場)"라고 노래하고
있다. 오늘날 선수행자들은 조사선의 임운자재任運自在한 선풍을 되살
려 번뇌 그대로 보리이며, 생사 그대로 열반임을 요달하여, 또한 생활
그대로가 수행이요, 수행 그대로가 깨달음으로 발현되는 수오일여修悟
一如의 실천으로 수처작주(隨處作主: 가는 곳마다 주인이 됨)하고 입처개
진(立處皆眞: 서 있는 그 자리에서 진실됨)해야 한다.

서양 철학의 역사에서 고통의 의미 찾기

박승찬(가톨릭대학교 철학과)

1. 고통의 의미를 추구하는 일의 중요성

고통을 겪어본 사람은 누구나 알 수 있듯이, 겪는 당시에는 고통이야말로 가장 시급하게 해결해야 할 절실한 문제이다. 고통 속에 있는 사람은, 특히 고통이 감당할 수 없을 만큼 큰 것일 때, 고통의 끝이 보이지 않을 때, 고통을 통제할 수 없다고 느낄 때, 고통 때문에 괴로워한다. 이럴 경우에 그는 '고통이 자신의 생명뿐 아니라 온전한 인격으로서의 존재 자체를 위협한다'라고 느낀다.[1] 손봉호는 인간에게 가장 기본적인 경험에 속하는 고통과 쾌락 중 고통의 경험이 더 기본적이며, 이것이 인간 현상을 설명하는 데 있어서 가장 기본적인 열쇠 가운데 하나라고 주장한다.[2] 실제로 고통은 특수한 사람에게만 해당되는 것이 아니라 모든 인간에게 해당되는 지극히 보편적인 것이다. 즉 모든 인간은 고통을 당했거나 당하고 있거나 당할 가능성을 갖고 있다.

　물론 동물의 세계에도 육체적인 통증은 널리 퍼져 있다. 그러나 자기가 고통을 당하고 있음을 알며, "왜 하필 나에게 이런 일이 일어났는가?" 또는 "도대체 왜 이런 고통이 다가오는가?"라고 물을 수 있는 것은 오직 인간뿐이다. 이런 질문은 단순히 고통의 원인과 이유에 관한 물음일 뿐만 아니라, 고통의 목적과 의미에 관한 물음이다. 따라서 만족할 만한 대답을 발견하지 못하면, 인간은 훨씬 더 깊이 고통을 겪게 된다.[3] 니체에 따르면 인간이 당하는 고통 그 자체보다도 더 무섭고 더 우리를 고통스럽게 만드는 것은 그 고통이 의미가 없다고 느껴질 때이다.

> "그(인간)의 문제는 고통 자체가 아니었고, '무엇 때문에 고통스러워하는가?'라는 물음의 외침에 대한 해답이 없다는 것이었다. 가장 용감하고 고통에 익숙한 동물인 인간은 고통 그 자체를 부정하는 것은 아니다: 인간에게 고통의 의미나 고통의 목적이 밝혀진다고 한다면, 인간은 고통을 바라고, 고통 자체를 찾기도 한다. 지금까지 인류 위로 널리 퍼져 있던 저주는 고통이 아니라, 고통의 무의미였다."[4]

　만약 니체의 말처럼 고통이 무의미하다면, 인간의 삶 전체가 무의미하게 될 것이다. 그렇기 때문에 인류는 오랫동안 다양한 방식으로 고통에 대한 의미를 찾아왔다. 그러나 현대에 들어와서 과학과 기술이 획기적으로 발전하면서, 이에 기반을 두고 있는 능력 위주의 산업화 사회에서는 고통을 부끄럽게 여겨 감추고 도망치는 성향이 나타났다.

물론 최근에도 의학과 심리학 등에서 육체적·심리적 고통에 대해서
취급하고 있다. 그렇지만 인간의 고통을 치유하는 임상의학은 인간의
고통을 단순히 조작 가능하고 제거 가능한 대상으로 바라보는 경향이
강하며, 더 나아가 고통을 매개로 점점 더 자본화되고 권력화되는
경향까지 나타나고 있다.[5] 이런 경향에 따라 고통을 상대적으로 적게
취급하는 것은 논외로 하더라도[6] 그 취급 방향은 고통의 근원을 줄이려
는 노력보다 '어떻게 하면 고통을 느끼는 경로를 차단할 수 있을까'에
집중되어 있다. 그 대표적인 것이 마취나 무통분만이며, 이런 경향은
일반 생활에도 널리 퍼져 있다. 현대인들의 다수가 정신적인 고통이
다가오면 알코올이나 마약 등을 통해서 고통을 잊어버리려 하고, 많은
젊은이들은 자살이라는 극단적인 방법을 통해서 고통을 차단하려 한다.

그러나 고통은 마치 빛이 비추면 반드시 따라오는 그림자처럼 피하려
해도 피할 수 없는 경우가 대부분이다. 더욱이 고통 자체도 견디기
힘든 것이지만, 의미 없는 고통은 더욱 견디기 힘들기 때문에라도
고통의 의미를 찾는 작업은 현대에서도 포기할 수 없는 중대한 작업이
다. 의미 있는 고통은 이미 고통이 아니라고까지 주장했던 프랭클(V.
E. Frankl)의 말을 부분적으로라도 인정한다면, 고통의 의미를 제시하는
것만큼 인류에 대한 큰 공헌도 많지 않을 것이다.[7] 그래서 손봉호는
"고통은 의미가 있고, 의미가 있어야 하며, 심지어 없다면 만들어야
한다"[8]라고까지 주장한다. 고통에 대한 의미를 가장 오랫동안 지속적으
로 추구해온 것은 동서양의 종교로, 그 안에서는 인간의 고통이 중요한
주제로 다루어졌다. 따라서 인간이 겪는 고통의 의미를 깊이 있게
관찰하기 위해서는 인간을 보다 통합적인 관점에서 바라보고 있는
종교적인 논의들을 살펴보는 것이 적절한 방법일 듯하다. 그렇지만

이런 방향의 연구는 국내에서도 여러 차례 시도된 바 있고,[9] 각 종교의 고통 이해는 종종 종교에서 받아들이는 신앙의 내용들을 전제로 하고 있기 때문에 그 종교의 신자들에게만 설득력을 가질 수 있다. 또한 고통이 지니는 다양한 현상학적 측면들, '원초적 경험으로서의 고통'이 지니고 있는 '고통의 수동성, 부정성, 무의미성, 주관적 성격' 등에 대해서는 다양한 연구가 이루어졌고, 국내에서는 손봉호의 『고통받는 인간』에 의해서 훌륭히 정리된 바 있다. 따라서 이 글에서는 고통을 보다 폭 넓은 지평에서 바라보며 모든 이들과 함께 성찰하기 위해서, 서양 철학사의 흐름을 따라가면서 새로운 방식으로 고통의 의미를 찾아보도록 하겠다. 이러한 작업은 단순히 지적인 호기심만을 만족시키는 데 그치는 것이 아니라, 고통을 당하는 사람들에게 간접적으로라도 위로나 도움이 될 것이다.

여러 학자들이 고통의 문제는 인간이 생활하고 있는 어디에서나 인간을 따라 다니는 보편적인 주제임에도 불구하고 전통적인 서양 철학에서는 지극히 드물게 다루어졌다고 비판했다.[10] 여러 철학사전의 주제나 철학사의 색인 목차에는 '고통'이나 '괴로움'이라는 항목이 전혀 등장하지 않고, 대부분의 철학적 인간학 책에서는 고통이 전혀 주제로 다루어지지 않는다는 측면에서 보면 틀림없이 타당한 면이 있다. 필자 자신도 10여 년 전에 이러한 견해를 따른 적이 있지만,[11] 이 주제에 대해 좀 더 깊이 있게 탐구해 본 결과, 이러한 단정은 부분적으로만 받아들여질 수 있을 뿐이고 과장된 부분도 있다는 것을 알게 되었다.[12] 비록 집중적으로 다루어지지는 않았을지라도 많은 철학자들이 고통에 대해서 직접 간접으로 매우 다양한 방식으로 성찰해 왔기 때문이다. 이에 대한 종합적인 연구는 구체적인 텍스트들에 대한 개별적인 탐구가 완성된 다음에야 가능할 것이기 때문에, 이곳의 지면 사정도 그렇거니와, 무엇보다도 필자의 능력을 넘어서는 일이다. 그러나 앞으로의 연구를 자극하고 활성화시키는 의미에서라도 지금까지 필자가 찾아낼 수 있었던 중요한 흐름을 정리해 보도록 하겠다. 우선 개인들이 겪는 고통에 대해서 전반적으로 무관심했던 고대 그리스 철학 시기를 다룬 후(제2장), 그리스도교와의 만남을 통해 변화된 중세 철학 내에서의 고통 이해의 대표적인 예들을 고찰할 것이다(제3장). 데카르트 이후에 시작된 근대 철학 안에서 다양한 고통에 대한 해석들이 첨예하게 대립하는 과정을 살펴본 후(제4장), 현대 철학이 전통적인 해석들을 어떻게 비판적으로 수용하며 새로운 요소를 도입했는가를 살펴보도록 하겠다 (제5장).

이러한 역사적 성찰을 통해 우리 현대사회에서도 고통에 대한 중요한 사고의 다양한 흐름들이 여전히 강한 영향력을 미치고 있다는 사실을 확인할 수 있을 것이다. 현대사회에서는 '주도하고 있는 하나의 고통에 대한 이해가 존재한다'라기보다 각 개인의 문화와 종교, 사회적 배경 등에 따라 고통에 대한 특정한 이해를 선호하고 있는 것으로 보인다. 따라서 이 글에서는 고통을 성찰해온 철학의 역사적인 변화를 따라가지만 고통에 대한 각각의 해석이나 이해가 현대까지 어떤 영향을 미치고 있는지 살펴보고, 각 해석이 지니고 있는 장점과 단점을 함께 고찰할 것이다.

이 글에서는 고통을 광범위하게 이해해서, 그것이 생리학적 의미의 통증보다 훨씬 폭넓은 개념이며, 인간성 그 자체에 깊이 뿌리박고 있는 괴로움, 아픔, 스트레스 등 모든 부정적인 개념들을 포괄하는 개념으로 사용할 것이다. 또한 외국어에서는 정신적 차원의 고통인 괴로움(苦, suffering, Leid, souffrance)과 신체적 통증을 뜻하는 아픔(痛, pain, Schmerz, douleur)이 뚜렷이 구분되고, 우리 언어에서도 종종 구별되어 사용된다. 그러나 이러한 구별에 대한 비판도 존재하고 '우리 언어에서는 이 둘이 뚜렷이 구분되지 않는다'는 선행 연구들을 받아들여, 이 두 가지 차원을 모두 포괄하는 것으로 사용함을 밝혀 둔다.[13]

2. 고대 철학의 개별적 고통에 대한 무관심

1) 행복을 기준으로 다루어진 고통

그리스의 고대 철학자들은 고통보다 행복을 더 기본적인 것으로 생각했고, 고통을 행복한 삶에 대한 이론의 틀 안에서 논의했다. 플라톤(Platon, B.C. 427~347)은 '고통은 체액의 부조화로부터 발생한다'라고 보는 그리스의 전통적인 표상에 따라서, '생명체의 신체적인 조화가 유지되는 동안에는 고통도 알지 못하고 쾌락도 알지 못한다'고 주장했다. 조화가 깨졌을 때에야 비로소 고통이 발생하고, 이것이 다시 성립되면 쾌락이 생긴다는 것이다. 따라서 자신의 삶을 이성에 의해 규정되도록 하는 사람은 비록 육체를 가진 상태에서는 고통에서 자유롭지 못할지라도, 그것에 집착하지 않을 뿐만 아니라, 그것이 자신의 영혼 안에 침투하지 못하도록 해야 한다.[14]

아리스토텔레스(Aristoteles, B.C. 384~322)도 행복을 중심 주제로 삼는 자신의 윤리학에서 부차적으로만 고통을 다룬다. 그에 따르면 분노, 공포, 미움, 후회, 존경, 동정과 같은 느낌들은 모두 고통과 쾌락을 동반한다.

"도덕적 우월성은 쾌락과 고통에 관계되어 있다. 우리가 나쁜 짓을
하는 것은 쾌락 때문이고, 고상한 행동을 하기 싫어하는 것은 고통
때문이다. …… 덕이 행위와 감정과 관계되어 있다면 모든 감정과
행위는 쾌락과 고통을 동반한다. 바로 그 때문에 덕도 쾌락과 고통과
관계되어 있다."[15]

아리스토텔레스는 『에우데모스 윤리학』에서 "태어나지 않는 것이야
말로 인간에게 최상의 것이며, 만일 그가 태어났다면, 그에게는 가능한
한 빨리 죽는 것이 최상의 것"이라는 매우 염세주의처럼 들리는 말을
남겨 놓기도 했다.[16]

2) 고대 철학에서의 예외적 관심: 스토아 & 에피쿠로스

그리스 철학의 전성기에 해당하는 철학자들이 고통에 대해서 관심을
보이지 않았던 것과는 대조적으로, 후기 헬레니즘 철학은 그 어느
때보다 인간의 정념과 고통(pathos)에 큰 관심을 두었다. 고통에 대해
어떻게 대처하는가 하는 것이 바로 스토아학파나 에피쿠로스학파의
주요 관심사였다.[17]

스토아학파는 '고통은 물론 실재이지만, 그것은 좋은 것도 아니고
나쁜 것도 아니어서, 우리는 고통에 주목해서는 안 된다'라고 주장했다.
이 학파에 따르면, 인간의 참된 본질은 자기 몸에 있지 않을 뿐만
아니라 명성, 재산, 타인의 아부, 심지어 사랑이나 애정, 존경 등의
외부의 대상에 있는 것도 아니다. 그러므로 우리는 이런 것들 때문에
고통을 겪을 아무런 이유도 없다는 것이다. 비록 우리가 모든 것을
잃어버린다 해도, 우리 영혼은 여전히 우리에게 속해 있다. 따라서

이 모든 것은 우리에게 고통을 주지도 않고 방해가 되지도 않는다. 우리가 고통을 받게 되는 것은 바로 우리가 선택할 수 있는 태도나 반응에 달려 있다는 것이다.[18] 따라서 스토아학파는 고통에 대한 무관심, 고통으로부터 자유로운 태도, 부동심(Apatheia)을 추구할 만한 가치를 지닌 것으로 보았다.[19]

스토아학파와는 대조적으로, 행복한 삶을 영혼의 평정심(Ataraxia)과 육체의 건강으로 규정하는 에피쿠로스는 모든 행위를 통증과 괴로움을 피하기 위한 것으로 보았다.[20] 그러나 에피쿠로스학파는 일반적으로 잘못 알려진 것처럼 행복을 직접적인 감각의 쾌락에서 찾지는 않았다. 오히려 그들은 쾌락을 장기적인 성찰의 측면에서 찾았기 때문에, 나중에 다가올 더욱 큰 쾌락을 위해서 현재의 작은 고통들을 받아들이는 것을 당연한 것으로 여겼다.[21] 즉 에피쿠로스학파에 따르면, 고통은 악으로 규정되었지만 항상 피해야만 하는 악은 아니었다.[22]

고통에 대한 후기 고대 철학의 관심에도 불구하고, 전반적으로 철학자들이 행복에 대해서 집중하고 있었다는 사실은 로마의 사상가 키케로에게서 다시 한 번 확인될 수 있다. 키케로는 '고통이 가장 큰 악인가'에 대한 토론에 참여하면서, 한편으로 『투스쿨리눔 대화』제2권에서 스토아학파를 거슬러서 논변한다. 다른 한편으로 그는 에피쿠로스학파를 거슬러서 '오직 덕만이 마침내 인생의 행복이라고 불릴 수 있기 때문에, 고통이 가장 큰 악이 아니라 치욕이야말로 가장 큰 악이다'라고 주장했다.[23]

후기 헬레니즘 철학의 입장은 영국의 공리주의에서 새로운 형태로 변형되어 나타났다. 공리주의는 무엇보다도 에피쿠로스적인 윤리를 따랐다. 벤담(J. Bentham)은 고통과 쾌락을 인간 행위가 가장 중요한 추동 요인이라고 보았고, 밀(J. S. Mill)은 공리주의적인 기본 원리를 정립했다: "행복은 기쁨과 아픔의 부재를, 불행은 아픔과 기쁨의 부재를 뜻한다."[24] 이러한 공리주의적인 경향은 이 글의 제1장에서 살펴본 '고통으로부터 도망치려는 현대의 경향' 전반에서 폭 넓게 발견된다.

3) 그리스 비극에 드러난 고통에 대한 적극적 관심

고대 그리스의 철학자들이 고통에 대해서 무관심했다고 해서, 그 시대에 고통에 대한 깊이 있는 성찰이 전무했던 것은 아니다. 고통에 대해서는 오히려 그리스의 신화, 서사시, 비극 등에서 깊이 있게 다루어졌다. 호메로스의 서사시에는 인간이 겪어야 하는 고통들을 올림포스 신들의 권능과 지배의 탓으로 돌리려는 인간들을 비판하는 장면이 등장한다. 제우스는 『오뒷세이아』의 시작에서 다음과 같이 선포한다.

> "아아, 인간들은 걸핏하면 신들에게 잘못을 돌리곤 하지요. 그들은 재앙이 우리에게서 비롯된다고 말하지만, 사실은 그들 자신의 못된 짓으로 인하여 정해진 몫 이상의 고통을 당하는 것이오."[25]

호메로스의 서사시에 따르면, 현명한 자는 '못된 짓'을 피함으로써 적당한 때에 '정의(δίκη)'를 수행하는 것을 목표로 삼지만, 어리석은 자는 자기 행위의 결과를 고통으로 참아내야만 한다. 그렇다고 하더라도 이 고통은 그에게 인식과 '사려 깊음(σωφροσύνη)'에 도달할 수 있는 가능성을 열어 놓는다.

보다 후대에 저술된 그리스의 비극에서는 신들이 질투 때문에 가하는 위협에 대항해서 고통에도 불구하고 투쟁하는 인간이 묘사되어 있다.

이제 고통은 제우스나 신들이 인간들을 통찰로 이끄는 길로서 해석된다.

"정의의 여신께서는 고난을 겪은 자들에게 지혜를 주시니, 미래사도 때가 되면 알게 되리라. 이리 미리 기뻐함은 미리 슬퍼함과 무엇이 다르랴! 아침 햇빛과 더불어 모든 것이 명백하게 드러날 것을."[26]

영웅적 숭고와 위대함을 표현하는 것을 과제로 삼았던 그리스 비극은 '영웅적 정신의 위대함이 오직 비극적 고통과 수난 속에서만 자기를 드러낼 수 있다'고 보았다. 그러나 그리스 비극이 처음부터 고통 그 자체를 재현하는 것이 목표였던 것이 아니라 인간 정신의 위대함과 숭고를 표현하는 것을 목표로 삼았기 때문에, 그것을 드러내는 비참한 고통에 관심을 보였다고 보는 것이 옳을 것이다. 예를 들어 오이디푸스가 운명을 거슬렀다고 해서 아무런 고통을 받지 않는다면, 무엇을 통해서 그의 고귀한 성품이 증명될 수 있었겠는가? 죽지 않는 신이 아닌 죽을 수밖에 없는 인간, 고통을 받을 수 있는 인간만이 정신의 숭고를 보여줄 수 있다는 것이다. 이러한 그리스 비극에 나타나는 고통 이해는 후대에 니체에 의해서 새롭게 조명되었다.[27]

3. 그리스도교와의 만남을 통해 활성화된 고통 성찰

1) 죄에 대한 징벌

고대 그리스 철학과 그리스도교와의 만남을 통해서 중세 철학이 발생하면서 고통에 대한 완전히 다른 표상과 문제의식이 서구 사상계에 들어왔다. 그리스도교의 뿌리가 되는 유대교에서는 고통의 문제가 가장 중심적인 테마였다. 유대교나 그리스도교와의 만남 이후 서구 사상계에서는 구약성서적인 고통의 원인론, 즉 '응보론'이 주류를 이루는데, 이에 따르면 고통은 죄와 인간의 잘못에 따라오는 것이다.[28] 이것은 세상에 존재하는 고통에 대한 해석 가운데 가장 일반적인 것으로서 대부분의 문화권에서 발견되며, 이미 구약시대에도 널리 퍼져 있었다. 구약성서의 여러 기록들은 고통을 인간의 죄에 대하여 신이 내린 벌로서 표현하고 있는데,[29] 그중에서 대표적인 구절은 욥을 위로하기 위해 찾아온 세 친구의 주장에서 발견된다. 그들이 보기에는 "고통이란 죄에 대한 벌로서만, 따라서 선을 선으로 갚고 악을 악으로 갚으시는 하느님의 정의라는 차원에서만 의미가 있을 수"[30] 있다.

이와 같이 고통을 죄에 대한 벌로서 설명하는 사람들의 확신은 정의의 질서에 그 바탕을 두고 있다. 신은 정의를 소중히 여기시는 분이며, 그분의 손상된 정의는 오로지 고통을 통해서만 속죄될 수 있는 것이어서 신은 이런 고통을 허락하신다는 것이다. 바로 이 신의 정의 때문에 죄악과 범행이 필수적으로 징벌을 받아야 한다는 것이다. 고통은 이에 따라서 "신적인 형벌"[31]로서 해석되게 되고, "고통의 주모자(Urheber des Leidens)"[32]로서는 인간 자신이 등장한다. 인간은 자신의 행위들을 통해서 처벌하고 보복을 추구하는 신적인 권능을 불러일으키며, 자신의 입장에서는 회개해야만 한다.[33] 역사가 진행되면서 그 해석 방향이 전환되어 고통을 받고 있는 사람을 만나게 될 경우, 이 고통이라는 현상이 바로 그 당사자의 감추어진 죄가 존재한다는 사실을 드러내주는 증거라고 보기에 이르렀다.

개인적인 죄와 벌 사이의 관계는 점차 공동체적으로 이해되어 죄인 당사자뿐 아니라 그 가족과 백성 전체에게 벌이 미치거나[34] 선조들의 과오로 말미암아 후손들이 형벌을 받는 것으로 이해되었고,[35] 이것은 더욱 발전되어 원조들의 죄로 인해서 세상에 고통과 죽음이 도래했다는 원죄설이 형성되었다. 즉 사탄의 유혹에 넘어가 하느님께 불순종한 에와와 아담의 원죄에 대한 벌이 개인적으로 잘못을 저지르지 않은 후손들에게도 미친다고 해석했다. 이것은 명백한 개인적인 잘못을 발견하기 힘듦에도 불구하고 고통을 받는 사람들의 경우를 해명하기 위한 수단으로 자주 사용되었다.

이런 입장들은 현대에 와서도 '신의 뜻을 거슬렀기 때문에 고통을 당한다'고 생각하는 사람들에게서 여전히 매우 자주 발견된다. 가령 혼전 임신을 했던 젊은 부부가 자신들의 아이가 죽는 것을 체험한 경우, 또는 문란한 성생활이나 마약 등을 통해 에이즈에 감염된 환자들은 아주 쉽게 자신들이 겪은 고통을 신이 내린 벌로 느낄 수 있다. 심지어 뚜렷한 윤리적인 잘못이 없는 사람들도 자신들이 범한 사소한 잘못들 중에서 자기 고통의 원인을 찾으려는 경향이 있다.

죄에 대한 벌로서 고통이 가해진다는 해석 방식이 지닌 가장 큰 장점은 사회의 질서를 유지시켜 주는 역할로 작용할 수 있다는 것이다.[36] 사회는 질서를 유지하기 위해 사회의 규칙을 어긴 자들에 대해 공적으로 처벌을 가해야 한다는 법 제정의 필요성을 논리적으로 제시해 주기 때문이다. 공적인 처벌은 개개인의 의식에 내면화되어 잘못을 저지르면 처벌받고 고통을 받는다는 의식을 갖게 한다. 손봉호는 현대사회가 비도덕적이 된 중요한 이유를 "어떤 도덕적인 잘못과 그것에 대한 응징과의 관계가 약화된" 데서 찾는다.[37] 옛날에는 "어떤 나쁜 짓을 하면 반드시 벌을 당한다"고 생각해서 나쁜 짓과 벌과의 인과관계를 확실히 믿었지만, 현대인에게는 '비도덕적인 행동에는 고통이 반드시 따른다'는 믿음이 약해졌기 때문에 도덕적인 타락에 빠졌다는 것이다. 고통은 사회적 처벌의 형태로 사회질서 유지에 기여할 수 있다. 현대 윤리학자 무어(G. E. Moore)는 이러한 견해를 더욱 극단적으로 발전시켜 처벌로 인한 범죄자의 고통을 좋은 것으로 본다.[38] 물론 고통을 받는 범죄자 자신에게는 나쁘다고 해도 전체 사회에 대한 기여를 고려할 때 객관적인 관점에서 보면 좋다는 것이다.

이러한 긍정적인 점에도 불구하고 고통을 죄에 대한 벌로 이해하는 접근 방식에는 많은 문제가 있다. 우선 현실에서는 죄와 벌 사이에 적절한 비례 관계가 성립하지 않는다는 사실에서 문제점이 드러난다. 죄 없는 의인義人이 고통을 받는가 하면 죄 많은 악한이 잘사는 경우도 많다. 이러한 '의인의 고난'은 응보의 논리로 설명될 수 없어서 이미 구약성서 자체 안에서도 문제가 되었다. 예를 들어 구약성경의 한 편인 욥기는 '선한 자의 고통'이라는 인류에게 부과된 난처한 의문을 제시했다. 욥은 친구들의 설명에도 불구하고 입을 다물지 않고 자신의 무죄를 부르짖는다.

"내가 머리를 숙이고, 자네들이 옳다고 할 줄 아는가? 어림도 없는 일, 나 숨지기까지 결코 굽히지 않겠네. 나에게는 잘못이 하나도 없네."(욥기 27,5)

욥기의 마지막에 이 문제에 개입하시는 신은 욥의 고통을 인과응보로 해석하는 친구들의 변론을 질타한다.[39] 욥과 같은 결백한 사람의 고통은 너무 섣불리 배타적인 정의와 질서의 틀로 해석되어서는 안 된다. 욥의 친구들은 죄와 형벌 사이의 고정된 인과관계만을 주장함으로써

진실한 위로를 줄 수 없는 교조주의에 빠져버렸다.[40]

이 문제를 해결하기 위해서 한편으로 영혼윤회설이나 영혼선재설과 같은 신화적 설명들이 사용되거나 수정되었고, 다른 한편으로 모든 "인간적인 비판과 이성적인 잘난 척"[41]을 침묵하도록 만드는 신개념이 개발되었다. 이러한 경향은 이후의 정신사에도 매우 강한 영향력을 미쳤다. 여러 종교에서 죽은 후의 심판을 주장하고, 칸트가 영혼의 불멸을 요청한 것도 이런 죄와 형벌 사이의 불비례 때문이다.

더욱이 응보의 논리에 따르면, 고통을 당하는 사람들이 '죄 없는 희생자'가 아니라 범죄자로 선언됨으로써 그들이 받는 고통을 오히려 가중시킬 수 있다. 욥기의 경고에도 불구하고, 여전히 많은 기독교인들은 영화 '친절한 금자씨'나 '밀양'에서처럼 구체적인 고통에 대해서 직접 당사자의 죄에 그 원인을 돌리고 고통당하는 당사자에게 회개를 강요한다. 그러나 고통의 원인에는 개인의 잘못도 있지만 전쟁, 가난, 고문, 식민 지배, 살상 등의 사회 구조적 요인, 또는 홍수, 가뭄, 지진, 해일, 화산 폭발 등의 자연적 요인도 있다. 가난한 제3세계에 기근이 들어 수천 명의 사람들이 굶주림과 질병으로 죽어간다면, 이 모든 사람들이 그런 운명을 겪어야 하는 죄인이란 말인가? "자녀의 죽음이 죄를 범한 부모에 대한 형벌 때문이라고 한다면, 그렇다면 그 아이는 무엇인가? 그 아이가 죽어야 할 만큼 죄가 많다고 여길 수 있는 기준은 무엇이란 말인가?"[42] 이러한 고통을 모두 고통당하는 당사자가 지은 죄의 탓으로 돌리는 것은 설득력이 없다. 고통이란 그것이 인간의 과오와 연결되어 있을 때에는 벌로서의 의미가 있는 것도 사실이지만, '모든 고통이 잘못의 결과이며 벌의 성격이 있다'는 것은 진리가 아니다.[43]

2) 인간에 대한 신의 시험과 교육

그리스도교화된 서구 역사에서 고통은 신의 구원 의도 및 역사 계획과 연관되는 의미를 지니게 됨으로써, 우연히 마주치게 되는 체험으로부터 그리스도교적인 삶을 실현하기 위한 한 요소로 변화되었다. '고통을 신의 손 안에 있는 교육학적인 수단으로 보는 입장'은 구약성서로부터 유래하는 것이다.[44] 그중에서 대표적인 것은 고통을 인간이 신에게 헌신하는 정도를 시험하기 위한 수단으로 보는 것이다. 구약성서에서 신은 고통이라는 쓴 약을 통해서 자신의 충실한 종들을 시험한다. 예를 들어 창세기 22장에서 이사악을 바치라는 명령을 통해서 신은 아브라함의 사랑과 충성을 확인한다. 또한 욥기에서 욥을 고통으로 시험하기를 동의했던 것도 그의 의로움을 증명하기 위한 것이었다. 이러한 사고를 받아들여 발전시킨 『신약성서』에 따르면, 고통이나 슬픔은 신의 뜻에 어울리는 것이고, 따라서 인간이 실행해야 할 내적인 쇄신과 필수적으로 연결되어 있다.

> "하느님의 뜻에 맞는 슬픔은 회개를 자아내어 구원에 이르게 하므로 후회할 일이 없습니다. 그러나 현세적 슬픔은 죽음을 가져올 뿐입니다. 보십시오, 하느님의 뜻에 맞는 바로 그 슬픔이 여러분에게 얼마나 큰 열성을 불러일으켰는지! 게다가 여러분의 그 솔직한 해명, 그 의분, 그 두려움, 그 그리움, 그 열정, 그 징계도 불러일으켰습니다."(2코린 7,10-11)

초기의 순교 체험에서 강한 영감을 받은 그리스도교는 악과 고통을 악신의 탓으로 돌려 무조건 피하려는 영지주의[45]나, 고통에 대한 무관심

을 강조하는 스토아학파에 대항해서 고통을 더욱 긍정적으로 보려는
해석을 발전시켰다. 이 해석에 따르면, 고통은 구원의 필수적인 사전
단계처럼 보이고, 이로써 그리스도의 제자임이 확인되는 것으로 간주
된다.

> "아픔과 괴로움의 왕관은, 아픔과 괴로움에 대한 인내가 앞서 가지
> 않는다면 결코 받을 수 없기 때문입니다."[46]

이러한 해석은 중세 시대 전체에 걸쳐서 매우 강한 영향력을 미쳤다.[47]
이렇게 해석된 고통은 이제 더 이상 신적인 세계질서에서 벗어난 우연적
인 사건이 아니라 신이 개선을 위한 목적(correctio)이나 시험(probatio)
을 위한 목적으로 사용하는 수단이다. 이 고통을 통해서 장차 다가올
유혹에서 인간을 보호하고 인간의 인내를 키우며, 그의 신앙을 정화시키
기 위한 것이다.[48] 바로 이 고통 안에서 구원의 길이 계시되기 때문에,
이제 고통은 "해방으로서의 상실(Verlust als Befreiung)"[49]로 격상되었다.
이와 같이 중세 시대에 고통은 그 자체로 절실한 현실적인 문제로
취급되기보다는 자주 신적인 섭리와 계획의 한 부분으로 설명되었다.
이와 같이 인간이 겪는 고통과 세상에 실존하는 악에도 불구하고 신의
전능함과 전선全善함을 보여주고자 하는 신학자들과 철학자들의 노력
은 후대에 '변신론辯神論'이라고 불리는 체계를 발전시켰다.
　이러한 해석은 특히 현대 기독교 안에서 고통에 대한 가장 강력한
해석으로 여전히 활용되고 있다. 그리스도교의 입장에서 현대인이
겪는 고통을 실감나게 묘사하고 있는 루이스는 신이 인간에게 고통을
주는 세 가지 이유를 명시하고 있다. 첫째로 인간들이 지니고 있는

"모든 것이 잘 되어간다는", 즉 만사형통이라는 환상[50]을 깨뜨리기 위해, 둘째로 "자족의 환상", 즉 "우리가 가진 것은 그것이 선하건 악하건 간에 전부 우리 자신의 것이며 그것만으로 충분하다는 망상"[51]을 깨기 위해서, 셋째로 신에게 자아를 완전히 양도하고 순종하는 행위가 완벽하기 위해서는 자연적 성향과 상관없이 또는 그것을 거슬러 순종하겠다는 의지가 필요하고, 이러한 자발적 선택을 가능하게 하기 위해[52] 고통이 필요하다는 것이다. 루이스에 따르면, 고통이란 신에게 절대적으로 순종하여 온전한 선과 행복에 이르기 위해 반드시 필요한 장치이며, 그런 측면에서 '신의 선물'이라 할 만한 것이다. 시험이나 시련으로서의 고통의 목적은 "고난으로 말미암아 온전케 하심"[53]이요, 이를 통해 고통을 겪는 이는 정신적인 성숙에 도달하게 된다.[54]

　이러한 해석에도 인간은 고통을 통해서 보다 더욱 성숙한 '인간'이 될 수 있다는 상당한 진실이 포함되어 있다. '눈물 젖은 빵을 먹어보지 않는 사람과는 인생을 논하지 마라' 또는 '아픈 만큼 성숙해진다'라는 표현을 보면 이런 사고방식이 널리 유포되어 있음을 알 수 있다. 실제로 대부분의 사람들은 행복하고 편안할 때는 자신의 삶을 돌아보고 성찰하지 않으며, 고통과 고난을 통해서 비로소 정신적으로 성숙하게 된다. 예를 들어 역사상의 위인들의 전기나 자서전에는 으레 숱한 역경과 고통을 이겨낸 감동적인 일화들이 소개되어 있다. 또한 '피겨의 여왕' 김연아처럼 세계적으로 유명해진 운동선수들은 "고통이 없이는 얻는 것도 없다"고 말한다. 그들은 훈련이나 경기 중 부상을 겪고서도 이를 극복함으로써 자신들을 더욱 강하게 하고 고통에 대한 저항력을 키웠다. 이런 고통의 시간이 있었기 때문에 더욱 훌륭한 능력을 얻게 되었다.[55] 이러한 해석을 따르는 이에게 인생이라는 학교에서 겪게 되는 고통이란 정신적 성숙을 위한 또는 도덕적인 성장을 위한 통과 의례에 해당한다. 이러한 해석의 가장 큰 장점은 선한 사람이 고통당하는 이유를 어느 정도 설명해줄 수 있다는 점이다.

그러나 인간의 고통이, 신이 계획한 교육적 의미에 그 본뜻이 있을까? 이것은 신앙고백으로서는 통할지 모르나, 모든 사람들에게 긍정적으로 받아들여지는 것은 아니다. 아브라함이 시험을 통해 '믿음의 조상'이라고 불리게 된 이야기를 거부감 없이 받아들이는 사람들과는 달리, 그러한 시련을 통해서 한 아버지를 시험하는 신은 우리가 공경해야 할 가치가 없다고 느끼는 사람들도 있다.

더욱이 중세 유럽을 휩쓴 페스트, 아우슈비츠 등지에서의 유대인 학살, 베트남 전쟁의 양민 학살 등에서 발견되는 '거대한 악' 앞에서 이런 교육론은 아무런 힘을 발휘하지 못한다. 이런 사건을 통해서 외부 사람이 교훈을 얻는다는 사실이 그 많은 희생자가 발생하는 비인간적인 상황을 정당화시켜 줄 수는 없기 때문이다. 더욱이 거대한 재앙들이 무죄한 어린이들을 죽일 때, 그 사건 속에서 담담히 배워야 할 교훈을 찾는 사람은 지적인 해석의 기쁨을 위해 가장 근본적인 '사랑'이라는 계명을 망각하고 있다.

또한 고통을 개인의 정신적 성숙을 위한 통과 의례로 볼 경우, 모든 고통을 개개인의 성숙을 위해 치르고 견뎌야 할 불가피한 대가로 미화할 위험성이 있다. 이렇게 될 경우, 고통의 사회 구조적 원인을 소홀히 하여, 인간들이 야기한 사회 구조적인 악조차 정당화하는 결과가 나타날 수 있다

마지막으로, 사람들은 고통을 겪으면서 겸손과 인내를 배우고 타인을 배려하는 정신적인 성숙을 이룰 수도 있지만, 반대로 오히려 성품이

더 피폐해지고 이기적이게 되며 냉소적이 될 수도 있다. 극도의 고통을 당하며 생활하면서도 주위의 위로와 지원을 전혀 받지 못한 사람들은 타인과 사회에 대한 적개심 때문에 오히려 영혼의 성장을 저해할 수도 있기 때문이다.[56]

물론 고통을 잘 극복한 사람이 자신이 겪었던 고통을 회상하면서 고통이 정신적 성숙을 위한 시련이었다고 해석할 수는 있겠지만, 이것이 모든 고통 발생의 이유를 설명할 수 있다고 보는 것은 동의하기 어렵다.

3) 인간 자유 남용의 결과

고통 발생의 이유에 대해서 설명하면서도 잔혹하고 가학적인 신이라는 표상을 만들지 않을 수 있는 해석 방법 중 하나는 대부분의 고통을 신이 인간에게 준 자유를 남용함으로써 생긴 결과로 보는 것이다.[57] 고독하게 고통 속에서 죽어 가는 인간, 자연의 파괴로 인한 여러 재앙 등은 신의 의도에 따른 것이 아니다. 인간은 선을 원하는 신의 의도를 왜곡했고, 이로 인해 스스로 행복을 내쳐버렸다는 것이다.

자신이 직접 마니교 형태로 영지주의를 체험했던 아우구스티누스는 고통 문제를 악과 연결시켜서 다룸으로써 윤리적으로 만들었고, 세계 안에 실재하는 악에 대한 책임으로부터 신의 짐을 덜어 주었다. 그는 신은 악의 창시자가 아니며 인간들이 당하고 있는 악을 만들어 낸 자는 인간 자신이라고 강조한다.[58] 이처럼 악을 행하는 것의 원인이 신이 아니라면, 인간 내면의 어디에서 보다 본질적인 원인이 탐색되어야 하는가 하는 문제가 남게 된다.[59] 악의 원인은 금지된 법률과 같은 외적인 것에서 찾을 수 있는 것이 아니라 인간의 내면에서 찾아야 하는데, 그 근원은 '탐욕(cupiditas)', 또는 '자유로운 의지(voluntas)의 잘못된 사용'이라는 것이다. 그리스도교에 의하면, 인간의 자유란 신의 인도를 따르고 신에게 사랑과 존경을 드리는 데 결정적인 의미를 지닌 필수적인 조건이다.[60] 하지만 인간에게 주어진 소중한 선물인 자유를 남용함으로써 온갖 유형의 고통이 이 세계 안에 초래되었다는 것이다.

자유를 잘못 사용했을 경우에 발생한 고통은 우선적으로 결정을 내린 당사자에게 영향을 미친다. 실제로 현대의 많은 질병들은 잘못된 생활습관, 자신의 자유를 남용해 중독에 빠지는 것 등으로 인해 발생한다. 그렇지만 이런 고통은 개별 인간에게만 머무르는 것이 아니라 타인들에게까지 그 영향이 확장된다.[61] 인간은 유기적으로 연결된 사회 속에서 살아가기 때문에 한 인간의 잘못된 결정으로 인해 생겨난 고통은 필연적으로 외부로 확대되게 되어 있다. 온갖 유형의 신체적 폭력이나 강압은 조직적인 수탈과 억압을 이루고, 이는 전쟁과 같은 형태로 발전되는 경우도 많다. 또한 시기와 모함과 같은 정신적 폭력도 직접적으로 타인의 고통을 유발하게 된다. 실제로 동료와의 관계 안에서, 우주와 자기 자신에 대한 태도 안에서, 인간은 때때로 자기 스스로나 다른 이들이 겪고 있는 고통과 자신의 그릇된 생활 태도나 잘못된 판단 사이에 설명할 수 없는 불일치를 체험하게 된다.

이러한 불일치를 설명하기 위해 온 세상에 고통이 등장하게 된 과정을 생동감 있게 그리는 창조설화(아담과 에와의 불순종)에 바탕을 두고 아우구스티누스는 원죄론原罪論을 체계화했다. 각 개인의 잘못으로 돌리기 힘든 악과 고통의 상태가 신이 자연에게 부여한 질서를 받아들이기를 거부했던 최초의 인간들, 원조들로부터 유래했다는 것이다. 아우구스티누스는 의인들도 겪어야 하는 고통을 원죄, 즉 모든 인간이 태어나면서부터 겪게 되는 상태이자 신으로부터 소외된 상태의 결과라고 간주한다.

아우구스티누스는 인간을 자유의지를 통해 결정 능력을 지닌 주체로서 인정했고, 원죄론을 통해 인간들에 항구적으로 그 책임을 물음으로써인간 고통의 의미를 새롭게 설명할 가능성을 제공했다. 악을 자유의지의남용으로 환원시키는 것은 중요한 결과를 가져와서 '악(malum)'이라는개념은 '인간이 행하는 도덕적인 악(malum quod homo facit)'과 '인간이당하는 자연적인 악(quod patitur)'을 모두 포괄할 수 있게 되었다. 인간은한편으로 죄라고 불리는 도덕적인 악을 행하는 주체인 반면에, 다른한편으로 정의로운 신에 의해 죄에 대한 처벌로서 주어지는 '자연적인악'을 경험하는 객체이기도 한 것이다.[62]

이러한 해석은 우선적으로 인간이 겪는 극심한 고통에 대한 책임을신에게 직접적으로 돌리지 않아도 되는 장점을 지니고 있다. 신은더 이상 우리들을 처벌하기 위해 혈안이 되어 있는 '심판관'이 아니다.도리어 인간 자신의 행동, 즉 자유의 남용이 빚은 결과가 우리 인간들에게 고통을 주고 있는 것이다.

그렇지만 여기에 대한 반론도 심각하게 제기된다. 신은 어째서 엄청난 고통을 불러일으킬 만큼 큰 자유를 우리에게 주셨는가? 창조주가인간이 죄를 지을 가능성을 미리 알았다면, 인간에게 자유의지를 허용하지 말았어야 하는 것이 아닌가? 만일 우리에게 너무 많은 자유가 주어졌기 때문에 고통과 악이 생겨났다면, 세상의 고통의 많은 부분에 대해서그런 자유를 인간에게 부여한 신이 결과적으로 그 책임의 전부 내지최소한 중요한 부분을 져야 한다는 것이다. 이러한 반론에 대해 아우구스티누스는 이렇게 답한다.

"모든 것의 최고 주인이 되는 진리가 우리들 속에서 우리에게 깨달음을 주실 것입니다. …… 하느님이 자유의지를 주신 것이 분명하다면 자유의지가 정당하게 주어졌을 것입니다. 우리는 자유의지가 부여되지 않았어야 한다든지 다른 방식으로 부여되었어야 했다고 말해서는 안 됩니다."[63]

아우구스티누스는 신이 자유의지를 준 행위는 정당한 것이라는 점만을 강조할 뿐만 아니라, 자유의지가 결여된 동물들보다, 비록 잘못을 저지를지라도 자유의지를 지닌 인간이 더욱 훌륭한 존재의 단계에 속한다고 주장한다.[64] 후대의 신플라톤주의자 위僞-디오니시우스(Pseudo-Dionysius)에 따르면, 신의 섭리가 사람들을 그들의 의지를 거슬러서까지 덕으로 마땅히 이끌어야 한다는 반론은 당치도 않는 말이다. 왜냐하면 본성을 무시하는 것은 섭리에 어울리지 않기 때문이다. 말하자면 섭리는 자유로운 선택을 인정하고 또 그것을 존중한다.[65]

물론 자유는 성숙되지 못한 인간에게는 너무 위험한 선물이었을 수 있다. 인간들이 그 선물을 자신과 타인을 해하기 위해 사용하는 경우가 너무나 흔하기 때문이다. 그렇지만 우리는 이 선물이 신의 놀라운 사랑에 의해 주어졌다는 사실을 잊어서는 안 된다. 우리 인간 생활에서도 자녀와 같이 자기가 사랑하는 사람이 자신의 마음을 이해해 주지 못할 때, 할 수 있는 최선책은 그가 잘되기를 바라면서 더욱 사랑하는 것이다. 바로 신도 당신의 사랑 때문에 인간과 세계를 자유롭게 두고자 한다. 따라서 신은 결코 인간의 고통과 악을 원하지 않지만 인간에게 자유를 주고, 그 소중한 선물을 위해 악이 발생하고, 따라서 고통이 초래될 수 있는 가능성을 허용했다는 것이다.

아우구스티누스의 체계화 이후에, 고통에 직면해 있는 세계에 대해 창조주에 대한 책임을 묻는 것을 포기한 중세의 그리스도교인은, 설명하기 힘든 고통까지 포함하여 보편적인 의미의 연관성을 설명해 주는 틀 안에서 안전하다고 느꼈을 것이다. 그가 단지 신이 내리는 판단의 올바름에 대해서 의심하지 않는다면, 이런 의미 연관성은 중세인들을 더 큰 고통을 야기할 수 있는 무의미한 슬픔(tristitia)과 의혹(acedia)으로부터 보호하는 기능도 해주었다.[66]

4) 개인적인 고통을 극복하려는 실천적인 노력

물론 중세 시대 전체가 변신론적인 주제에 연관해서만 고통을 다루었던 것은 아니다. 고통을 사랑과 연관시켜서 설명하는 흥미로운 성찰도 발견된다. "모든 고통은, 그러나 사랑으로부터 온다. 시간적인 좋음을 상실함에서 오는 고통은 이 시간적인 좋음에 대한 사랑으로부터 유래한다."[67] 이러한 세속적인 행복을 추구하는 과정에서 야기될 수 있는 슬픔이나 고통과 이를 극복하는 과정에 대한 매우 흥미로운 성찰이 중세 스콜라 철학을 집대성한 토마스 아퀴나스의 『신학대전(Summa Theologiae)』 안에서 발견된다. 아퀴나스는 『신학대전』 제2부 제1권 제35~39문제에서 외적인 감관으로부터 야기되는 아픔(dolor)과 내적인 감관으로부터 야기되는 슬픔(tristitia)으로 고통을 구분한 후에(STh I-II,35,2) 고통과 슬픔의 구분, 원인, 결과, 치유, 옳고 그름 등에 대해서 매우 상세하게 다룬다. 토마스 아퀴나스에 따르면, 자유의 남용을 통해서 현존하게 된 악뿐만 아니라(I-II,36,1), 아직 실현되지 못한 그릇된 바람도 고통이나 슬픔의 원인이 될 수 있다. 특히 정신적인 고통은 우리가 재능이나 노력을 통해서 소유하고 있거나 소유하려고 노력하는 것에 반대되는 어떤 것에 대한 체험이다. 예를 들어 재물들을 소유하고 싶지만 이것이 이루어지 못할 때(I-II,36,2), 사랑하는 이와 하나로 결합되고 싶은 바람이 채워지지 못할 때(I-II,36,3), 저항할 수 없는 어떤 충동으로 권력을 갈망할 때(I-II,36,4)도 고통은 발생할 수 있다. 물론 아퀴나스에게서 고통은 자신의 신학이나 철학 내에서 특별한 위치를 차지하는 것이 아니라 인간이 지니고 있는 다양한 열정, 즉 사랑, 쾌락 또는 즐김, 희망과 절망, 두려움, 대담성, 분노 중에 하나로 다루어질 뿐이지만, 그 내용의 방대함과 체계적인 측면에서 중세 당시에 이루어졌던 고통에 대한 성찰의 깊이를 잘 보여주고 있다.[68]

중세 시대에 고통에 대한 성찰이 종종 객관적으로 존재하는 악의 실재와 연관되어 있기 때문에, 많은 학자들은 고통받는 주체로서의 당사자에 대한 관심이 없었다는 판단을 내린다.[69] 그러나 고통을 '신의 교육학적인 수단'으로 해석하는 작업 안에도 고통의 당사자를 신에게로 가깝게 인도하는 방법에 대한 질문이 포함되어 있기 때문에 반드시 주체가 배제되는 것은 아니다. 이미 아우구스티누스는 자신의 『신국론』에서, 고통이 단순히 객관적으로 발견 가능하거나 가리킬 수 있는 현상이 아니라, 항상 체험하는 주체의 가치 연관성 안으로 이미 받아들여져 있다는 사실을 분명하게 밝힌 바 있다.

"무엇이 아니라, 어떤 이가 어떻게 고통을 받는지가 관건이다.
(Tantum interest, non qualia, sed qualis quisque patiatur.)"[70]

고통받는 당사자에 대한 관심은 서유럽 인구의 3분의 1 가량을 사망케 한 페스트의 유행과 여러 차례의 전쟁을 통해서 그 고통이 급격하게 증가된 중세 후기에 더욱 분명하게 나타난다. 시토회의 신비주의의 영향 아래서 그리스도의 십자가 사건과 그 고통에 대한 묵상이 널리 퍼져 나가면서 자발적으로 받아들이는 수난에 대한 열정이 널리 퍼져 나갔다. 신비주의의 묵상과 금욕의 실천 안에서 그리스도의 수난에 대한 기억이 마음의 완고함을 깨트리고, 사랑의 불(ignis charitatis)이 타오르기를 열망했다.

"선한 예수여, 당신의 머리에 있는 저 가시관이 나에게 가장 감미로운 입맞춤입니다. 당신 십자가의 나무는 나에게 편안한 침대입니다. 그 안에서 나는 태어났고, 먹여졌으며, 창조되었고, 다시 태어났습니다. 당신의 고통을 기억하는 제대 위에서 나는 기꺼이 나의 고향을 다시 세웁니다."[71]

루터의 그리스도 중심주의는 수난 신비주의를 더욱 극단화시켰고, 모든 권력들과 우상들에 대항해서 제시된 '십자가 신학(theologia crucis)'은 그리스도의 십자가와 고통을 자만심에 가득 차서 '자신을 칭송하는' 인간의 위기로 해석했다.

"사제나 법관보다 더 비탄과 고통을 견뎌내는 것을 미워하는 이가 도대체 누구인가? 그래, 누가 부유함, 육체적 쾌락, 한가함, 영예와 영광을 더 추구한단 말인가?"[72]

그러나 예수 그리스도의 수난이 신자들의 신심 행위나 다양한 예술 활동을 통해서 폭넓게 묵상됨으로써 고통에 대한 성찰이 중요한 영향력을 지니게 되었을지라도, 사변적인 차원에서는 인간이 겪는 고통과 신과의 관계에 대한 새로운 성찰은 여전히 제한되어 있었다. 대부분의 그리스도론에 관한 성찰에서 지속적으로 고통을 예수의 신성神性과는 분리시켜서 인성人性에만 속하게 만들었다. 더욱이 그리스 철학으로부터 도입된 '신은 어떤 것도 겪을 수 없다(impassibilitas)'라는 "무감정명제 (Apatheiaxiom)"가 중세 사상계를 지배함으로써 "신 자신을 고통이나 그리스도의 죽음과 동일시하려는"[73] 신학적인 반성은 근본적으로 제약을 받았다. 더욱이 유명론자를 대표하는 옥캄 등에 의해서 선과 악에 대한 판단조차 절대적인 신의 의지에 의해서만 결정된다는 이론이 널리 퍼져 가면서 인간의 고통에 대해서 무관심한 '폭군적인 신'의 표상도 생겨나기 시작했다.

4. 근대 철학에서 나타난 사상적인 대립

르네상스 시대를 거쳐서 근대에 들어서며 서구 세계를 통일시켰던 그리스도교적인 사상의 영향력이 감소되자, 자신들의 철학적 성찰의 중심에 인간을 두는 다양한 사상들이 나타났다. 인간에게 정체성을 부여하는 유일한 근거였던 신의 존재에 대한 믿음이 쇠퇴하면서 인간의 자아에 대한 관심과 믿음이 급격히 확대되었던 것이다. 중세의 신 중심적인 사고에 대항하여 마련된 '인간의 자기주장을 위한 계획'은 더 이상 인간에게 고통의 의미에 대한 질문을 대답해 주는 것이 아니라, 고통을 감소시킬 수 있는 기술적인 도구나 이성적인 학문을 교육하는 과정에 관심을 보였다.

1) 데카르트 이후에 나타난 이분법적 경향

근대 이후의 변화에서 우선 가장 주목할 만한 것은 데카르트의 '정신과 물체의 이분법'에 따른 고통 개념의 변화이다. 새로운 확실성을 추구했던 데카르트의 시도는 사상적으로는 매우 중요한 업적이었지만, 데카르트에 따르면 물질과 정신 간에는 아무런 공통점도 없고 순수한 대립만이 있다. 다시 말해서 데카르트나 그의 후계자들에게는, 그것의 본질이 연장에 의하여 규정되는 물체인 '연장된 존재(res extensa)'와 의식에 의하여 표현된 정신적 존재인 '사유하는 존재(res cogitans)' 간에는 아무런 공통점이 없었다.[74] 따라서 데카르트가 발견한 '순전히 의식 안에 살고 있는 자아'는 육체적인 것으로부터 그리고 세계로부터 단절되어 버렸다. 결국 후대의 많은 학자들은 정신과 물질을 분리시키는 도식을 통해서는 살아 있는 전체로서의 인간을 설명하는 것이 불가능하다고 보고, 두 요소 중 어느 한 쪽을 제거함으로써(즉 유심론자는 육체를, 그리고 유물론자는 영혼을 제거함으로) 이 문제를 해결하려고 시도했다.

육체와 영혼, 이 두 사이에 분명한 분리선을 그으려 했던 데카르트의 철학적 인간학은 어떤 의미에서 인간의 자기반성에 깊이 깔려 있는 '인간 존재의 양면성에 대한 의식'의 표현이라 하겠다. 그러나 문제는 영혼과 육체를 상호 고립시켜 이들의 본질을 철학적으로 규명해 보려는 노력이 과연 정당한가 하는 것이다. 특히 영혼을 강제로 세계와 분리하여 그것을 '사유하는 자기의식'으로 관찰하려는 태도는 고통과 같은 일상 경험의 세계를 철학의 영역에서 밀어내는 결과를 초래하고 말았다.[75]

데카르트적 이분법의 결과로 인간의 신체도 복잡한 기계처럼 이해되고, 육체의 통증도 기계적인 고장과 부조화로부터 온다는 생각이 널리 퍼져 나갔다. 근대 이후 과학과 의학의 발전으로 신체의 각 부분에 대해서는 놀라울 정도의 지식이 축적되었고 지금도 꾸준히 연구가 이루어지고 있다. 그러나 고통을 단순히 육체적 통증과 동일시함으로써 정신적 고통은 의학의 영역에서 추방되어 버리고 말았다. 의사들은 육체의 질병에만 관심을 집중하게 되고, 정작 고통받는 '인간'에 대한 관심이 사라져 버림으로써 구체적으로 인간 전체의 고통을 경감시켜 주기 위한 노력은 발달되지 못했다. 데카르트적 이분법이 일으키는 다양한 문제점들이 분명해진 현대에 와서야 왜곡된 의학계의 현실을 비판적으로 바라보는 카셀과 같은 의사들에 의해 몸과 마음의 이분법적 분리에 대한 생각으로부터 벗어나려는 경향이 나타나고 있다.[76] 이러한 경향에 동조하는 이들은 환자의 통증을 더 이상 단지 제거해야 할 어떤 것으로만 보지 않고, 환자의 전체적인 삶과 인격에 영향을 미치는 신체적인 상태로 이해하려고 노력한다. 고통을 경험하는 사람에게 필요한 것은 그 고통으로부터 되도록 빨리 벗어날 수 있도록 해주는 일이지만, 그것이 가능하지 않다면 적어도 그 고통의 과정을 수용하고 그것을 극복할 수 있도록 도와주어야 한다.[77]

2) 변신론의 체계화와 이에 대한 논쟁

중세와 단절하고 새로운 학문적 방법론을 찾으려는 경향과는 대조적으로 중세의 그리스도교적인 고통 개념을 새롭게 해석하는 시도가 근대의 '변신론'에서 등장했다. '변신론(Theodizee)'[78]이라는 용어를 처음으로 사용했고 변신론에 철학적 형식을 부여한 이는 라이프니츠(Gottfried Wilhelm von Leibniz, 1646~1716)다. '변신론'이 표현하고 있는 주요 사상은 이미 중세 시대에도 널리 통용되고 있던 '신은 악과 고통을 목적으로 삼는 것이 아니라 선을 보다 더 명확히 부각시키기 위해서 악을 허락한다'는 생각이다. 라이프니츠는 세계 안에 있는 악을 초월적인 또는 형이상학적인 목적으로 설명함으로써 신이 정의롭다는 것을 변호하는 전통적인 생각을 받아들여 새로운 방식으로 체계화했다. 그는 『변신론: 신의 선함과 인간의 자유, 그리고 악의 근원에 대하여』 (1710)에서 아우구스티누스가 제시했던 '도덕적 악(malum morale)'과 '자연적 악(malum naturale)'의 구분에 '형이상학적인 악'을 첨가한 구분을 제안한다. '형이상학적 악'이란 다양한 존재 등급을 나타내는 사물들로 구성되어 있는 세계 안에서 낮은 등급에 속하는 사물들이 더 높은 완전성을 결하고 있는 '불완전성'을 말한다.

라이프니츠에 따르면, 유한한 피조물 안에는 죄에 앞서 근원적인 불완전성이 존재한다. 그런데 그는 악 없이 선이 존재할 수 없고 악을 거쳐 선이 증가된다며, 전체의 조화를 위해 악 자체는 좋은 의미를 지닌다고 주장한다. "부분에 있어서의 악은 흔히 전체에 있어서의 선이다."[79] 인간 고통의 근원인 악이 사실상 인간의 유한성 자체에 그 원인이 있으므로 그것은 필연적이라는 것이다. 더 나아가 라이프니츠는 가장 완전한 존재로서의 신은 원칙적으로 가능한 무한히 많은 세계 가운데 최선의 가능한 세계를 선택하여 현실화했다는 극단적인 낙관론을 펼친다. 이에 따르면 악이 없는 다른 어떤 세계가 이 세계보다 더 나은 세계라고 생각할 어떤 근거도 없다.

"반대자는 세계는 죄가 없고 고통이 없을 수 있었다고 말할 것이다. 그러나 그렇게 되면 세계가 '더 좋을 것'이라는 데 대해서 나는 반박한다. …… 세계에 발생하는 아무리 사소한 악이라도 결여한다면 그것

은 세계를 선택한 창조주가 최선의 것을 판정한 이 세계가 더 이상
아닐 것이다."[80]

라이프니츠의 이론 안에서, 세상에 존재하는 악과 고통은 신이 절대
적으로가 아니라 단지 더 큰 선을 이루기 위해 부차적으로 욕구하는
것일 뿐이다.

"신은 때로는 죄에 대한 벌로서, 때로는 어떤 목적을 위한 수단으로서
더 큰 악을 저지하거나 더 큰 선을 달성하기 위해 자연적 악을 의욕한
다. 또한 벌은 더 선하게 되는데, 그리고 경고의 예로서 도움이
되며, 악은 선이 한층 더 마음에 들도록 하는 데 도움이 되는 때가
자주 있다. 또 악은 그 악을 당하는 자의 더 큰 완성에 이바지하기도
한다."[81]

라이프니츠에 따르면, 세계의 악은 결국 신의 섭리에 따르는 세계
전체의 조화에 의해서 선을 이루는 계기가 되고, 인간의 고통은 마침내
안식으로 바뀐다.[82] 이러한 방식으로 라이프니츠는 합리적, 이성적
관심을 가지고 세상에 존재하는 고통과 악을 설명할 수 있는 방대한
체계를 제안했다.

이런 해석도 우리의 일상생활과 그리 낯설지 않다. 심하게 추운
겨울이 지나고 다가오는 따뜻한 봄이나, 모진 폭풍우로 인하여 두려움에
떨다 환하게 비추는 햇살을 체험해 본 사람들은 모두 이런 해석에
어느 정도 공감할 수 있다. 또한 많은 환자가 건강을 잃고서 병에
걸렸을 때에야 비로소 평상시의 건강에 대한 고마움을 깨닫게 된다.

이런 연장선상에서 어떤 사람들은 만일 죽음이라는 존재가 없었다면 삶에 대해 감사하는 것도 불가능했으리라고 말한다.[83] 고통을 직접 당하지 않고 바깥에서 그 고통을 객관적 사실로 관찰하는 사람들에게는 이런 해석도 상당히 타당한 주장으로 느껴질 수도 있다.

그러나 라이프니츠의 변신론은 이미 그의 철학적 영향을 많이 받았던 칸트(I. Kant, 1724~1804)에 의해서 강한 비판을 받았다. 칸트는 『신정론에 대한 모든 철학적 시도들의 실패에 대하여』(1791)라는 책자에서 변신론의 실패를 선포했다.[84] 칸트에 따르면, 신체적 아픔과 질병, 그리고 죽음과 같은 자연적 악은 인간뿐만 아니라 살아 있는 존재는 모두 경험하는 '자연의 사실(die Natursache)'일 뿐이기 때문에 인간은 이것에 대해서 어떠한 책임도 지지 않는다.[85] 따라서 자연적 악이 왜 존재하는가 묻는 것은 윤리적으로 아무런 의미가 없고, 우리가 책임질 수 있는 악은 도덕적 악밖에 없다. 이렇게 칸트는 오직 도덕적 악만을 수용함으로써 인간 자유의 한계 안에서 악의 문제를 다룬다. 칸트에게 윤리적 삶이란 '자기애'와 '법칙에 대한 존경'이라는 두 동기들(Triebfedern) 사이의 대립과 갈등의 자리이다. 그런데 도덕법칙을 수용하는 사람은 자기애를 억제할 수밖에 없고, 이 억제로부터 필연적으로 고통이 발생한다. 그래서 칸트에게 고통이란 "도덕적 자율성과 강인성의 표시"이다.[86]

칸트는 라이프니츠의 변신론을 비판은 하지만 다른 방식으로 고통에 합목적적인 성격을 부여한다. 사람들은 선행된 고통이 있어야 비로소 쾌락을 쾌락으로 느낄 수 있으므로, 고통은 이렇게 쾌락과 쾌락 사이에 개입하여 건강을 유지하는 데 없어서는 안 될 요소이다. 이에 따라 칸트는 고통을 활동의 '박차(der Stachel)'라고 부르고 이를 통해 인간은 역사와 사회, 문화적 측면에서 진보할 수 있다고 본다.[87]

칸트는 변신론의 정당성을 부인했지만 이성에 대한 신뢰, 즉 그것의 추론 능력, 문제 해결과 법칙 수립 능력에 대한 신뢰를 버리지 않았다.[88] 더 나아가 칸트는 자연과학과 의학의 발전을 통해 물리적 악이 부분적으로는 극복될 수 있다고 믿었다. 이런 측면에서 칸트는 신체적 통증과 질병을 단순한 사실로만 보고 이것을 기술적으로 해결하기 위해서 노력한 전형적인 근대적 인간이다. 그에게서는 '고통받는 이가 누구인가?' 또는 '그 고통에 대한 책임은 누구에게 있는가?' 하는 질문을 찾아보기 어렵다.

우리는 근대 철학자들의 이러한 논쟁을 바라보면서 좀 더 근본적인 질문을 던질 수 있다. 현실적으로 존재하는 악과 인간의 고통이 신의 뜻을 실현하는 계기가 된다거나 '도덕적 자율성의 표시'라는 이유로 정당화되어도 좋을까?

라이프니츠 등이 주장하는 철학적 변신론이나 칸트식의 비판이 지닌 문제점은 무엇보다도 전체의 이름으로 개인의 고통을 정당화함으로써 고통당하는 이를 근본적으로 소외시킨다는 것이다. 개인의 고통과 불행은 전체의 행복과 선을 위한 불가피한 수단으로 간주된다. 전반적으로 변신론에서는 실천적인 관점보다는 형이상학적·이론적 관심이 우세한 나머지 개개인의 구체적인 고통에 대한 감수성을 지니지 못하고 너무 성급하게 이를 합리화하고 설명해 버린다.

"악과 고통을 형이상학적으로 취급하는 관점에서는 고통을 윤리아 연결시키지 못한다. 라이프니츠의 변신론은 윤리적인 악조차도 궁극적으로 형이상학적 악으로 설명해 버리므로, 신의 윤리적 책임에 대해서만 변명을 제공한 것이 아니라 사람의 비윤리적인 행위에

대해서도 그 책임을 회피할 이론적 가능성을 제공하였다. 모든 악과
그에 대한 고통은 존재론적 불완전성에 기인하는 것이므로, 결과적
으로 아무도 그에 대해서 도덕적 책임을 필요 없게 만든 것이다."[89]

라이프니츠식의 낙관론적인 해석은 그것이 이성적인 논리 정연함을
지니고 있더라도 처절하게 다가오는 '거대한 악'에 의해서 발생하는
비인간적인 소외와 이에 따른 현실적인 고통에 대해서는 아무런 도움도
주지 못한다. 오히려 그것은 매우 쉽게 현실적인 악과 인간의 고통을
합리화시키는 이데올로기로 전락하고 만다.[90]

3) 역사의 보편성에 흡수된 고통과 이에 대한 재생 노력

서양 철학사상 가장 야심차게 종합적인 체계를 구성했던 헤겔(George
Wilhelm Friedrich Hegel, 1770~1831)은 구체적인 삶으로부터 시작하여
세계를 전체적으로 파악할 수 있는 지점을 찾아내고자 노력했다. 그가
파악하려 했던 세계의 절대적 실재는 영원한 생성의 과정에 있으며,
부정성의 활동을 통해서 모순을 통합하려는 삶의 총체성에 근거를
두고 있다. 그는 '진리가 그 자체에 있어서 운동'이라고 보았으며, 운동의
원인이 외부가 아닌 그 내부에 있다고 보았다. 이와 같이 변화와 발전을
포착하는 진리, 즉 변증법적 진리야말로 헤겔에게는 절대정신의 이성적
사유의 법칙이었다. 헤겔은 변증법을 통해서 인간의 역사와 절대자인
신까지 포함한 모든 것을 설명하고자 시도했다. 이러한 계획 아래
헤겔은 칸트가 신랄하게 비판했던 라이프니츠의 변신론을 다시 받아들
여 자기 철학의 핵심을 이루는 역사에 적용했다. 헤겔에게 역사란
개인과 집단의 특수한 정열과 이해관계가 대립 충돌하고 갈등을 빚으면

서 무수한 고난과 좌절, 고통이 전개되는 '도살대(Schlachtbank)'와 같은 것이다.[91] 이 과정에서 세계이성은 역사의 실현을 위해 '이성의 간지(List der Vernunft)'를 사용한다.

> "이성이 스스로를 위하여 정열(Leidenschaften)을 작동시키는 가운데, 이 이성이 자신을 실존적으로 정립할 때 수단으로 삼는 바로 그것은 상실되고 손상을 입도록 하는 것, 바로 이것을 두고 이성의 간지奸智라고 할 수 있다."[92]

헤겔은 '이성의 간지'에 따라 발전하는 역사 안에서 발생하는 고통을 긍정적인 것에 대한 부정, 즉 부차적인 것으로 생각했다.

> "고통은 하나의 당위, 하나의 긍정적인 것에 반대하는 대응으로서 존재한다. 자체 내에 긍정적인 것(ein Affirmatives)이 없다면, 그 역逆, 즉 고통도 존재하지 않는다."[93]

이렇게 헤겔에 의해 부차적으로 취급된 악이나 고통은 진정으로 그 심각성이 받아들여지기 어렵다. 결국 헤겔의 이론은 섭리가 자연과 역사에 내재한다는 것이고, 역사가 숱한 개인의 고통을 수단으로 삼아 궁극적 선을 향해 나아간다는 것으로서 변신론의 역사철학적 버전이라 할 수 있다.[94]

헤겔의 변증법적 사유에 기반한 방대한 체계는 이미 학창 시절부터의 절친이었던 셸링(Friedrich Wilhelm Josef von Schelling, 1775~1854)에게서 비판을 받는다. 셸링은 "원함이 원原-존재(Ur-seyn)이고, 오직 이것

에 대해서만, 근원 없음, 영원성과 같은 술어들이 부합한다"[95]라고 주장
하며, 헤겔의 개념과 실재에 대한 동일화를 강하게 비판했다. 고통에
대한 설명이라는 측면에서 셸링은 그리스도교화된 문화 안에서 시도되
지 못했던 과감한 이론을 제시한다. 즉 그는 신인동형설(Anthropomor-
phismus)[96]이 그리스도교 안에서 지속적으로 비판받아 온 것을 무시한
채, 신의 고통을 역사에 대한 해석틀로서 도입하려고 시도한다.

> "모든 신비와 태고의 정신적인 종교들에서 공통적인, '인간적으로
> 고통을 겪는 신'이라는 개념이 없이는, 역사 전체는 파악될 수 없는
> 상태로 남게 된다."[97]

한편, 헤겔과 같은 대학에서 강의를 하며 경쟁심을 불태웠던 쇼펜하
우어(Arthur Schopenhauer, 1788~1860)는 헤겔이 정신 철학에 기반하여
고통에 대해 설명한 방식에 대해 강력한 거부를 표명하고 나섰다.
셸링에게서 영감을 받은 그는 정신이 아니라 '의지'를 강조하며 이를
토대로 고통을 설명하고자 시도한다.

> "참되고 순수한 직접적 의지 행위는 모두 그대로 직접적으로 외부에
> 나타나는 신체 행위이다. 그리고 여기에 따라서 한편으로 신체에
> 끼치는 작용은 의식에 거슬리는 경우에는 고통이라 부르고, 의지에
> 맞는 경우에는 유쾌 혹은 쾌락이라 부른다. …… 고통이나 쾌락은
> 결코 표상은 아니고, 의지의 현상으로서 신체에 (나타나는), 의지의
> 직접적인 감응(unmittelbaren Affenktionen des Willens)이다."[98]

쇼펜하우어에게 세계의지의 계기로서 고통은 인간의 삶에 본질적이고 피할 수 없는 것이다. 그에 따르면, 인간은 "삶에의 의지(Willens zum Leben)"[99]를 드러냄으로서의 고통을 당하지만, 인간은 영속적인 의지의 맹목적 산물인 자기의 충동을 단념할 수 있을 때에만 구원을 발견할 수 있다. 한편으로 예술을 통해서 특히 음악을 통해서 인간은 자신의 의지를 부정함으로써 단기적으로나마 고통에서 벗어날 수 있으며, 좀 더 장기적인 고통의 극복은 도덕적인 차원에서 삶의 의지의 부정, 맹목적인 의지의 체념을 통해서, 즉 개인적인 금욕이나 자기의지의 전적인 단념에 의해서 성취될 수 있다. 나아가 세계의지가 개별화를 매개로 자기 자신과 갈라져 투쟁하고 있음을 인식하고 난 뒤, '모든 것이 하나'라는 것 속에 자기를 잃어버리는 신비적인 합일, 즉 모든 이를 포괄하여 함께 고통을 받는 것(Mitleid)을 통해서 고통은 일종의 "정화과정(Läuterungsproze β)"[100]을 거치게 된다. 이 과정을 통해서 인간은 결국 "고통과 죽음에 소유되어 있는 현존재로부터의 구원(Erlösung aus einem Daseyn)"[101]에 도달할 수 있다.[102]

젊은 시절에 쇼펜하우어를 자신의 교육자로 삼았던 니체(Friedrich Wilhelm Nietzsche, 1844~1900)는 종교와 초월에 대한 신앙 아래서 삶을 그 '형이상학적인 유의미성(metaphysichen Bedeutsamkeit)'[103] 속에서 해명하려고 하는 인간의 시도는 허무주의 안에서 실패하고 말았다고 선언한다. 따라서 니체에게는 고통이 아니라, 고통의 의미 없음이 바로 저주였다. 니체의 '동일한 것의 회귀에 대한 이론'은 의미 있는 구원사의 유일회성을 파괴하기 때문에 반反그리스도교적인 이론으로 비판받았다. 이 이론은 인간들로 하여금 다시 생성과 소멸의 디오니소스적이고 헤라클레이토스적인 세계로 되돌아가도록 강요하게 되는데, 이로써

인간은 고통을 통해서 존재에서의 불충분함을 깨닫도록 이끌릴 가능성
을 빼앗기게 되었다.[104]

　한편, 니체는 고대 갈레노스의 의학관을 계승하면서 건강 속에 병이
있고, 또한 병과 고통 속에 건강이 있다고 보았다. 나아가 고통과 병
속에서 세계와 사물에 대한 새로운 인식이 가능함을 역설한다.

"고통스러워하는 인간의 인식에 대하여─오랫동안 끔찍할 정도의
고통에 시달렸음에도 불구하고 지성이 흐려지지 않는 병자의 상태는
인식의 획득을 위해 가치가 없지는 않다. 깊은 고독과 모든 의무와
습관에서 갑작스럽게 허용된 자유가 수반하는 지적인 이익을 전적으
로 도외시하더라도, 무서운 병고에 시달리는 사람은 자신의 상태에
서 섬뜩할 정도로 냉정하게 세계를 내다본다. 그에게서는 건강한
사람의 눈이 보는, 사물을 둘러싸고 있는 저 보잘 것 없고 기만적인
매력들이 사라진다. …… 고통에 저항하려는 지성의 엄청난 긴장은
그가 보는 모든 것으로 하여금 이 새로운 빛 속에서 빛나게 한다."[105]

　니체에게서 고통은 우리가 회피하거나 거세해야 하는 부정적인 병리
현상이 아니라 삶의 의미를 찾기 위해 지나야 하는 삶의 정맥인 셈이다.[106]
따라서 현대에 널리 퍼져 있는 공리주의처럼 단순히 '고통의 부재'가
인간의 행복이 아니라 깊은 고통을 얼마나 의미 있게 극복했는지의
여부가 인간만이 누릴 수 있는 고귀한 행복인 것이다.

"깊이 고통을 겪어본 인간에게는 누구나 정신적인 자부심과 구토감
이─이것은 얼마나 깊이 인간이 고통스러워할 수 있는가 하는 순위를

거의 결정한다─ 있다. …… 깊은 고통은 사람을 고귀하게 만든다."[107]

삶에 불가피한 고통 역시 본래 무의미한 것이지만, 니체는 그런 고통의 극단적 무의미성으로서 운명마저 긍정하고 사랑하라고 말한다 (amor fati). 이런 고통의 무의미성을 대하는 대처 방식으로 니체는 '광기狂氣'를 제안한다. 광기는 니체에게서 우리가 '이유 없이' 그리고 '끊임없이' 문화예술을 창작하지 않을 수 없게끔 하는 원동력으로 간주된다. 그래서 니체는 고통을 대하는 두 가지 해법으로, 고통을 해석할 수 있는 유연한 의미망을 짜라는 것과 고통의 파토스를 문화예술 창작의 힘으로 변용시키라고 제안한다.[108] 나아가 니체는 고통이 나의 삶을 더욱 강하게 만드는 원동력이 될 수 있다고 보았다. 즉 "나를 죽이지 못하는 것이 나를 더 강하게 만든다."[109] 또한 니체는 단순히 육체적인 병이나 정신적인 고통에 그치지 않고 문명이 앓고 있는 질병과 고통에 대해서 자신의 문제의식을 넓혀 간다. 그리하여 더 이상 원한 감정, 죄의식 등의 자기 부정에 사로잡힌 고통받는 인간, 병든 인간에서 벗어나 미래의 새로운 인간에게는 큰 건강, 즉 몸을 실마리로 한 인간우주의 실현이 필요함을 역설함으로써 고통을 통한 삶의 새로운 창조와 극복 가능성을 제시한다.

5. 현대 철학자들의 고통에 대한 다양한 성찰

1) 고통에 대한 새로운 관심의 대두

니체에게서 영감을 받은 실존철학자들은 악과 고통, 모순과 부조리를 형이상학적으로 풀기보다는 인간학적 지평에서 해결하기 위해 노력했다. 예를 들어 키르케고르(Søren Kierkegaard, 1813~1855)는 인간의 근원적인 불안과 소외를 이야기하며, 그 죽을 것 같은 절망, '죽음에 이르는 병'의 양상을 인간의 근본적인 '한계상황'으로 진지하게 간주했다. 그는 절망의 다양한 의미들을 심도 있게 해석함으로써 스스로의 고통에 대한 치유에 이르렀을 뿐만 아니라, 훗날 다양한 실존주의의 철학적 접근들에 많은 영향을 미쳤다.

키르케고르는 객관적 동일성과 보편적 일치에 기초한 헤겔식의 백과사전적인 진리가, 지금 여기의 구체적이고 특수한 인간으로서의 나를 빼놓거나 망각하도록 만들기 때문에 실존적 고통을 해결하는 데는 아무런 도움이 되지 않는다는 점을 비판했다. 42년이라는 짧지만 순탄치 않은 삶을 살았던 키르케고르는 한 번도 자신의 우울증으로부터 벗어난 적이 없었지만, 이를 신의 사랑을 통해 극복했다고 고백한다.[110]

죽음에 이르는 절망의 끝에서 자기 자신을 회피하지 않고 직면했던 키르케고르는 자신의 우울증과 절망의 뿌리를 파고 들어가 마침내 그 뿌리를 살게 하는 힘, 그리하여 온갖 좌절과 절망을 견딜 수 있는 생명력을 발견했다.

"나의 삶은 다른 사람들에게는 알 수도 없고 이해할 수도 없는 거대한 고통이다. 모든 것은 자부심과 허영심으로 보이지만 그렇지 않았다. 나는 몸에 가시(2코린 12,7)를 박고 살았다. 그래서 결혼하지 않았고 공직에도 들어갈 수 없었다. 그리곤 예외가 되었다. 낮이면 일과 긴장 속에서 흘러갔고 저녁이면 옆으로 밀려났다. 그것이 바로 예외였다. ······ 그러나 내가 그렇듯 우울했다는 것이 내게는 행운이다."[111]

이와 같이 키르케고르가 어떻게 자신의 고통에 직면했으며, 또한 어떻게 그 스스로의 내면적 성찰을 통해 자신을 치유해 나가는가를 기록한 글들은 정신적인 고통을 극복하고자 하는 현대인들에게 큰 위안이 되었다.

키르케고르의 영향을 받았던 야스퍼스(Karl Jaspers, 1883~1969)는 인간이 피할 수 없는 한계상황 속에 있음을 보여주고 이를 통해 고통의 문제에 접근한다. 야스퍼스에 따르면, 인간은 삶과 죽음의 절대적인 한계상황의 운명을 지닌 존재이고, 이러한 한계상황으로부터 인간 고통의 문제가 시작된다. 야스퍼스는, 이러한 한계상황을 뚫고 나올 수 있는 방법은 인간 자신의 의식 변화에 따라서 가능하다고 보았다. 그리고 이러한 돌파는 초월자와 교제를 거쳐 성취될 수 있는 것이며, 그러한 돌파구가 없다면 인간은 고통을 벗어날 수 없다고 보았다.[112]

이와는 대조적으로 무신론적인 경향을 보이는 실존주의자들은 인본주의(Humanism)에 바탕을 두고서 이웃의 고통을 덜어 주기 위해 우리 스스로 이 세상의 고통과 악에 맞서 싸우기를 촉구한다. 이들은 죄에 대한 대가로 사람들에게 고통을 주는 신을 가학적이라고 여기며 철저히 거부한다.[113] 예를 들어 인간의 고통을 신의 질서 속에서 합리화하는 태도를 거부하는 카뮈(Albert Camus, 1913~1960)는 『페스트』에서 세계의 부조리와 모순을 있는 그대로 받아들이고 신에게 반항의 태도를 취함으로써 부조리를 극복하려 한다. 그는 "나는 어린이들이 만신창이가 되어 학살당하고 있는 것을 허락하는 이러한 창조주를 죽는 순간까지 거부하겠소"라고 강변한다.[114] 이와 같은 저항의 태도를 취한 무신론자들은 인간 고통의 문제를 진지하게 생각하며, 전통적인 형이상학적인 해석은 인간 고통의 문제에 진정한 답변을 줄 수 없다고 생각했다.

전능하고 초월적인 신은 인간의 고통과는 거리가 멀고 사랑할 줄도 모르는 무감각한(Apathie) 신이기에, 사회적 불의를 정당화하는 이데올로기에 불과하다는 것이다.

막스 셸러(Max Scheler, 1874~1928)는 본격적으로 고통의 의미에 대해 철학적으로 반성했다. 셸러는 『고통의 의미』에서 모든 피조물의 고통은 적어도 하나의 객관적인 의미를 가지고 있다고 전제하면서 다음과 같이 말한다.

> "죽음과 고통 없이 사랑도 없고 공동체도 없다. 지능이 아닌 마음으로 파악할 수 있다면, 고통의 의미는 고통에 대한 순수 효용적인 가치의 인식보다 다른 깊은 방식으로 우리를 고통과 죽음의 현실과 화해시킬 수 있으리라. 고통과 죽음에서 영원히 해방되기 위해 더 높은 실존의 발전과 사랑을 포기하려고 결심할 수 있을까?"[115]

그의 독특한 '고통의 존재론(Ontologie des Leides)'에 따르면, 모든 종류의 고통을 다 설명할 수 있는 최고의 개념은 높은 차원의 선을 위하여 낮은 차원의 선이 가지고 있는 하나의 경향으로서의 '희생(Opfer)'이라는 것이다.[116]

이와 같은 현대 철학자들의 고통에 대한 높은 관심들을 통해서 전통적인 고통의 해석에서는 주목받지 못했던 다양한 내용들이 풍성하게 우리에게 제시되었다. 그중에서 전통적인 해석을 능가하는 가장 중요한 성찰들에 집중해 보도록 하자.

2) 고통에서 얻은 자아성찰에 기반한 주객 도식 극복

고통당할 때 사람들은 고통을 느끼는 자기 자신이 없어지기를 바라지만 '나'는 결코 없어지지 않기 때문에, '혼자서 고통받도록 저주받은 나'를 체험하게 된다. 아무리 가까운 사람도 나의 고통의 정도를 정확히 알 수 없고 대신 짊어질 수 없음을, 고통당하는 이는 다른 사람과 절대적으로 다른 '나 자신'을 의식하게 된다. 그런 상황 속에서 '나'는 다른 사람과 철저히 다르다는 것을 뼈저리게 인식하고, 누구와도 바꿀 수 없고, 다른 누구와도 다른 '나'를 의식하게 된다. 고통의 경험을 통한 자아인식 과정은 고통에 대해 관심을 갖고 사고하며 그것에 의미를 부여하는 과정이다. 이미 헤겔도 "아픔을 통하여 사람은 자신의 주체성을 느낀다"라고 주장한 바 있다.[117] 이러한 고통을 통한 자아인식을 표현하기 위해 데카르트의 유명한 명제를 패러디하여 많은 학자들이 "나는 아프다. 그러므로 나는 존재한다"(Doleo ergo sum)[118]라는 표현을 사용한다. 이와 같이 그 자체로 부정적이고 외로운 고통의 체험은 그것의 한계를 넘어서서 고통받는 이에게 '자신이 누구인지'를 인식하게 하는 통로가 될 수 있다.

그러나 이러한 표현을 사용하면서 중요한 것은, 고통을 통한 자아인식은 데카르트식의 몸과 마음의 이분법 구도에 따라서는 안 된다는 점이다. 고통을 당함으로써 인식되는 자아는 더 이상 "스스로를 내세워 그 바탕 위에 신과 온 세계가 그 존재의 확실성을 얻을 수 있는 강력한 자아"가 아니라 "어떻게 하든지 자신을 잊어버리려 하고 애원하고 항의하는 자아"이다.[119]

이렇게 고통받는 자아의 애원을 진지하게 받아들인 아도르노 (Theodor Adorno, 1903~1969)는 이분법적인 사고에서 한 발 더 나아가

아예 서구 사상사를 관통하는 주객 분리의 도식을 극복해야 한다고
주장함으로써 현대의 고통에 대한 성찰을 근본적으로 변화시켰다.
아도르노는 헤겔의 동일성 철학과 이에 따른 고통의 해석을 다음과
같이 강력하게 비판했다.

> "경험된 세계 속의 무의미한 고통의 극히 미세한 흔적만 있어도,
> 경험에는 고통이 없다고 변명하려 드는 동일성 철학 전체가 허위라고
> 비난할 수 있을 것이다."[120]

아도르노에 따르면, 고통은 하나의 질적으로 다른 계기, 즉 개념과
동일시하여 일치될 수도 없고, 보편성 아래에 포섭될 수도 없는 사유의
계기를 제공한다. 아픔의 속성은 동일성에 근거하고 있는 인식이 지닌
비진리를 발견하고, 정신과 자연을 지배적인 관계로 분리시키는 것을
그만두게 함으로써 희망의 표징이 될 수 있다. 따라서 고통을 통해서
객체 우위의 잠재력이 드러나며, 철학적 사유의 자기성찰은 그 고통을
치유하기 위한 실천으로 연결된다.

> "육체적 계기는 인식을 향해 고통이 없어야 하고 상황이 달라져야
> 한다고 말한다. 아픔은 '사라지라'는 말을 한다. 그래서 특유의 유물
> 론의 요인은 비판적 요소 내지 사회적인 변혁적 실천으로 수행
> 된다."[121]

그래서 고통을 받고 있는 한 사람이 어떻게 존재하는가를 제대로
이해하기 위해서는 물체와 정신, 또는 육체와 영혼의 분리라는 이분법적

인 사고를 거부해야만 한다. 카셀에 따르면, 이러한 "이분법에 따라 고통은 주관적이기 때문에 실존하지 않는 것으로 여겨져 의학의 영역에서 추방되거나, 단순히 육체적 통증과 동일시되었는데, 이는 고통받는 환자를 비인격화시키는 잘못을 범하는 것일 뿐 아니라 그 자체가 또 다른 고통의 원인"이 되었다.[122] 고통은 이렇게 "인간성 파괴 위협을 인식할 때 발생하며, 인간 분열의 위협이 사라지거나 다른 방식으로 인간성의 통합이 이루어질 때까지 계속"된다.[123] 진정으로 고통받는 인간을 이해하고 그에게 육체적 통증 이외에 더 큰 고통을 가중시키지 않으려면, 인격의 완결성을 이해하려는 태도가 반드시 필요하다.[124]

3) 고통의 공동체성과 초월성

고통의 문제와 관련해서 현대 철학자들 중에서 가장 주목을 받고 있는 학자는 엠마누엘 레비나스(Emmanuel Levinas, 1906~1995)이다. 그의 저서들이 온통 고통의 문제를 다루고 있는 것은 아니지만 고통의 문제는 그의 사유의 시작이며, 그의 모든 논의에 가장 중요한 배경으로 깔려 있다.

우리가 앞에서 언급했던 철학적 변신론은 유대인들의 유배와 디아스포라에 관한 이해, 그리스도교의 원죄 이해, 계몽 시대의 이성적 신론, 무신론적인 진보주의에 이르기까지 매우 큰 영향력을 미쳤다. 그렇지만 레비나스는 칸트보다 더 철저하게, 더 드러내 놓고 변신론의 종말을 주장한다. 그는 변신론 안의 전제를 이루는 '형이상학적 목적론'과 '변신론의 구조'를 상세히 검토한 후에 이를 더 이상 받아들일 수 없다고 단정한다.[125] 레비나스는 분석철학자들이 하고 있는 것처럼 변신론의 내용이 논리적으로 정합적인가, 합리적으로 수용 가능한가 하는 논리적 형식을 문제 삼지 않는다. 오히려 변신론에 대한 그의 논변은 논리와 합리성의 원천인 인간 이성 자체를 문제 삼고 있다. 변신론은 인간 이성의 법정에서 비합리적으로 판정받았기 때문에 종말을 맞이한 것이 아니라 20세기 들어서 벌어진 사건들, 특히 아우슈비츠와 같은 충격적인 사건들이 이성적이고 합리적인 변신론이 더 이상 가능하지 않다는 사실을 보여주었다는 것이다. 레비나스는 어떠한 정치 이데올로기도, 어떠한 형이상학적 목적론도 그 자체로는 무의미하고 부조리할 뿐인 고통의 실재를 정당화할 수 없다고 본다. 그러면서도 레비나스는 자신의 철학을 통해 신과 도덕성의 이념을 여전히 유지하면서 인간의 고통을 생각할 수 있는 새로운 길을 모색하고 있다. 이 길은 바로 고통받는 타인의 얼굴을 직면했을 때 얻게 되는 책임과 관련된다.

레비나스에 따르면, 타인의 '상처받을 가능성을 지닌 얼굴' 속에서 현현(éphipanie)하는 고통의 눈물이 나로 하여금 나의 삶에 책임을 다하도록 다그치는 명령의 소리로 작용한다.[126] 그는 전통적인 철학에서 윤리의 핵심요소로 다루어졌던 도덕법칙에 대한 존경이나 행복, 또는 공동체의 보존과 같은 것을 부차적인 것으로 보고, 타인의 고통에 대한 관심이 윤리적인 새로운 관점을 열어 줄 수 있다고 강하게 주장한다. 주목할 만한 것은 타인의 고통을 위해 "내가 받는 정당한 고통"은 무의미한 고통을 의미 있게 할 수 있다는 점이다.[127]

> "고통의 고통, 타자의 쓸모없는 고통을 위한 고통, 타자의 정당화할
> 수 없는 고통을 위한 내 안의 정당한 고통이 고통을 인간 상호 간의
> 윤리적 전망으로 열어준다. 이 전망 속에서는 '타자 안의 고통'과
> '내 안의' 고통, 나 자신의 고통 경험 사이에는 근본적인 차이가

있다. 타자 안의 고통에서는 그것이 '나에게 용서할 수 없는 것이고 나에게 간청하며 나를 부른다. 내 안의 고통의 체질적이고 타고난 쓸모없음이 의미를 가질 수 있는 유일한 경우는 어떤 다른 사람의 고통을 위한 고통이 되는 것이다.'"[128]

이러한 레비나스의 요청 앞에서 아무도 다른 사람의 고통을 거리를 두고 이론적으로 관찰할 수 없다. 이렇게 관찰하는 방식은 타자를 나의 의식 속에 의미로 환원시킴으로써 나에게 종속시키는 것이다. 레비나스는 우리의 바깥에 엄연히 서서 우리에게 도전하고 있는 고통받는 타자의 요청을 받아들여 이에 대한 책임을 질 것을 결연히 요구하고 있다. 이렇게 레비나스는 '나' 또는 '우리'의 고통에서 '타인'의 고통으로 초점을 옮겨 놓고 있으며, '타자'와의 윤리적 '관계'로 고통의 성찰을 바꾸어 놓았다는 점에서 위대한 전환점을 이루었다.[129]

레비나스는 자주 나의 고통이나 타자의 고통 자체는 쓸모없고 의미 없으며 '타자의 고통을 위한 나의 고통', 즉 '대속적인 고통'만이 의미 있다고 주장한다. 그러나 이러한 태도는 고통의 공동체성을 지나치게 강조하느라 고통이 지니고 있는 주관적인 성격의 중요성을 간과할 수 있다. 실제로 많은 사람은 먼저 '타자를 위한 대속적인 고통'을 경험하는 것이 아니라 자기 자신의 고통을 통해서 '다른 사람의 고통'에 대한 공감을 느끼게 된다. 그렇다면 '나의 주관적인 고통도 의미있다고 할 수 있지 않은가?'라는 질문이 연구자들에게서 제기된 바 있다.[130] 타자의 고통을 짊어지고 타자에게 첫 번째 자리를 양보하는 것이 단순히 윤리적 당위와 명령에 그치지 않으려면 여전히 고통을 바라보는 새로운 차원에 대한 성찰이 필요해 보인다.

이러한 새로운 차원은 레비나스가 암묵적으로 전제하고 있으며 중세 이후의 근대화 과정에서 서서히 망각되어 버린 인간의 초월성에서 발견된다. 우리는 이제까지의 고찰을 통해 고통을 당한다는 사실 자체가 곧 인간의 한계성을 증명하는 것이라는 사실을 확인했다. 그러나 인간은 다른 어떤 현상이나 경험보다 고통을 통해 자신이 무력하고 유한한 존재라는 사실을 실감함으로써 자신의 한계와 부족함을 분명하게 의식할 수 있다. 여러 인간학자들이 주장한 것처럼, 만약 인간의 부족함 때문에 인간이 짐승보다 더 강력한 존재가 되었다면[131] 그것은 그 한계를 인식할 수 있기 때문이다. 그렇다면 고통이 한계와 결핍을 인식케 하는 가장 기본적인 경험이었기 때문에, 바로 고통이야말로 인간의 동물적 한계를 초월하게 하는 가장 중요한 계기라 할 수 있다.[132] 그런데 인간의 고통 가운데 순전히 신체적인 고통은 매우 드물며, 대부분 신체적 고통과 정신적 고통, 개인적 고통과 사회적 고통이 서로 중첩되고 얽혀 있는 다차원적多次元的인 양상을 띤다.[133] 바로 이러한 고통의 다차원성 때문에 고통의 의미에 대한 물음은 생물학적 수준에서 쉽게 답을 찾을 수 없다. 카셀은 질병을 경험하는 방식에 부여하는 개인적 의미가 지적인 수준에서의 가치와 신념만이 아니라 인지적 의미, 감성적 의미, 육체적 의미, 초월적 또는 영적인 의미 등을 모두 포함하고 있다는 사실을 밝힌다. 예를 들어 항암치료를 받는 환자에게 항암치료는 이러한 복합적 의미들이 모두 합쳐져서 의미하는 바를 구성하게 된다는 것이다. 카셀에 따르면, 모든 층위를 포괄하는 복잡성의 총체인 '인간적 의미'가 인간 존재의 가장 근원적인 차원을 이루고 있다.[134]

일상적인 질병을 앓는 병자에게도 초월적 또는 영적인 의미가 중요하다면, 인간의 힘으로 도저히 극복할 수 없는 고통에 직면한 사람이 그 고통 안에서 어떤 의미를 찾으려면 사람은 초월적인 차원을 상정하지 않을 수 없다. 모든 사람은 근본적으로 미래에 대한 기대를 가지고 있기 때문에, 미래에 대한 희망을 잃어버렸을 때 극도의 고통에 시달린다. 매킨타이어(Alisdair MacIntyre)는 희망과 초월자에 대한 믿음의 연관성을 직시하고 있다.

"희망은 정확히 우리를 절망으로 유혹하는 바로 그 사악함 속에 존재한다. 특히 희망은 우리 시대가 가지고 있는 일상적인 사악함의 조건 속에 존재한다. 따라서 희망은 현실적으로 존재하는 조건을 초월하는 실재에 대한 믿음이 있을 때 비로소 가질 수 있다."[135]

역사적으로 이런 초월적인 차원은 종교적, 비종교적 신비주의 전통에서 주로 다루어졌지만, 초월적인 현상은 신비주의적인 전통을 넘어서 아주 보편적으로 존재한다. 카셀에 따르면, 의학 전문가들은 대부분 이러한 측면을 무시하는 경향이 있지만, "인간은 누구나 초월적인 차원―영혼의 삶―을 갖는다."[136] 한 개인의 삶보다 더 크고 더 오래 지속되는 존재는 인간에게 무한한 차원을 부여한다는 것이다. 만약에 이러한 차원이 전혀 없다면, 인간의 힘을 넘어서는 극심한 고통은 전혀 무의미할 것이요, 고통으로 끝나버리는 고통은 잔인하기 짝이 없고, 니체의 말대로 '가장 고통스러운 고통'이 될 것이다. 손봉호는 "그 고통이 무의미한 것으로 드러나지 않기 위해서라도 초월적인 세계와 초월자는 존재해야"[137] 한다고 주장한다. "고통의 현상이 초월자(Transzendent)를 증명할 수 없지만 고통은 초월자를 요청하고, 고통당하는 자의 눈을 초월자에게 돌리게 할 수 있다. 고통은 인간에게 초월의 계기를 제공한다"는 것이다.

레비나스의 주장 안에 이미 함축되어 있었지만, 고통은 또한 인간이
지닌 위대함을 드러내 줄 수 있다. 엘더스는 고통은 좋은 것도 나쁜
것도 아닌 '상관없는(Indifferentes)' 어떤 것, 몸, 소유, 친구들 때문에
고통을 겪을 아무런 이유가 없다는 스토아학파의 견해를 결코 받아들이
지 않는다. "인간의 위대함은 궁극적으로 오히려 그가 다른 이들의
고통을 통해서 자신의 가장 심오한 본질에까지 이른다는 사실에 있고,
이것은 (고통받는 다른 이들과) '함께 고통받기' 위한 것이지, 무관심하
게 고통을 대면하기 위한 것이 아니다."[138] 모든 고상한 사랑에는 어느
정도의 희생이 전제되어 있고, 모든 희생은 크고 작은 정도의 고통을
동반하기 때문에, 고통은 사랑을 실천하는 중요한 방식이기도 하다.
이웃 사랑 때문에 자발적으로 받아들인 사랑의 고통은 다른 사람의
고통을 줄이거나 제거하는 데 공헌할 수 있다.

6. 고통의 올바른 구별을 통한 인간의 성숙

우리가 지금까지 살펴본 내용에서도 분명해진 것처럼, 인간의 고통은
의학적·생물학적·심리학적으로는 물론, 철학적이나 신학적으로도 간
단하게 설명을 할 수 있는 그런 현상이 아니다. 오히려 인간의 본질과
관계되어 있는 것으로 삶의 과정에서 필연적으로 나오는 하나의 신비라
고 보는 편이 옳을 듯하다. 고통이 하나의 신비라는 사실을 인정한다고
해서 우리는 고통의 의미를 발견하는 작업을 포기할 수 없다. 니체의
말대로 '무의미한 고통이야말로 가장 참혹한 고통'이기 때문이다. 따라
서 우리가 이제까지 살펴본 바와 같이, 인간이 겪는 고통에 의미를
부여하려는 노력은 개인적, 문화적 차원에서 끊임없이 계속되어 왔다.

　고통의 원인과 의미를 찾는 작업은 비록 서투르게 이루어졌다고 하더라도, 고통받는 당사자들을 적어도 일시적으로 안정시켜 줄 수 있다. 만일 그 설명이 고통을 극복하기 위한 행동을 위한 전망을 보여준 다면 그것은 더욱 좋다. 고통의 발생 이유를 알게 됨으로써 사람들은 죄에 대한 회개나 그릇된 집착에 대한 포기와 같은 긍정적인 해결에 도움을 받을 수 있기 때문이다.[139]

　순전히 철학적인 성찰은 고통의 의미를 추구하는 과정에서 강력한 힘을 지니고 있는 종교들을 대체할 만한 힘을 지니고 있지 못한 것처럼 보인다.[140] 그러나 특정 종교의 신앙을 전제하지 않기 때문에 모든 이가 받아들일 수 있는 개방성을 지니고 있으며, 자칫 현세적인 행복에 매몰되어 고통을 애써 무시하려는 태도를 해체시키는 힘을 발휘할 수 있다. 더욱이 종교적 해석이 고통받는 개인들을 이데올로기화된 해석으로 억압하려 할 때 이에 대해 강력하게 저항하는 변호인 역할을 할 수도 있다. 바로 이러한 철학적 성찰의 토대 위에 각 종교의 고통에 관한 성찰은 인간의 초월성을 실현할 수 있도록 준비된 이들을 억압하는 일 없이 진정한 해방과 성숙으로 이끌 수 있을 것이다.

　이러한 기대가 충족되기 위해서는, 철학에서 살펴본 고통에 대한 매우 다양한 해석들과 그 해석들이 지니고 있는 다양한 차원들을 구별할 필요가 있다. 다양성에 매몰되어 더욱 혼란스러워지는 것을 막기 위해서 는 우선 고통의 체험 자체와 그것으로부터 주어지는 유용성을 구분해야 한다. 대부분의 현대 철학자들이 인정한 것처럼, 인간이 겪는 고통 그 자체는 본질적으로 부정적인 것으로 결코 쉽게 미화될 수 없다. 토마스 아퀴나스도 명시적으로 밝히는 바와 같이 "고통은 그 자체로 악"[141]이기 때문이다. 그러나 그에 따르면 악에 대해 슬퍼하는 일은 악이 아니며, "의지와 이성의 올바름에서 오는 고통"은 오히려 혐오스러운 것으로부터 피하게 해주기 때문에 유익하다고 할 수 있다.[142] 이러한 서술에서 우리는 고통 그 자체로 구별되는 유용성이 있음을 다시 한 번 확인할 수 있다. 메이여펠드(J. Mayerfeld)는 고통 자체의 부정성과 그것으로부터 파생되어 나오는 유용성이란 측면이 반드시 상충되는 것이 아니라고 밝힌다. 그에 따르면, 고통이 우리를 개선시켜 주기 때문에 도구적으로 좋다고 해서 고통 그 자체가 좋은 것이라는 주장을 받아들일 필요는 없다.[143] 그래서 고통이 우리를 도덕적으로 개선시켜 주는 도구적인 가치를 가진다는 입장과 고통은 그것을 경험하는 개인에게 본질적으로 나쁜 상태이며 해악 자체라는 입장은 양립 가능하다는 것이다. 따라서 우리는 고통의 부정적 측면만을 강조하여 이것을 무조건 없애버리는 데만 몰두하거나, 고통의 유용성만을 강조하여 이것을 긍정적으로 받아들이라고 타인에게 강요해서는 절대 안 된다. 고통받는 이들이 아직 자신이 처한 상황을 제대로 인식하고 받아들이지 못한 상황에서 신의 섭리를 지나치게 강조하거나 그들을 향한 신의 충실성을 상기시켜 신을 옹호하는 것은, 자칫 그들의 솔직한 느낌을 억누르거나 고통을 더욱 가중시킬 위험이 있다. 이런 자세는 신을 옹호하려다 결국 진정한 성령의 작용을 방해한 욥의 친구들의 자세와 유사하다. 따라서 보다 나은 방법은 그 고통받는 이가 한탄이나 질문을 통해 표현하려는 불확실성과 불평들을 함께 견뎌냄으로써 그 스스로 받아들일 수 있는 대답을 찾아내도록 도와주는 것이다. 그런데 이 경우에도 위에서 고찰했던 고통의 심오한 의미가 고통받는 사람들에 의해서 내적으로 수용되는 데 보통 오랜 시간이 걸린다는 사실에 항상 주의해야 한다.

나아가 미래의 행복을 근거로 인간의 모든 고통을 사람들이 받아들여야 한다고 가르쳐서는 안 된다는 사실도 유념할 필요가 있다. 우리는 특히 예민한 감각을 가지고 지양止揚될 수 없는 고통과 지양되어야만 하는 고통을 구분해야 한다. 인간의 유한성에 근거를 가지고 있는 더 이상 극복될 수 없는 고통은 지양될 수 없고 어떤 형태로는 인간에 의해 수용되어야 성숙될 수 있다. 이러한 종류의 고통은 거짓된 안정들을 깨트리고, 자만과 반항을 무력화시키기 때문에 인간 안에서 새로운 차원을 열어주고, 다른 더 깊은 실제 경험으로 이끌어준다.

그러나 인간의 이기심, 무관심, 악의로 인해 빚어지는 고통은 지양될 수 있고 지양되어야만 한다. 우리는 이런 지상에서의 고통을 없애기 위해 최선을 다해 노력하면서, 인간의 역사 안에 서로의 생명을 함께 나누는 공동체를 건설하기 위해서 노력해야 한다. 이러한 노력에는 인간이 살고 있는 세상을 완성된 결과로 보는 것이 아니라, 완성을 향한 과정 안에 있는 것으로 보는 관점이 도움이 될 수 있다. 이렇게 이해하게 되면 그리스도교인들은 레비나스가 강조했던 '고통받는 타자의 얼굴'을 만났을 때 이를 외면하지 않고 그들의 고통을 덜어주기 위해 함께 헌신하는 것이야말로 신의 선한 창조 사업을 지속해 나가는 과정이라고 해석할 수 있을 것이다. 고통받는 이들을 만났을 때, 이들을 단순히 연민의 눈으로 바라보고 그들을 구해달라고 신에게 간청하는 것으로 만족해서는 안 되고, 우리 스스로 그들의 불필요한 고통을 제거하기 위한 '신의 손'이 되기 위해 노력해야 한다.[144] 우리는 이러한 구별들을 통해 고통의 다양한 성격을 분별하여 이에 알맞게 대처해 나가는 것이 필요하다.

고통의 다양한 측면을 고려할 때는 동일한 객관적 사태를 지닌 고통일지라도 받아들이는 사람의 태도와 자유로운 선택에 따라 완전히 다른 결과를 낼 수 있다는 점도 주목해야 한다. 이러한 수용 자세의 중요성은 도저히 극복할 수 없어 보이는 고통에서도 예외는 아니다. 예를 들어 프랭클(Viktor E. Frankl, 1905~1997)은 죽음의 수용소에서 살아나갈 아무런 희망이 없었을 때, "나를 죽이지 못한 것은 나를 더욱 강하게 만든다"고 하는 니체의 말을 되새기며 그 위기를 견디어 냈다고 한다.[145] 종종 불치병 통보를 받은 환자가 좌절함으로써 완전히 무능한 상태에 빠져 아무 일도 할 수 없게 되는 것이 아니라, 오히려 더욱더 내적인 '성숙성과 영적인 위대함'을 드러내기도 한다. 이런 경우 그는 제한된 시간 안에서 보여주는 엄청난 사랑과 인내를 통해 많은 이에게 생명의 가치를 새롭게 가르쳐 줌으로써 건강하고 정상적인 사람들에게 큰 감동을 준다.[146] 이렇게 되면 고통받는 이를 도우려던 동료는 오히려 자신이 도우려던 이로부터 매우 소중한 선물과 가르침을 받는 체험을 할 수도 있다.

인간은 자신이나 타인이 겪는 고통과의 싸움 안에서 자신의 정신적인 위대함과 '영적인 성숙'을 드러내라는 초대를 받는다. 고통을 통한 성숙 은 결코 쉽게 이루어지는 것이 아니라, 그 의미를 깨닫기 위한 처절한 싸움과 비탄과 탄원을 통해서 비로소 주어지는 것이다. 다음과 같은 짤막한 기도는 이런 탄원의 한 예를 보여준다.

"신이시여, 저에게 용기를 주소서, 제가 변화시킬 수 있는 상황들에 자신감 있게 대응할 수 있는. 저에게 태연함을 주소서, 제가 변화시킬 수 없는 상황들을 견뎌낼 수 있는. 그리고 저에게 지혜를 주소서, 어떤 하나를 다른 것으로부터 구별할 수 있는."[147]

이러한 구별을 바탕으로 인간에게 불필요한 고통을 초래하는 것과 끝까지 싸워나갈 때에야 비로소 고통의 의미에 관한 깊은 깨달음으로써 '인간의 진정한 성숙'에 도달하게 될 것이다.

괴로움은 왜 진화했는가

전중환(경희대학교 후마니타스 칼리지)

1. 머리말-자연은 그저 무관심하다

"살아 있는 유충의 몸속에서 살점을 파먹겠다는 의도를 뚜렷이 드러
내는 맵시벌들이 자애롭고 전지전능한 신께서 계획적으로 창조한
작품이라니 나는 도저히 납득할 수가 없다." (다윈, 「아사 그레이Asa
Gray에게 보낸 편지」, 1860)

맵시벌 못지않게 끔찍한 습성은 나나니벌에서도 발견된다. 나나니벌
암컷은 나비나 나방의 유충, 메뚜기, 혹은 벌의 몸속에 알을 낳는다.
알에서 깨어난 애벌레 자식들은 숙주를 안에서 파먹으면서 자라난다.
이때 숙주의 중추 신경계의 신경절마다 조심스럽게 침을 놓아서 숙주를
마비시키되 죽지는 않게 하여 신선도를 유지한다. 만약 숙주가 의식이

있다면 자신이 안쪽부터 먹혀 가는 것을 알면서도 아무런 조치도 취하지 못하는 셈이다.[1] 참으로 잔인하고 야만적인 자연이라는 느낌을 피하기 어렵다.

많은 신화와 종교에서, 만물을 만든 창조주는 선하고 자애로우며 그의 이러한 자비심이 창조물에서 현현되리라고 흔히 여겨진다. 만일 자연이 고통이나 착취, 부조리로 가득 차 있다면 이는 창조주가 악하고 비도덕적임을 암시하며, 그러한 결론은 말도 안 되는 허튼소리라고 많은 사람이 생각했다. 유대-기독교 신학과 낭만주의 전통에 영향을 받아 '신은 선하고 자비롭다'고 보는 이러한 믿음은 '어머니 대자연 (Mother Nature)'이라는 문구로 잘 요약된다. 이 믿음은 1859년 찰스 다윈Charles Darwin이 『종의 기원(On the origin of species)』에서 자연 선택에 의한 진화 이론을 발표하면서 무너졌다.

다윈의 진화 이론은 우리 인간을 포함한 생명체의 삶이 본질적으로 선하고 자비롭다고 믿을 근거는 어디에도 없다고 말한다. 자연 선택에 의한 진화 이론의 핵심은 다른 유전자보다 다음 세대에 복제본을 조금이라도 더 많이 남기는 유전자가 개체군에 더 널리 전파된다는 것이기 때문이다. 울창한 나무 한 그루가 숲에 서 있는 장면을 상상해 보라. 그 나무는 거의 틀림없이 해충과 질병에 시달리며 소, 사슴, 원숭이같이 새싹을 뜯어 먹는 초식동물들에게 끊임없이 공격당하고 있을 것이다. 원숭이들도 마찬가지다. 털을 들추고 피부를 한번 들여다보면 원숭이들이 이, 벼룩, 곰팡이들에게 참혹한 피해를 보고 있음을 알 수 있다. 그뿐만 아니라 재규어나 독수리 같은 다른 포식자들에게 잡아먹힐까 봐 항상 불안에 떨면서 사는 신세다. 평화로운 숲 속에 사는 생명은 예외 없이 포식, 폭력, 경쟁, 굶주림, 살해, 강간, 불운한 사고 등에

노출되어 있다.²

단, 혼동하면 안 된다. 진화 이론을 따르면 자연은 본질적으로 선하지는 않다고 위에서 말했다. 그렇다고 해서 자연이 본질적으로 악한 것도 아니다. 자연은 선하지도 악하지도 않다. 자연은 그저 무관심하다. 자연은 지구 위의 생명체가 겪는 모든 즐거움과 모든 괴로움에 철저히 냉담하다. 자연은 서로 경쟁하는 대립유전자들 가운데 조금이라도 후대에 복제본을 잘 전파시키는 유전자를 맹목적으로 선택할 뿐이다.³ 우리가 보기에 아무리 비정하고 고통스러운 결과를 낳는 유전자라도, 혹은 아무리 행복하고 친절한 결과를 낳는 유전자라도, 자연은 오직 유전자의 상대적인 복제 성공도만 고려하여 선택할지 혹은 축출할지를 결정한다. 숲 속에서 삶의 엄혹한 괴로움에 시달리는 원숭이들도 한편으로는 귀여운 자식을 보살피며 얻는 기쁨, 짝짓기 상대와의 성적 쾌락, 동맹 상대와의 우정, 맛있는 먹이가 주는 포만감, 편안한 보금자리가 주는 안락함을 누린다. 영역을 지키고자 다른 원숭이를 때려서 고통스럽게 했던 유전자가 자연 선택되었듯이, 질 좋은 먹이로부터 만족감을 얻는 유전자도 오랜 세월에 걸쳐 자연 선택된 것이다. 인간의 삶에서 겪는 괴로움에 대한 깨달음을 얻으려면, 불행만 아니라 행복도 설계해 낸 자연 선택을 먼저 이해해야 한다.

이 글은 인간의 마음은 장구한 세월에 걸쳐 자연 선택에 의해 만들어진 진화의 산물이라는 전제하에 우리가 일상생활에서 접하는 심적인 괴로움의 진화적 기원을 밝히고자 한다. 먼저 마음의 적응적 설계를 규명하는 새로운 과학인 진화심리학이 어떤 것인지 간략히 살펴보겠다. 그러고 나서 우리에게 괴로움을 가져다주는 원천들을 크게 네 가지로 나누어 알아보겠다. 이들은 1) 개인에게 괴로움을 주지만 쓸모 있는 부정적 정서들(예: 질투, 불안, 두려움, 슬픔, 우울, 분노, 혐오), 2) 건강이나 생존보다 번식 성공도를 높이게끔 설계된 적응들(예: 무모하게 위험을 감수하는 행동, 짝짓기를 둘러싼 남녀 간의 갈등), 3) 설계상의 절충(예: 노화), 4) 과거의 진화적 환경과 현대의 낯선 환경과의 부조화(예: 비만, 포르노그래피, 대중매체, 약물 중독) 등이다. 다음으로 괴로움에 대한 이해를 통해 어떻게 괴로움을 줄이고 행복을 증진할 수 있을지 잠정적인 해법을 모색해 보도록 하겠다.

2. 진화심리학 개관[4]

1) 진화심리학이란 무엇인가

다윈은 극히 신중한 사람이었다. 그는 『종의 기원』에서 자신의 진화 이론이 우리 인간에 대한 이해를 어떻게 혁신시킬지 거의 언급하지 않았다. 끝에서 셋째 쪽에 이르러서야 그는 모호한 예언을 한 문장 남겼다. "먼 훗날 나는 훨씬 더 중요한 연구 분야가 열리리라 본다. 심리학은 새로운 토대에 서게 될 것이다."[5] 그 후 백여 년 동안 다윈의 통찰은 사회과학자들에게는 별다른 주목을 받지 못했다. 20세기 후반에 들어서야 일단의 과학자들이 인간 진화의 산물인 보편적인 인간 본성을 과학적으로 규명하기 위한 기획을 시작했다. 바로 진화심리학(evolutionary psychology)이다.

심리학의 여러 갈래는 대개 마음의 여러 측면 가운데 하나를 연구하는 분과학문이다. 이를테면 성격심리학은 성격을, 인지심리학은 인지를, 임상심리학은 정신장애를 연구한다. 그래서 진화심리학도 마음의 한 측면을 전문적으로 연구하는 학문으로 생각할지 모른다. 실은 그렇지 않다. 진화심리학은 심리에 대한 하나의 새로운 접근방식(approach)이다. 곧 현대 진화생물학의 원리를 활용하여 인간의 모든 심리 현상을 진화적으로 이해하는 과학이다. 즉 진화라는 렌즈를 어떤 심리 현상에 들이대느냐에 따라 진화 성격심리학자가 될 수도 있고, 진화 인지심리학자가 될 수도 있고, 혹은 진화 임상심리학자가 될 수도 있다.

마음을 진화적으로 어떻게 연구한다는 말일까? 가끔 필자는 진화심리학이 오스트랄로피테쿠스의 마음에서 직립원인의 마음을 거쳐 현대인의 마음에 이르는 진화 과정을 연구하는 분야인가라는 질문을 받는다. 물론 그런 것을 연구하는 학자들도 있겠지만, 진화심리학자들은 마음이 변천해온 과정 그 자체보다는 마음이 진화의 산물이라는 역사적 사실에 주목한다. 인간의 마음은 먼 과거의 수렵-채집 환경에서 직면했던 여러 가지 현실적 문제들을 잘 해결하게끔 자연 선택에 의해 설계된 다수의 심리적 도구들의 집합이다. 이러한 전제하에 진화심리학자들은 마음의 적응적 설계를 규명하는 것을 궁극적인 목표로 삼는다.[6] 요컨대 인간의 마음은 오래된 연장통이라는 인식이 오늘날 우리 자신의 마음을 이해하는 데 매우 중요하다는 것이다.[7] 아래에서 좀 더 상세히 살펴보자.

2) 모든 적응은 자연 선택의 산물이다

자연계에 살아 숨 쉬는 생명은 종종 감탄을 자아낼 만큼 복잡하고 오묘하다. '적응(adaptation)'이라고 불리는 이러한 형질들은 어떤 기능을 잘 수행하게끔 너무나 정교하게 잘 조직화하고 있어서 마치 지적인 존재가 계획적으로 이들을 설계한 것 같다는 생각마저 들 정도다. 이를테면 돌고래의 유선형 몸매는 헤엄칠 때 물의 저항을 줄여준다. 북극곰의 흰 색깔은 눈밭에서 눈에 잘 띄지 않아서 살금살금 먹이에 다가갈 수 있게 해준다. 개나리와 진달래는 추운 겨울이 지나고 봄이 찾아오면 누가 가르쳐주지도 않았는데 꽃망울을 터뜨린다. 절대자가 복잡한 적응을 설계했다는 비과학적 신비주의에 빠지지 않으면서, 복잡 정교한 생물학적 적응들이 어떻게 출현했는지 과학적으로 설명할 수 있을까?

다윈의 자연 선택에 의한 진화 이론은 복잡하고 정교한 생물학적 적응이 어떻게 만들어졌는지 설명해준다. 자연 선택에 의한 진화가 일어나려면 다음과 같은 세 가지 선결 조건이 필요하다.

첫째, 개체군 내의 개체들 사이에 변이가 존재한다.

둘째, 그 변이가 부모에서 자식으로 유전된다.

셋째, 이러한 유전적 형질들이 개체의 생존과 번식에 영향을 끼친다.

이상의 세 요건이 충족된다면 다음과 같은 결론이 논리적으로 도출된다. 곧 세대가 지남에 따라 여러 형질 가운데 생존과 번식에 도움을 주는 형질이 개체군 내에 더 흔해진다. 이를테면 개체로 하여금 먹이를 잘 찾게 하거나, 포식자를 잘 피하게 하거나, 더 많은 이성과 짝짓기하게 하는 형질은 선택되어 다른 형질들보다 더 흔하게 된다. 신의 의도나 계획이 아니라, 다음 세대에 잘 전파되는 성질을 지닌 유전자를 줄기차게 골라내는 맹목적이고 기계적인 자연 선택에 의한 진화가 복잡한 적응을 만든다.[8]

다윈의 자연 선택 이론은 종종 '약육강식'이나 '생존경쟁', '최적자 생존(survival of the fittest)' 같은 어구와 등치되면서 일반인들에게 불필요한 오해를 불러일으킨다. 다윈주의는 크고 건강하고 힘센 개체가 다른 작고 연약한 개체를 언제나 제압할 수밖에 없음을 의미하는 수구적인 이데올로기라는 것이다. 이 말은 틀렸다. 다윈주의는 크고 건강하고 힘센 개체가 항상 선택된다고 주장하지 않는다. 어떤 형질이든지 개체군이 처한 특정한 생태적 환경하에서 번식 가능성을 높여주는 형질이라면 무조건 선택된다. 예컨대 여우라는 포식자를 피하는 문제가 관건인 가상의 토끼 개체군을 생각해 보자. 여우에 맞서 싸울 무기가 마땅치 않은 토끼의 처지에서는, 여우에게 용감하게 맞서 싸우는 형질보다 여우를 보면 겁먹고 달아나게 하는 형질이 생존과 번식에 더 유리할 것이다. '용감함'은 항상 선택되고 '비겁함'은 항상 도태되리라는 우리의 선입견과는 달리, 이 가상의 토끼 개체군에서는 '비겁함'이라는 형질이 점차 개체군 내에 널리 퍼지게 된다. 다시 말하면 어떤 형질이 선택될지는 어떤 생태적 환경에서 어떤 선택적 압력이 작용하고 있는가에 달려 있다.

모든 복잡한 적응이 자연 선택의 산물이라는 다윈의 통찰은 대단히 중요하다. 그냥 우연히 생겨났으리라고 도저히 믿기 힘든 복잡한 형질이 왜 존재하는가에 대한 간명한 해답을 제공하기 때문이다. 곧 모든 복잡한 적응적 형질은 종의 진화 역사를 통해 그 종의 선조들에게 지속적으로 제기되었던, 생존과 번식 상의 중요한 문제들을 잘 해결하게 끔 자연 선택에 의해 정교하게 설계된 해결책이다. 다시 말하면 어떤 복잡한 형질 X를 이해하는 최선의 방책은 "형질 X의 진화적 기능은 무엇인가?" 즉 복잡한 형질 X가 궁극적으로 그 종의 진화적 조상들의 생존과 번식을 돕는 방편으로서 어떠한 적응적 문제를 풀게끔 기능적으로 조직화하여 있는가 묻는 것이다.[9] 예를 들어 우리는 귀의 진화적 기능은 소리를 듣고 우리 몸의 균형을 유지하는 것임을 활용하여 귀가 왜 전정기관, 세반고리관, 달팽이관, 청신경, 고막, 이소골 등의 세부 구조들로 복잡하고 정교하게 조직화되어 있는지 쉽게 이해할 수 있다. 심지어 울퉁불퉁한 굴곡이 심하게 나 있어서 그야말로 아무렇게나 생겼다고 오해하기 쉬운 귓바퀴조차 실은 다양한 진동수 영역대의 음파들을 빠짐없이 포착하는 집음관 역할을 잘 수행하게끔 공학적으로 설계되었다는 설명을 들으면 자연 선택의 대단한 능력에 저절로 감탄하게 된다.

3) 진화된 심리적 적응의 특성

생명체의 복잡한 구조는 종의 진화적 환경에서 그 구조를 만든 유전자들이 다음 세대에 잘 전파되게끔 자연 선택에 의해 정교하게 설계되었다는 적응주의적 원리는 수백 년 동안 생리학, 해부학, 생화학의 중요한 과학적 발견들을 이끌었다.[10] 그런데 눈이나 심장, 허파, 면역계 같은 생리적 적응이나 해부적 적응 못지않게 동물들의 다양하고 효율적인 행동 양식들을 만들어 내는 심리적 적응도 대단히 복잡하고 정교하다. 그러므로 인간의 심리에 대해서도 복잡한 구조는 진화적 기능을 반영한다는 적응주의적 접근을 적용하여 많은 새로운 지식을 얻을 수 있다. 생리적 적응이 과거의 환경에서 생존과 번식에 영향을 끼친 특정한 문제를 잘 해결하게끔 진화했듯이(예컨대 심장은 혈액을 몸 구석구석에 보내는 기능을 한다), 심리적 적응도 종의 진화사에서 생존과 번식에 영향을 준 문제들을 잘 해결하게끔 진화하였다(예컨대 높은 곳에 대한 공포는 우리의 조상들을 추락 사고로부터 막아주는 기능을 한다). 외부의 특정한 환경적 정보를 받아들인 다음 이 정보를 변환하여 생존과 번식에 유리한 적응적 행동을 최종산물로서 산출하는 정보처리 회로를 '심리적 적응(psychological adaptation)', 혹은 '진화된 심리 기제(evolved psychological mechanism)'라고 부른다.[11]

혐오감을 예로 들어보자. 혐오감은 강한 불쾌감과 함께 때로는 구역

질까지 동반하는 정서로 다윈 이래로 인간이 지닌 보편적인 감정 중의 하나로 여겨졌다.[12] 상한 음식이나 바퀴벌레, 토사물, 대변, 쓰레기; 시체, 피부 안의 신체가 드러난 것 등의 자극이 주로 혐오감을 일으킨다. 혐오를 느낀 사람들은 혐오를 유발한 자극으로부터 멀리 떨어지거나 회피하는 행동을 하며, 침 분비가 늘어나고 심장 박동이 감소하는 등의 생리적 반응을 보인다. 또한 코를 찡그리고, 입을 크게 벌리고, 윗입술을 올리는 특징적인 표정을 지어 타인들에게 혐오감을 알린다. 왜 우리는 이러한 혐오 정서를 경험할까? 이를테면 피부가 열려 내장이나 뼈가 보이는 광경을 그냥 외면하는 게 아니라 굳이 에너지를 소모해가며 혐오스러워할 이유가 무엇일까?

진화생물학자들은 비교적 구체적인 대상들에 대한 혐오는 전염성 병원체를 옮길 수 있는 매개체를 회피하게끔 자연 선택에 의해 설계된 심리적 적응이라는 가설을 제안하였다. 이 가설이 맞는다면, 혐오는 정말로 이러한 기능을 잘 수행하게끔 설계된 여러 특질을 지니고 있으리라 선험적으로 예측할 수 있다.[13] 첫째, 혐오를 유발하는 자극들은 모두 접촉을 통해 병원체를 옮길 위험이 있는 물질이라고 예측된다. 이 예측은 최근의 역학 연구들을 통해서 확증되었다. 대변, 소변, 토사물, 피, 상한 음식들은 모두 혐오를 유발하는 물질인 동시에 20종 이상의 전염성 세균, 바이러스, 원생동물을 포함한다. 기침할 때 나오는 침, 타액, 콧물은 체내에 들어오면 인플루엔자, 폐렴, 수두, 뇌막염, 나병, 매독, 폐결핵 등을 옮길 수 있다.[14] 둘째, 질병에 더 걸리기 쉬운 연약한 사람들은 건강한 사람들에 비하여 같은 자극에 대해서도 더 강한 혐오감을 느끼리라고 예측된다. 여성들이 일반적으로 남성들보다 혐오에 대한 민감성이 높다는 사실은 이 예측을 확인시켜 준다. 최근의

한 연구는 질병에 특히 취약한 임신 첫 석 달 동안의 임산부들이 마지막 석 달 동안의 임산부들에 비하여 혐오를 느끼는 경향이 더 강하다는 것도 확인하였다.[15] 셋째, 같은 물질이라도 나 자신이나 나와 가까운 사람보다는 생면부지의 낯선 사람으로부터 유래한 물질이 더 혐오를 불러일으킬 것이라는 예측이다. 가까운 사람에 비해 낯선 사람은 그만큼 우리 면역계의 방어를 무력화시킬 수 있는 낯선 병원체를 전파하기 쉽기 때문이다. 이 예측은 여러 연구를 통해 확증되었다. 일례로 한 연구에서는 대변이나 발, 땀 등 신체에서 풍기는 냄새가 내가 아니라 낯선 사람에게 난 것일수록 사람들이 더 혐오스러워한다는 사실을 발견했다.[16] 요컨대 구체적인 물리적 대상에 대한 혐오는 전염성 병원체를 피하게끔 잘 설계되었음을 보여주는 증거들이 최근 풍부히 얻어졌으며, 이는 곧 진화적 관점이 새로운 과학적 발견들을 이끄는 유용한 길잡이가 됨을 보여준다.

심리적 적응이 지닌 가장 중요한 특성 중의 하나로 각각의 심리적 적응은 어떤 특정한 목적을 잘 수행하게끔 전문화되어 있고, 이렇게 영역 특수적인(domain-specific) 심리적 적응들이 우리의 마음속에 대단히 많다는 점을 들 수 있다. 즉 우리의 머릿속에는 무엇이든 잘 해결해내는 만능 공구 하나만 담겨 있는 것이 아니라 각각의 기능에 전문화된 연장들이 빼곡히 담겨 있다는 것이다.[17] 진화심리학자들이 영역 특수성을 강조하는 까닭은 수렵-채집 생활을 했던 우리의 진화적 조상들이 풀어야 했던 적응적 문제가 식물성 독소의 섭취를 피하는 문제 이에도 수없이 많았기 때문이다. 생존과 번식에 관련되었던 적응적 문제들은 바람직한 배우자 고르기, 음식물 고르기, 잠자리 확보하기, 배우자의 바람기 다스리기, 근친상간 피하기, 길 잃어버리지 않기, 포식동물

피하기, 타인과 협동하기, 자녀 무사히 낳기, 자녀 잘 길러내기, 형제와
의 우애 유지하기, 타인과 효과적인 동맹 형성하기, 전염병에 걸리지
않기, 친족과 비친족 구별하기, 사회적 지위 유지하기, 정확하게 의사소
통하기, 자연재해 피하기, 전쟁에서 승리하기 등등 참으로 많았다.

어느 한 문제에 특화된 해결책은 다른 문제를 푸는 데 젬병일 수밖에
없다. 송곳은 구멍을 내기 위한 도구인데 널빤지를 두 부분으로 쪼개는
일에 톱 대신 송곳을 쓴다고 상상해 보자. 송곳으로 구멍을 일렬로
낸 다음에 널빤지를 쪼갠다면 쪼개지기야 하겠지만, 시간과 에너지도
훨씬 더 들 뿐만 아니라 쪼갠 결과물도 보기 흉할 것이다. 마찬가지로,
예컨대 신선하고 영양분이 풍부한 음식물 고르기라는 적응적 문제에
대한 해결책이 젊고 매력적인 배우자 고르기라는 적응적 문제에 대한
알맞은 해결책이 동시에 될 수는 없다. 그러므로 진화심리학자들은
인간의 마음은 많은 적응적 문제들에 맞추어 자연 선택에 의해 제각각
설계된, 다수의 영역 특수적인 심리 기제들의 집합이라고 주장한다.[18]

심리적 적응이 지닌 또 다른 중요한 특성으로 과거의 진화적 환경과
현재의 환경 사이의 불일치를 들 수 있다. 심리적 적응뿐만 아니라
모든 적응은 '과거의' 자연 선택에 의해 형성되어 '오늘날' 존재하고
있기 때문에 현재의 환경하에서도 반드시 생존과 번식에 도움이 되리라
고 기대할 수는 없다. 특히 우리 두뇌의 복잡한 신경계는 대단히 많은
유전자가 서로 정교하게 협력하는 네트워크에 기반을 두고 있음을
고려하면, 이들 수많은 유전자를 진화시키기 위한 시간은 적어도 수만
세대 이상이 소요됨을 알 수 있다. 분자인류학과 고고학의 성과에
의하면, 인류의 조상은 침팬지 가계와 약 7백만 년 전에 갈라진 이후에
95% 이상의 시간을 아프리카의 사반나 초원에서 수렵-채집 생활을

하며 소규모 친족 부락을 형성하며 보냈다.[19] 그러므로 이른바 인간 본성을 이루는 인간만의 독특한 마음은 수백만 년 전 아프리카의 수렵-채집 생활에서 겪어야 했던 적응적 문제들을 잘 풀게끔 진화했을 뿐, 농경 사회나 현대 산업사회에서도 반드시 생존과 번식을 높여주는 것은 아니다. 약 11,000년 전 시작된 농경 사회나 200년도 채 되지 않은 현대 산업사회는 우리의 신경계에 유의미한 진화적 변화를 일으키기에는 너무나 짧은 시간이었다. 요컨대 현대인의 두개골에는 여전히 석기 시대의 마음이 들어 있다.

예를 들어 보자. 단 것이라면 사족을 못 쓰고 좋아하는 성향은 우리가 진화한 수렵-채집 환경에서는 적응적이었다. 단맛이 나는 음식은 높은 열량을 제공해 주는 중요한 자원이지만, 과거의 수렵-채집 환경에서는 잘 익은 과일을 어쩌다 아주 운이 좋게 섭취하는 경우를 제외하면 단 음식이 극히 드물었다. 단 것을 지나치게 탐닉하는 성향이 있는 사람이 단 것을 보고도 절제했던 사람을 제치고 우리 모두의 직계조상이 되었다. 그러나 오늘날처럼 슈퍼마켓이나 카페, 편의점에서 쉽게 초콜릿이나 아이스크림을 구할 수 있는 새로운 환경에서는 단 것에 집착하는 성향이 각종 성인병과 비만을 일으키는 원흉이 되었다.[20]

요약하자. 눈이나 심장, 허파 같은 생리적 적응과 마찬가지로 지능, 인지, 정서, 성격 등을 만드는 심리적 적응에 대해서도 "그것이 과거의 인류 진화 환경에서 어떻게 조상들의 생존과 번식에 도움이 되게끔 설계되었는가?"라고 그 적응적 기능을 질문함으로써 많은 유용한 통찰을 얻을 수 있다. 진화된 심리적 적응들은 그 속성상 어느 한 특정한 일만을 잘 수행하게끔 영역 특수적이어서 우리의 마음속에는 이러한 심리적 '공구'들이 대단히 많이 들어 있다. 또한 적응은 과거의 선택압에 의해 형성되는 것이어서 현대의 낯선 산업사회 환경에서는 오히려 생존과 번식에 해로울 수도 있다. 특히 우리의 마음이 진화한 환경과 현대의 새로운 환경 간의 불일치는 다음에 살펴볼 것처럼 우리의 삶에 괴로움을 만드는 한 요인이기도 하다. 이제 우리의 삶에 괴로움을 안기는 원천들을 네 가지로 나누어 다음 장에서 자세히 알아보자. 이들은 1) 괴로움을 주지만 유용한 부정적 정서들, 2) 건강보다 번식을 높이게끔 설계된 형질들, 3) 설계상의 절충, 4) 과거의 환경과 현대 환경과의 불일치 등이다.

3. 괴로움의 진화적 원인들

1) 우리를 괴롭히지만 유용한 부정적 정서들

자연 선택은 서로 경쟁하는 대립유전자들 가운데 다음 세대에 복제본을 상대적으로 더 많이 남기는 유전자를 맹목적으로 선택하는 과정이라고 하였다. 자연 선택에는 어떠한 계획도, 장기적인 목표도 없다. 어떤 형질이 우리를 행복하게 하건, 불행하게 하건 간에 그 형질이 그 형질을 만드는 유전자가 잘 전파되게 해준다면 선택된다. 즉 자연 선택은 우리의 행복 혹은 불행에 그저 무관심하다. 분노, 우울, 슬픔, 불안, 질투, 공포처럼 우리의 삶을 피폐하게 하는 부정적 정서라도 그것들이 특정한 상황에서는 개체의 번식 성공도[21]를 높이는 데 이바지했다면 당연히 자연 선택되었을 것이다.[22] 부정적 정서는 우리를 괴롭히지만, 우리 유전자에겐 유용했기에 인간 본성의 일부가 되었다.

부정적 정서는 즉시 제거해야 할 우환거리나 장애가 아니라, 위험하거나 파멸적인 상황으로부터 우리를 지켜주는 유용한 방어다. 이는 열이나 기침, 통증처럼 우리의 신체를 지켜주는 생리적 방어들을 살펴보면 쉽게 이해할 수 있다. 첫째, 열을 생각해 보자. 병원체에 감염되면 우리의 몸은 열이 나서 체온이 상승한다. 우리 몸의 체온 조절 체계가 고장 나서가 아니다. 체온을 높여 우리 몸에 침입한 바이러스를 '태워 죽이게끔' 정교하게 설계된 방어책이 작동하기 때문이다. 스스로 체온을 조절할 수 없는 변온동물인 도마뱀조차 병원체에 감염되면 체온을 2℃가량 높일 수 있는 따뜻한 곳으로 이동한다는 사실이 알려져 있다. 감염되어 열이 난다고 해서 무조건 해열제부터 복용하는 것은 우리 집 담을 넘고 있는 도둑을 물려고 달려드는 충직한 바둑이를 오히려 꾸짖는 격이다. 둘째, 기침도 호흡 경로에 침입한 외부 물질을 기관지를 통해 인후로 밀어내서 몸 밖으로 배출하기 위한 방어 작용이다. 우리는 물론 기침 때문에 괴로워하지만, 기침을 못 하는 사람은 폐렴에 걸려 일찍 사망하기 쉽다. 셋째, 신체적인 아픔, 곧 통증도 조직이 손상되고 있음을 알려주는 유용한 신호이다. 아주 뜨거운 냄비 손잡이를 무심코 손으로 집었을 때 타는 듯한 통증을 순식간에 느끼지 못한다면 어떤 사태가 벌어질지 상상해 보시라. 다른 모든 일을 제쳐 두고 오직 신체 손상을 즉시 중단시키는 일에 뛰어들게 하기 위하여, 통증은 생각조차 하기 싫을 정도로 끔찍한 불쾌함을 우리에게 주도록 자연 선택에 의해 설계되었다. 극소수의 사람들은 아픔을 느끼는 감각을 처음부터 갖지 않고 태어난다. 이런 사람들은 대개 성년에 이르지 못하고 조직 손상이나 감염에 의해 죽는다는 사실이 보고되어 있다.[23]

열이나 기침, 통증처럼 몇몇 불쾌한 신체 증상들이 우리의 몸을 지켜주듯이, 분노, 질투, 불안, 두려움 같은 부정적인 정서는 우리의 마음을 지켜주는 유용한 방어로서 자연 선택에 의해 진화되었다. 이들의 적응적 기능을 보다 자세히 검토해보자.

(1) 질투

질투는 자기 자신이나 다른 사람들에게 엄청난 고통을 주는 열정이다. 여러 날 동안 잠을 이루지 못하게 하며, 애인을 잃을까봐 노심초사하게 하며, 그동안 쌓아온 사회적 체면을 한순간에 무너뜨리는 일도 주저하지 않고 실행하게 한다. 다른 모든 중요한 일들을 물리치고 애인을 지킨다는 목표에만 집착하게 하며, 애인이나 경쟁자의 행복을 파괴할 폭력까지 행사하게 한다.

이처럼 질투는 크나큰 불행을 초래하지만, 자연 선택에 의해 적응적 기능을 수행하게끔 정교하게 다듬어진 심리적 적응이다.[24] 1979년 진화심리학자 도날드 시먼스Donald Symons는 저서 『인간 섹슈얼리티의 진화(The evolution of human sexuality)』에서 질투는 장기적인 배우자 관계를 흔드는 위협으로부터 질투하는 당사자를 보호해주는 기능을 한다고 제안하였다.[25] 질투는 당사자로 하여금 배우자의 실제 혹은 잠정적인 부정不貞을 탐지하게 하고, 부정을 막을 행동을 바로 취하게 한다. 질투가 이러한 기능을 수행한다는 것을 보여주는 좋은 증거로서 질투를 일으키는 자극이 남녀에 따라 다르다는 발견을 들 수 있다. 여성은 자기 자식을 확신할 수 있지만 남성은 자기 자식이 정말 자신의 유전적 친자식인지 확신할 수 없다. 배우자가 옛 애인을 그리워하는 행동 같은 정서적 부정보다 배우자가 다른 이성과 격렬한 키스를 하는 행동 같은 성적 부정에 의해 더 강한 질투심을 느끼는 쪽은 여성이 아니라 남성일 것이다. 반면에 여성은 자식이 어른이 되기까지 남편으로부터 오랜 동안 자원을 공급받아야 한다. 따라서 배우자가 하룻밤 바람을 피우고 마는 것이 아니라 가족을 영구적으로 버리고 떠날 수 있음을 의미하는 배우자의 정서적 부정에 의해 더 강한 질투심을 느끼는 쪽은 여성일 것이다. 실제로 이 예측은 생리적 증거, 심리적 증거, 신경과학적 증거, 비교-문화적 증거들에 의해 뒷받침되었다.[26]

우리의 진화적 과거에서, 배우자의 부정에 대해 침착하고 무심하게 대처했던 사람들은 배우자의 부정에 대해 불같은 질투를 느끼며 괴로워했던 사람들과의 경쟁에서 승리하지 못하고 사라졌다. 성공적으로 번식했던 조상들의 후손으로서, 현대를 사는 우리는 질투라는 위험한 열정에 언제라도 휩싸이기 쉽다. 질투는 괴로움과 불행의 원천이지만, 바로 그 괴로움이 인간의 진화 역사에서 번식 성공도를 높이는 결과를 낳았다.

(2) 불안

불안이 유용한 정서라는 것은 비교적 쉽게 이해할 수 있다. 산속을 거닐다가 불곰을 보고도 도망치지 않는 등산객, 폭풍이 상륙한 바닷가에 혼자 산책을 간 관광객, 내일이 기말고사인데 편안하게 TV 드라마를 즐기고 있는 학생에게 어떤 일이 닥칠지는 누구나 예측할 수 있다. 불안은 임박한 위험을 효과적으로 모면하게끔 자연 선택에 의해 설계된 정서다. 불안은 숨이 가빠지게 하고 심장 박동을 빠르게 하고 땀을 내고 혈당량을 높이는 등 당사자에게 적지 않은 비용을 부과하지만, 그 덕분에 우리는 열심히 기말시험 공부를 하는 것처럼 위험을 벗어날 수 있는 행동에 몰두할 수 있다.[27]

진화생물학자 리 듀거킨(Lee A. Dugatkin)은 거피guppy라는 물고기를 실험하여 불안이 적응적임을 입증하였다. 그는 거피들이 작은 입농어(small-mouth bass)라는 포식자 물고기가 나타났을 때 보이는 반응을 기준으로 거피들을 세 집단으로 분류했다. 농어를 보면 즉시 숨는 '겁 많은 집단', 농어를 보면 다른 곳으로 헤엄쳐 이동하는 '정상적 집단', 농어를 봐도 움직이지 않고 응시하는 '대담한 집단' 등이었다. 세 집단의 거피들을 농어와 함께 수조에 넣었다. 여섯 시간 후, 겁 많은 집단의 40%, 정상 집단의 15%가 살아남은 반면 대담한 집단의 거피들은 한 마리도 살지 못했다.[28]

불안이 임박한 위험을 피하는 데 유용한 심리적 적응이라고 해서 반드시 모든 상황에서 유용한 것은 아니다. 2001년 실시한 정신장애 실태조사에서 한국인의 8.8%가 불안장애 환자라고 보고한 것에서 알 수 있듯이, 많은 사람들이 지나치거나 불필요한 불안에 시달린다. 불안이 지나친 나머지 시험 때 자기 실력을 발휘 못하거나, 아예 비행기를 타길 거부하거나, 대중 앞에 발표할 때 심하게 말을 더듬는 사람들은 주변에서 드물지 않게 볼 수 있다. 이는 많은 경우 언제 불안감이 진정으로 필요한지 불확실하기 때문에, 즉 내 앞의 희미한 물체가 불곰인지 아닌지 애매할 때는 도망치지 않다가 허무하게 불곰에 물려 죽는 것보다 일단 무조건 줄행랑을 놓는 편이 더 진화적으로 이득이었기 때문에 불안 기제가 지나치게 민감하게 작동되게끔 우리의 마음이 설계되었기 때문이라고 설명된다.[29]

(3) 두려움

두려움은 불안과 마찬가지로 위험을 지각했을 때 경험하는 부정적 정서다. 두려움의 적응적 기능은 위험을 효과적으로 피하게 함으로써 생존하는 데 기여하는 것이다. 우리가 진화한 환경에서 높은 절벽,

뱀, 검치호랑이, 폭력적인 남성에 대해 두려움을 느끼지 못했던 사람은 마음은 편안했을지 몰라도 이내 죽음을 맞이했을 것이다.

두려움이 과거의 수렵-채집 환경에서 직면할 수 있는 여러 위험들에 잘 대처하는 기능을 수행하게끔 정교하게 설계되었다는 증거들을 살펴보자. 첫째, 정신의학자 아이작 막스(Isaac Marks, 1987)는 두려워하는 사람들이 보이는 다양한 행동적 반응들은-달아나기, 굴복하기, 동작 멈추기, 죽은 체 하기, 기절하기 등등- 여러 위험의 원천들에 꼭 맞는 방식으로 일어남을 지적했다.[30] 위험한 포식동물은 잽싸게 달아나는 반응을 일으킨다. 깎아지른 듯한 높은 절벽은 그 자리에서 얼어붙은 채 한 발짝도 움직이지 못하게 하는 반응을 일으킨다. 낯선 청중 앞에서 발표하는 것 같은 사회적 위협은 뺨을 붉힌 채 부끄러워하는 표정과 몸을 움츠리면서 굴복을 표시하는 반응을 일으킨다. 자신의 몸에서 피가 분출하는 장면은 즉시 기절하는 반응을 일으킨다. 기절하면 혈압을 떨어뜨려 더 이상의 혈액이 손실되는 것을 막을 수 있기 때문이다.[31]

둘째, 두려움이 유발하는 일련의 생리적 반응도 위험을 회피한다는 기능을 잘 수행하게끔 설계되어 있다. 예를 들어 두려움을 느끼면 에피네프린이 분비된다. 부상을 입었을 때 이 호르몬은 혈액 수용체에 작용하여 혈액 응고를 돕는다. 에피네프린은 간에도 작용해 포도당을 분비시켜 적과 맞서 싸우거나 달아나는 행동을 할 때 근육에 필요한 에너지를 공급한다. 심장 박동이 빨라지고 흐르는 혈액량이 많아져 혈액 순환이 증가한다. 또한 호흡이 가빠지면서 근육에 공급되는 산소의 양을 늘리고 이산화탄소 배출이 빨리 일어나게 한다.

셋째, 현대인은 현대의 도시 환경에서 존재하는 위험보다는 수렵-채집 생활을 했던 먼 과거의 조상들의 환경에 존재하던 위험에 대한 두려움을 더 용이하게 학습한다. 현대인들이 주로 두려움을 느끼는 대상인 뱀, 거미, 높은 곳, 위험한 작은 동물, 낯선 남성, 밀폐된 공간, 사회적 위협 등은 모두 과거의 아프리카 사바나 초원의 진화적 환경에 존재했던 위협들이다. 대도시에 사는 현대인들은 뱀을 실제로 마주칠 일이 거의 없지만, 여전히 뱀에 대한 두려움은 잘 습득된다. 반면에 현대 환경에서 실존하는 위험인 자동차, 총, 전기 콘센트, 담배를 두려워하는 사람은 거의 없다.[32]

(4) 슬픔

슬픔은 대개 상실을 의미하는 신호 자극으로 인해 일어나는 정서다. 돈이나 연인, 배우자, 평판, 건강, 가족, 친구 등을 잃었다는 것은 곧 인류 진화사를 통해 볼 때 언제나 번식 성공도를 증대시켜 준 자원들을 잃었음을 의미한다. 어떻게 이처럼 번식 자원을 잃었을 때 느끼게 되는 슬픔이라는 정서가 진화적 이득을 줄 수 있을까?

진화심리학자들은 슬픔이 다음과 같이 적응적인 행동 결과물을 낳는다고 주장한다. 첫째, 애초에 상실을 낳은 잘못된 행동을 중지하여 더 이상의 손실을 막는다. 이를테면 과도한 음주로 인해 건강을 잃은 사람에겐 슬픔이라는 부정적 정서가 향후 술을 멀리하는 데 도움이 된다. 둘째, 낙관적인 태도를 잠시 접어두고 현재 처한 상황을 냉철하게 판단하게끔 해준다. 사회심리학자들은 사람들은 자신이 타인보다 매력, 지능, 성실성, 착함 등 거의 모든 면에서 더 낫다고 착각하는 경향이 있음을 발견하였다. 풍자 소설가 개리슨 케일러Garrison Keillor가 발표한 한 소설은 워비곤 호수라는 가상의 마을에 사는 모든 아이들이 평균보다 더 나은 상황을 그리는데, 여기서 이름을 따서 이러한 오류를

214

'워비곤 호수 효과(Lake Wobegon effect)'라 한다.[33] 슬프고 저조한 감정은 잠시 워비곤 호수 효과에서 벗어나 자신의 능력과 처지를 객관적으로 평가하고 보다 현실적인 목표를 다시 세울 수 있게 해준다. 대다수의 가벼운 우울증은 오랫동안 집착했던 비현실적인 목표를 끝내 포기하고 성취 가능한 새로운 목표로 힘을 쏟기 시작하면 사라진다는 사실이 알려져 있다. 셋째, 슬픔은 독특한 얼굴 표정과 목소리 등을 통해 주변 사람들에게 심각한 상황에 처했음을 알려 도움을 이끌어낸다.[34] 요컨대 슬픔은 단순히 우리를 괴롭히고자 생긴 것이 아니라 잘못된 습관 중지, 목표 재조정, 도움 요청 등의 기능을 수행하게끔 잘 설계된 심리적 적응이다.

슬픔이 명쾌한 적응적 논리를 지님을 잘 보여주는 증거로 가족이 죽었을 때 사람들이 느끼는 슬픔의 강도가 진화적 예측과 부합한다는 것을 입증한 연구를 살펴보자. 사람들은 배우자나 부모를 잃었을 때보다 친자식을 잃었을 때 더 큰 슬픔을 느낀다. 이미 다 아는 사실이라고 치부할지 모르지만, 더 중요한 요점은 슬픔의 강도가 죽은 아이의 연령에 따라 다르다는 것이다. 우선 번식 가치(reproductive value)의 개념을 알아 두자. 번식 가치는 어떤 사람이 현재를 포함하여 미래에 기대할 수 있는 자식 수로 정의된다. 번식 가치는 번식 가능한 연령이 되는 사춘기가 될 때까지 꾸준히 증가하다가 그 이후 감소한다〈그림 1〉. 예컨대 1살 아이의 번식 가치보다 10살 아이의 번식 가치가 더 높다. 1살 아이는 10살이 될 때까지 자라다가 도중에 사망할 가능성이 있지만, 10살 아이는 이미 그 시기를 통과하여 번식 가능한 연령에 가까워졌기 때문이다. 즉 부모의 입장에서 보면 어른이 될 때까지 사망할 가능성이 더 높은 갓난아기보다 막 어른이 된 청소년이 더

귀중한 자식이다.

진화심리학자 찰스 크로포드Charles Crawford와 동료들(1989)은 자식을 잃은 부모가 느끼는 슬픔이 〈그림 1〉의 나이에 따른 번식 가치의 변화 양상과 잘 맞아떨어진다는 사실을 발견했다〈그림 2〉.[35] 번식 가치

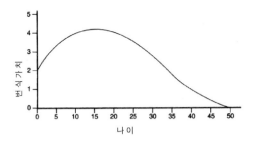

〈그림 1〉 나이에 따른 번식 가치(여성의 경우). 각 나이에서 기대할 수 있는 미래의 자식수를 나타낸 것이다. 사춘기 이전의 나이에는 사춘기에 도달하기 전에 사망할 가능성으로 인해 번식 가치가 낮지만, 사춘기에 도달하면 계속 감소한다. Gaulin, G. C. and McBurney, D. H., Evolutionary Psychology, (New Jersey, Pearson, 2004), p.317의 그림을 변형하여 게재.

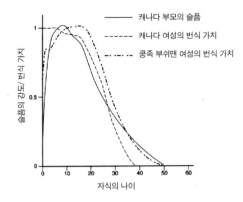

〈그림 2〉 자식의 사망 시 나이에 따른 부모의 슬픔의 강도. 특히 수렵-채집 사회의 자식들의 번식 가치와 더 가깝게 부합하는 것을 알 수 있다. Gaulin, G. C. and McBurney, D. H., Evolutionary Psychology, (New Jersey, Pearson, 2004), p.318의 그림을 변형하여 게재.

가 최고조에 이르는 10대 후반의 사춘기의 자식을 잃었을 때 부모들은 가장 큰 슬픔을 느꼈다. 즉 자식을 잃은 슬픔의 강도는 사망할 당시 자식의 번식 가치에 맞추어져서 조절된다는 것을 알 수 있다.[36]

(5) 우울증

우울증은 저조하고 슬픈 감정이 보다 심화하는 증상도 있지만, 슬픔 외에도 에너지와 의욕 상실, 자기 비하, 긍정적인 기분 감퇴, 쾌락을 쉽게 못 느낌, 기억력이나 주의력 등 몇몇 인지 기능의 저하, 무기력, 피로, 성욕 감퇴, 비관적 태도, 자살에 대한 상념 등 다른 증상들도 함께 나타나는 복합적인 정신 질환이다. 우울증 환자들은 사회적 상호 작용을 끊고 은둔하는 경향이 있고, 가끔씩 타인에게 심하게 분노하기도 한다. 왜 우울증이 존재하는가?

이 논문은 정신분열증, 자폐증, 강박증처럼 소수의 사람들만이 경험 하는 심각한 정신 장애보다는 대다수 일반인들이 일상생활에서 겪는 괴로움과 불행에 초점을 맞추므로, 우울증은 논하기 부적절할지도 모른다. 그러나 우울증은 정신 장애 중에서도 유독 그 유병률이 예외적 으로 높은 질환이기 때문에 여기서도 다룰 필요가 있다. 이를테면 정신분열증은 전체 인구의 1%도 채 안 되는 사람들만 걸린다. 반면에 우울증은 미국의 경우 매년 약 7%의 사람들이 주요 우울증(major depression)[37]에 걸리며, 주요 우울증을 평생 동안 적어도 한 번은 경험한 사람이 전체 인구의 30~50%에 달한다. 우울증이 단순히 어떤 심리 기제가 고장이 나서 오작동을 일으키고 있는 상태라면, 왜 이토록 많은 사람들이 심각한 우울증에 시달릴까? 이처럼 걸핏하면 고장이 나서 생존과 번식에 심각한 악영향을 초래하는 심리 기제가 과연 자연 선택에 의해 만들어질 수 있었을까?[38]

우울증은 그 자체로 심리적 적응이 아니라 기능 부전을 일으키고 있는 병리 상태라는 관점을 지지하는 연구자들도 있지만, 점점 더 많은 연구자들이 우울증의 높은 유병률에 착안하여 우울증이 어떤 특정한 기능을 잘 수행하게끔 설계된 심리적 적응이라는 관점을 지지하고 있다. 즉 우울증이 물론 손실을 끼치지만 이를 상쇄할 만큼 더 큰 이득을 제공해주는 적응이라는 것이다. 지금껏 다양한 적응 가설이 제안되었지만, 아직까지 우울증에 대해 합의된 이론은 없다. 여기서는 최근 제기된 유력한 가설인 분석적 반추(analytic rumination) 가설을 소개하고자 한다.[39]

우리는 일상생활에서 섣불리 대처하기 어려운 사회적 딜레마에 종종 처한다. 예컨대 남편이 바람을 피워 온 것을 발견한 전업 주부는 이혼하면 혼자 생계를 책임져야 하니 바로 갈라서기도 어렵고, 그렇다고 모르는 척 그냥 넘길 수도 없는 상황에 놓인다. 삼수 끝에 치른 수학능력 시험에서 기대에 크게 못 미치는 성적표를 받아든 수험생은 지원할 대학이라곤 하위권 대학뿐이고, 그렇다고 사수를 가족들에게 선언하기도 어려운 상황에 놓인다. 수많은 변수들을 고려하여 자신에게 주어진 사회적 딜레마에 대한 최적의 해법을 찾으려면, 방해받지 않고서 장시간에 걸쳐 이 딜레마를 집중적으로 분석하고 숙고할 시간이 필요하다.

진화심리학자 폴 앤드류스Paul Andrews와 J. 앤더슨 톰슨Anderson Thomson에 따르면, 우울증은 다른 외부 사건들에 흐트러지지 않으면서 당면한 사회적 딜레마를 집중적으로 분석하고 반추하는 데 필요한 여러 가지 정신적, 신체적 변화를 조정하고 이끌어 내는 기능을 한다. 이 가설에 비추어 보면, 우울증에 따르는 다양한 증상들은 무의미한 오작동이 아니라 기능을 잘 수행하게끔 설계된 특질임을 알 수 있다. 이를테면 우울증 환자들이 스스로 사회적으로 격리되길 바라는 증상은 우울증 환자들이 다른 불필요한 일들에 대해 사고해야 하는 상황을 미리 피하게끔 해준다. 마찬가지로, 성관계나 맛있는 음식으로부터 쾌락을 느끼지 못하게 되는 증상도 당면한 사회적 딜레마를 푸는 데 모든 노력을 집중할 수 있게 해준다. 또한 우울증 환자들은 일반적인 지식이나 수리 능력, 기억력을 묻는 인지 과제에 대해서는 수행 능력이 떨어지지만, 타인의 마음을 읽고 예측하는 사회적 지능을 묻는 인지 과제에 대해서는 오히려 일반인들보다 우수한 수행 능력을 보인다.[40]

우울증을 설명하는 분석적 반추 가설이 맞는다면, 우울증은 내 앞에 복잡한 사회적 문제가 놓여 있음을 나에게 일깨우는 유용한 신호이다. 따라서 우울증을 치료하려는 심리치료자들도 환자의 분석적 반추를 중단시키기보다는 오히려 적극 장려해야 하며, 환자를 우울증에 빠뜨린 복잡한 사회적 문제에 대한 해결책을 찾는 데 실질적인 도움을 주는 방안을 모색해야 한다.[41]

(5) 분노

분노는 남으로부터 유무형의 피해를 입었을 때 강한 불쾌감을 느끼는 부정적 정서다. 분노를 느낀 사람은 대개 자기 통제력이 약화되며, 자신에게 해코지한 상대방에 대한 보복에 관심을 온통 집중하며, 상대방에게 결국 신체적·언어적 폭력을 가하는 경향이 있다. 이처럼 파괴적이고 백해무익해 보이는 정서가 과거에 우리의 먼 조상들에게 어떤 진화적 이득을 주었기에 자연 선택되었을까?

진화심리학자들은 분노가 촉발되는 대부분의 상황은 도덕적 상호 작용임에 주목한다. 즉 도덕적 분노는 정당한 대가를 치르지 않고 부당하게 이득만 취하려 하는 사기꾼을 응징하기 위해 진화하였다. 만약 내가 누군가에게 도움을 주었는데 정작 그 사람은 내가 다급할 때 나에게 도움을 되돌려 주지 않았다고 가정해 보자. 나는 이를 정당하지 않은 행위로 간주하고, 즉시 그 사기꾼에게 다가가 폭력을 휘두르는 등의 보복을 해야 장래에 또 나를 착취하려는 수작을 부리지 못하게끔 예방할 수 있다. 다시 말하면 분노는 자칫하면 남들에게 착취당할 우려가 있는 선한 사람들을 보호해주는 기능을 한다.[42]

2) 생존이나 건강보다 번식 성공도를 높이게끔 설계된 적응들

일반인들이 진화에 대해 흔히 품는 오해 중의 하나는, 자연 선택이 우리가 가능한 한 오랫동안 건강하게 살게끔 우리의 몸과 마음을 설계해 주리라고 믿는 것이다. 안타깝게도 이 믿음은 틀렸다. 생존은 그 자체만으로는 전혀 중요하지 않다. 자연 선택이 연어나 일년생 식물들처럼 평생 단 한 번 번식하고 바로 죽는 일부 생물종들을 만들어낸 것도 바로 이 때문이다. 자연 선택이 유일하게 우리의 생존에 관심을 기울이는 경우는 오직 생존이 번식을 증진시키는 한도 내에서만 그렇다. 번식과 무관하거나 번식을 감소시키는 유전자는 그 유전자가 아무리 개체를 장수하게 하거나 건강하게 할지라도 자연 선택에 의해 가차 없이 제거될 것이다. 반면에 번식을 증진시키는 유전자는 설사 그 유전자가 개체의 수명을 단축시키거나 병약하게 만든다 할지라도 선택될 것이다.[43] 우리의 생존과 건강을 해치지만 번식을 증진시켰기 때문에 자연 선택된 이러한 유전자는 특히 남녀 간에 심리적, 행동적, 생리적 차이를 보이는 형질들에서 흔히 발견할 수 있다.

(1) 여성보다 더 일찍, 더 많이 죽게끔 설계된 남성의 생리적, 행동적 적응들

어느 요양원이든 할아버지보다 할머니들이 훨씬 더 많다. 즉 일반적으로 여성들이 남성들보다 약 5년 정도 더 오래 산다는 것은 잘 알려져 있다. 상대적으로 잘 알려져 있지 않은 사실은, 남성 사망률이 여성 사망률보다 노년에만 더 높은 게 아니라 '모든' 연령대에 걸쳐 일관되게 더 높다는 것이다. 여성이 남성보다 연약하다는 선입견은 틀렸다. 수많은 연구 결과들이 어느 연령대에서나 남성은 여성보다 더 일찍, 더 많이 죽는 '연약한' 성임을 보여준다.[44]

남성의 사망률이 더 높은 까닭은, 흔히 남성들이 사회적으로 더 과중한 부담을 짊어져서 스트레스에 시달리기 때문이라고 설명된다. 하루 종일 직장에서 과로하며 가족을 부양하기, 항상 당당한 마초로 행세하기, 술과 담배를 즐기며 건강을 해치기 등이 남성을 여성보다 더 많이 죽게 한다는 것이다. 이러한 사회경제적 설명은 남성에게만 과도한 노동을 요구하는 사회적 풍조가 없거나 금주·금연이 폭넓게 확산된 나라에서는 남녀의 사망률이 비슷할 것이라는 예측을 내놓는다. 그러나 아프가니스탄에서 짐바브웨에 이르기까지 전 세계 227개국의 남녀 사망률을 조사한 연구에 따르면, 거의 모든 국가에서 남성 사망률은 여성 사망률보다 일관되게 더 높았다.[45] 게다가 쥐, 땅다람쥐, 뇌조, 벌새 등등 수없이 많은 동물 종에서도 수컷이 암컷보다 더 일찍 죽는다.

인간 남성이 여성보다 더 일찍, 더 많이 죽는 진화적 이유는 남성들이 여성들보다 배우자를 차지하기 위한 성내 경쟁이 더 치열하게 전개되기 때문이다. 남성의 번식 성공도는 많은 여성들과 성관계를 할수록 그에 비례하여 높아진다. 반면에 여성의 번식 성공도는 얼마나 많은 남성과 성관계를 가지는가보다는 얼마나 많은 자원을 확보해 이미 낳은 자식들을 잘 길러내느냐에 달렸다. 여성은 아기를 임신해서 출산하기까지 아홉 달 동안 무거운 몸을 감당해야 하고 이후에도 남편보다 자식 돌보기에 더 많은 노력을 투자하기 때문이다. 결과적으로 한 사회 내에서 여성들 사이의 번식 성공도는 편차가 적지만, 남성들 사이의 번식 성공도는 편차가 더 크다. 즉 자식을 매우 많이 남기는 사람들은 주로 남성이고 평생 자식을 하나도 남기지 못하는 사람들도 주로 남성이다〈그림 3〉.[46]

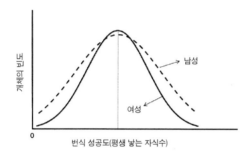

〈그림 3〉 가상적인 인간 개체군에서 남성과 여성의 번식 성공도의 편차. 번식 성공도의 평균값은 같지만, 번식을 매우 많이 하는 사람들은 남성이 많고 번식을 전혀 못하는 사람들도 남성이 많다.

이처럼 배우자를 얻기 위한 동성 개체들 간의 경쟁은 남성들 사이에 더욱 치열하기 때문에, 남성들은 행동적으로나 생리적으로 위험을 과감히 무릅쓰는 성향을 진화시켰다. 아무리 백 세까지 장수하더라도 자식을 남기지 않으면 진화적으로는 파산한 것이다. 즉 남성들의 입장에서는 성공하면 배우자를 얻을 수 있는 위험한 일에 뛰어들었다가 실패하여 크게 다치거나 사망할지라도 어차피 잃을 것은 없다. 따라서 남성들은 수명을 단축해서라도 번식 성공도를 높이는 방향으로 몸과 마음이 진화하였다. 이를 생리적 측면과 행동적 측면으로 나누어 살펴보자.

첫째, 남성들은 생리적으로 더 위험을 감수하다 보니 여성들보다 더 높은 사망률이라는 대가를 치른다. 남성들에게 더 많이 분비되는 성호르몬인 테스토스테론testosterone은 이차 성징을 발현시키고, 정자를 생산하고, 근육을 키워주고, 공격성을 높이고, 여성들에게 구애 행위를 효과적으로 하게 하는 등의 중요한 역할을 한다. 그러나 테스토스테론은 면역계의 활동을 저해시키기 때문에 남성들이 각종 전염병에 잘 걸리게 한다. 테스토스테론은 이른바 스트레스 호르몬이라고 불리는 코르티솔cortisol 호르몬의 분비도 높여 주는데, 코르티솔도 면역 능력을 저하시키는 효과가 있다. 기생충이나 세균, 바이러스성 전염병에 의한 사망률은 선진국에서는 남성이 여성보다 두 배 이상 높고, 후진국에서는 무려 네 배에 육박한다.

둘째, 남성들은 행동적으로도 더 위험을 감수하는 경향이 있어서 그만큼 사망률도 높다. 아프리카 일부 지역에는 물속을 유영하는 주혈흡충(主血吸蟲, schistosoma)이 사람 피부를 뚫고 침입하는 주혈흡충병(schistosomiasis)이 흔한데, 여자아이들보다 남자아이들이 더 많이 걸린다. 주혈흡충이 특별히 여자아이보다 남자아이를 목표로 삼아서가 아니라, 강이나 웅덩이에서 조심성 없이 맨발로 노는 아이들은 주로 사내애들이기 때문이다. 자기 건강을 돌보지 않고 무모하게 위험을 무릅쓰는 성향이 남성들이 여성들보다 사고나 음주, 흡연, 항정신성 약물, 위험한 근로 환경 등으로 인해 목숨을 더 쉽게 잃게 만든다. 실제로 사고사는 미국 남성의 사망 원인 가운데 당당히 1위를 차지했지만, 미국 여성의 사망 원인 중에선 7위에 불과했다.[47]

진화심리학자 다니엘 크루거Daniel Kruger와 다윈의학자 랜덜프 네쓰Randolph Nesse는 남성 사망률과 여성 사망률의 상대적인 차이가 여러 다양한 사망 원인에 따라 달라지는지 조사했다.[48] 이들은 20개 국가에 걸쳐 교통사고, 비교통사고, 자살, 살인, 심혈관 질환, 고혈압, 간질환, 악성 종양, 뇌혈관 질환 등 11개 주요 사망 원인에 대한 남녀 사망률의 차이를 조사했다. 그 결과, '모든' 사망 원인에 대해 '모든' 연령대에서 남성이 더 많이 사망한다는 사실이 뚜렷하게 확인되었다. 특히 남성이 성적으로 성숙해서 배우자를 얻기 위한 경쟁에 막 뛰어드는 시기인 청년기에 남녀 사망률의 차이가 가장 컸다. 미국에서 남녀 사망률의 편차가 가장 심한 경우는 75~79세의 노인 사이에 여성 한 명 당 남성 아홉 명이 자살하는 것이었다. 그 다음은 20~24세의 청년기에 여성 한 명당 남성 약 여섯 명이 살해당하는 것이었다. 누군가가 남성인지 여부는 선진국에서 젊은 나이에 사망을 초래하는 가장 강력한 인구통계학적 위험 요인이라는 것이 크루거와 네쓰의 논문이 내린 결론이었다.[49]

(2) 짝짓기를 둘러싼 남성과 여성 사이의 갈등

남성과 여성은 물론 서로 협력해야만 번식에 성공할 수 있다. 특히 인간은 갓난아기가 어른으로 성장하기까지 걸리는 시간이 다른 어느 유인원보다 더 길다. 이십 년에 가까운 이 기간 동안 남성과 여성이 긴밀하게 힘을 합쳐야만 자식을 통해 두 사람의 유전자를 함께 후대에 전달할 수 있다. 그러나 서로 유전자를 공유하지 않는 남성과 여성 사이에는 한편으로 갈등이 빈번하게 일어난다. 자신의 생존보다 번식을 증진하기 위해 남성과 여성은 각자 짝짓기에 대한 심리적, 행동적 적응들을 진화시켰다. 남성과 여성의 상이한 성 전략이 충돌하여 종종 심각한 고통과 슬픔, 괴로움을 서로에게 가하게 된다.

이성 간에 벌어지는 갈등의 유형은 다양하다. 예컨대 성관계 행위

자체와 시기를 둘러싼 갈등, 성폭력을 둘러싼 갈등, 배우자의 불륜 단서 때문에 생겨나는 질투 갈등, 배우자의 짝짓기 행동을 제안하는 배우자 감시를 둘러싼 갈등 등이 있다. 성적 갈등에 대해서는 진화심리 학자 데이비드 버스David Buss의 연구를 포함하여 흥미로운 연구 성과들 이 대단히 많이 축적되어 있으므로 이들을 다 언급하기란 불가능하다.[50] 여기서는 하나의 예로서 상대방의 성적 의도를 추론하는 문제에서 남성과 여성 사이에 벌어지는 갈등을 간략히 살펴보고자 한다.

남녀 간의 갈등이 불거지는 주요한 원인 하나는, 여성은 상대방에게 성적 관심이 없는데 남성은 여성이 자신에게 성적 관심이 있다고 지레짐 작하는 경향이 있다는 사실이다. 이 현상은 실험을 통해 입증되었다. 한 연구에서는 일단의 대학생들에게 남학생 한 명과 여학생 한 명이 함께 공부하는 사진을 보여준 다음, 사진 속의 여학생의 의도를 추측해 달라고 요청했다.[51] 남성들은 사진 속의 여학생이 섹시해 보이거나 남자를 유혹하려는 의도를 상당히 보이고 있다고 평가했다. 반면에 똑같은 사진을 본 여성들은 사진 속의 여학생이 섹시해 보이거나 상대를 유혹하려는 의도는 별로 없어 보인다고 답했다. 즉 남성은 여성이 그냥 짓는 웃음이나 단순한 친절을 두고 자신에 대한 성적인 관심을 표명하는 것으로 해석하는 경향이 있다.

남성들의 이러한 성적 과지각 편향(sexual overperception bias)이 현실 세계에서 입증된 사례가 있다. 1990년대 미국의 한 대형 슈퍼마켓 체인이 새로운 고객 서비스를 도입했다. 매장 내 모든 직원은 고객을 보면 반드시 눈을 마주치면서 미소를 지으라고 명령했다. 또한 계산대에 서 고객이 신용카드를 내밀면, 계산대의 직원은 고객의 이름을 훑어본 다음에 웃으면서 "아무개 고객님, 저희 매장에서 쇼핑해주셔서 감사합니다"라고 인사를 하라고 지침을 내렸다. 이 서비스는 뜻밖의 사태를 가져왔다. 여직원이 자기 이름까지 부르면서 미소를 지어주자 상당수의 남성 고객은 여직원이 자신에게 반했다고 확신하고 여직원에게 성적 농담을 던지고 노골적으로 유혹하기 시작했다. 심지어 스토킹을 하는 고객도 생겼다. 결국 견디다 못한 몇몇 여직원이 슈퍼마켓 체인을 성희롱 조장 혐의로 고소했고 이 서비스는 폐기됐다.[52]

내게 단순히 친절을 베푸는 건지 아니면 은밀한 성적 의도를 암시하는 건지 애매하다면, 남성은 일단 성적인 의도를 읽어내고 본다. 우리의 남성 조상들이 이러한 인지적 편향 덕분에 극히 드물게나마 성관계 기회를 붙잡을 수 있었다면, 남성의 인지 체계는 여성의 성적 관심을 추론해내는 역치가 낮아지는 방향으로 진화했을 것이다. 요컨대 남성 자신의 번식 성공도를 높이고자 진화한 남성의 심리적 적응인 성적 과지각 편향이 많은 경우 여성에게 성희롱으로 이어질 수 있는 고통을 준다.[53]

3) 설계상의 절충

신체 설계상의 뚜렷한 결함처럼 보이는 것들 가운데 상당수는 실수가 아니라 상충되는 요구들을 절충한 결과이다. 예컨대 우리들이 지닌 팔의 뼈 두께가 현재보다 세 배 더 굵다고 가정해 보자. 팔의 뼈가 부러질 일은 절대로 없겠지만, 그 두꺼운 뼈를 유지하는 데 필요한 칼슘을 섭취하기 위해서 우리 조상들은 먹지도 자지도 못하고 사냥과 채집을 하다 지쳐서 쓰러졌을 것이다. 지금보다 열 배 더 민감한 귀는 멀리서 속닥거리는 사람들의 대화 내용을 알아내는 데 유용했을지 모른다. 하지만 고막을 때리는 공기 분자들이 내는 찢어질 듯한 소음에 우리 조상들은 넌더리를 냈을 것이다.

이러한 절충은 모든 적응에서 필연적으로 내재한다. 유전자 수준에서 타협이 이루어지는 경우도 있다. 어떤 새로 생긴 돌연변이 유전자가 평균적으로 번식상의 이득을 준다면, 설사 이 돌연변이 대립유전자만 두 개를 지닌—즉 동형접합체(homozygote)인— 사람이 특정한 질병에 취약할지라도 자연 선택은 이 돌연변이 대립유전자를 선택한다. 유명한 예를 들어 보자. 낫형 적혈구를 만드는 돌연변이 대립유전자를 두 개 지닌 사람들은 낫형 적혈구 빈혈증이 주는 끔찍한 고통에 시달리며 일찍 죽는다. 기존의 대립유전자만 두 개 지닌 사람들은 말라리아에 걸리기 쉽다. 그러나 낫형 적혈구 대립유전자와 기존 대립유전자를 하나씩 지닌 사람은 빈혈증에 걸리지도 않으며 말라리아에 대한 저항성도 지닌다. 즉 낫형 적혈구 대립유전자가 두 개가 있을 때는 빈혈증을 일으키긴 하지만, 하나만 있을 때는 말라리아에 걸리지 않게 해준다.

괴로움의 주요한 원천으로 불교에서 받아들여지는 늙음도 설계상의 절충으로 설명된다. 우선 노화(aging)와 노쇠(senescence)를 구별할 필요가 있다. 노화는 태어나면서부터 시작되며, 시간의 이행에 따라 자연스럽게 나이를 먹는 과정을 의미한다. 반면에 노쇠는 사람이 노년기에 접어들면서 신체 기능이 악화되고, 여러 질병에 걸릴 위험성이 증가하고, 조직 손상을 복구하는 능력이 떨어지는 현상이 동시다발적으로 나타남을 의미한다. 그러므로 우리의 관심사는 노화가 아니라 노쇠이다.[54]

우리는 왜 노쇠하는가? 의학의 획기적인 진보에 대한 희망 섞인 관측들에도 불구하고, 옛날이나 지금이나 100세가 되면 99%의 사람들이 죽고 115세가 되면 거의 모든 이들이 죽는다. 지난 수백 년 동안

한 사람이 평균적으로 사는 기간(평균 수명)은 영아 사망률의 급감 덕분에 꾸준히 늘어났다. 그러나 한 사람이 최대한 사는 기간(최고 수명)은 늘어나지 않았다. 100년 전에도 몇몇 사람들은 115살까지 살았고, 오늘날에도 이 수치는 변하지 않았다. 의학이 이룩한 모든 업적들에도 불구하고 인간의 최고 수명은 별로 늘지 않았다.

1957년에 진화생물학자 조지 윌리엄스는 노쇠를 설명하는 다면 발현 이론(pleiotrophic theory)을 제안했다.[55] 다면 발현이란 하나의 유전자가 둘 혹은 그 이상의 효과를 만들어 내는 것을 말한다. 노년기엔 노쇠라는 손실을 일으키는 유전자가 만약 자연 선택의 힘이 상대적으로 더 강력한 이전 시기에는 이득을 준다면, 이 다면 발현 유전자는 결국 선택될 것이라는 이론이다. 예를 들어 칼슘 대사를 관장하여 뼈를 빨리 굳게 해주는 한편, 동맥 내벽에는 칼슘을 천천히 축적시키는 가상의 유전자를 상상해 보자. 이 유전자는 어린이들에게는 이득이 되기 때문에 선택될 것이지만, 그중 극히 일부는 노년기에 이르러 동맥질환을 일으키는 불이익을 준다. 어떤 유전자가 100살이 되어서야 비로소 작동을 개시하여 모든 사람들을 죽인다 하더라도, 이 유전자가 유년기나 청년기에 아주 사소한 이득만 제공해 준다면 전파될 수 있다.

노쇠에 대한 진화적 관점은 노쇠가 언젠가는 '치료되어' 사람들이 150살이 되도록 건강하고 기운차게 운동할 수 있을 것이라는 희망을 꺾어버린다. 노쇠를 전문적으로 담당하는 유전자가 어떤 이유에서든지 자연 선택에 의해 진화했기 때문에 노쇠가 일어나는 것이 아니라, 청춘기에 활력을 제공하고 그 비용을 노년기에 이르러 부과하는 수많은 유전자들이 동시다발적으로 작용함에 따른 부수적인 결과가 노쇠이기 때문이다. 다행이건 불행이건 간에 그 어떤 의학상의 혁신도 우리의

수명을 극적으로 늘려주진 못한다.[56]

4) 과거의 수렵-채집 환경과 현대의 새로운 환경과의 부조화

앞의 2장 3절 '진화된 심리적 적응의 특성'에서 이미 짚어 보았듯이, 우리의 수백만 년 전 아프리카의 수렵-채집 생활에서 우리 조상들이 직면했던 적응적 문제들을 잘 해결하게끔 진화하였다. 우리의 마음이 현대의 새로운 환경에서도 반드시 번식 가능성을 증대시키는 것은 아니다. 그러기는커녕 단 것을 몹시 좋아하는 성향이 비만과 성인병을 일으키는 예에서 알 수 있듯이, 오히려 해롭고 고통스러운 결과를 낳기도 한다. 마찬가지로, 상당수의 사람들이 약물 중독이나 알코올 중독에 시달리는 것도 현대의 비정상적인 환경에서 그 이유를 찾을 수 있다. 이 절에서는 향정신성 약물 중독에 따른 괴로움을 살펴본 다음에 대중매체가 조장하는 극심한 경쟁에 따른 괴로움을 살펴보자.

(1) 향정신성 약물에 대한 중독

인류학적 기록이나 사료를 보면 아편이나 니코틴, 알코올 등 향정신성 약물은 인류 역사 내내 꾸준히 사용되었음을 알 수 있다. 대다수 향정신성 물질은 식물이 해충이나 초식동물을 쫓아내기 위해 만든 방어용 무기다. 이들은 대개 신경계에 작용하는데, 그중 어떤 것들은 예기치 않게 인간에게 쾌감을 주게 된다. 술에 쉽게 빠져드는 성향을 예로 들어 설명해 보자. 우리 인간을 포함하여 대다수 영장류는 주로 열매를 먹고 사는 이른바 과식果食 동물이다. 영장류가 선호하는 잘 익은 열매에는 당분과 에탄올이 많이 들어 있다. 실제로 열매에서 나는 방향성의 에탄올 향기는 그 열매가 지금 잘 익은 상태임을 알려주는 신빙성 있는 단서가 된다. 인간을 포함하여 영장류는 수백만 년 전부터 잘 익은 열매를 통해 낮은 농도의 에탄올을 섭취했다. 즉 인간은 잘 익은 열매에 들어 있는 낮은 농도의 에탄올을 선호하는 심리적 적응을 진화시켰다.[57]

잘 익은 열매에 포함된 에탄올 함량은 대개 0.6% 정도에 불과하다. 열매를 섭취함에 따라 상승하는 혈중 알코올 농도는 겨우 0.01%이며, 이는 법적인 음주 기준으로 보통 쓰이는 0.08%에 한참 못 미친다. 그러므로 집집마다 원시적인 장비를 갖추고 과실주나 발효주를 작은 단지에 담궜던 농경 사회 시절에는 알코올 중독자가 처음부터 존재할 수 없었다. 증류주가 발명되고 맥주 통이나 포도주 병처럼 고농도의 술을 오랜 기간 저장하고 안전하게 운송하는 수단이 발전함에 따라 알코올 중독은 현대의 중요한 문제가 되었다. 즉 진화의 결과로서 우리는 잘 익은 열매를 선호하는 심리가 발달했지만, 고농도의 알코올을 제조하고 쉽게 구입할 수 있는 현대에 들어서는 독한 술에 탐닉하고 중독되는 현상이 부산물로서 나타나게 되었다.

알코올이 아닌 다른 약물 중독도 마찬가지로 설명할 수 있다. 현대의 발달된 기술 덕분에 아편에서 헤로인을 만들거나 코카인에서 크랙을 만들기가 매우 쉬워졌고, 이런 농축물들에 우리는 자연물질보다 더 빨리 중독된다. 주사기가 발명되면서, 먼 과거처럼 소량의 약물들을 입이나 코를 통해 흡입하는 것이 아니라 피하지방층 아래에 대량의 약물을 주사하는 것이 가능하게 되었다. 목을 거의 자극하지 않도록 새로 품종 개량된 담뱃잎을 재료로 하여 담배를 대량 생산함에 따라 니코틴 중독의 발생 빈도가 크게 늘어났다. 약물에 중독될 가능성은 오랜 기간 우리 인류에게 있어 왔지만, 현대의 낯선 환경으로 인하여

약물 중독에 의한 폐해가 유례없이 심화되고 있는 것이다.[58]

(2) 대중 매체가 조장하는 거대한 경쟁에 따른 심리적 문제

수백만 년 전 아프리카의 사바나 초원에서 수렵-채집 생활을 했던 우리의 진화적 조상들은 50명에서 최대 200명에 불과한 혈연 기반의 작은 집단에서 삶을 영위했다. 집단 내의 모든 사람들은 서로 친척이나 인척으로 연결된 가까운 사이였으며, 매일 얼굴을 맞대며 자주 어울리곤 했다. 이와 대조적으로 현대인은 대개 수십만 명에서 수백만 명에 이르는 생면부지의 남들과 거대 도시에서 함께 살고 있으며, 짧고 형식적인 상호 작용이 주를 이룬다. 우리의 먼 조상들은 기껏해야 10~20명의 배우자 후보군으로부터 평생 배필을 선택했을 것이다. 반면에 현대인들은 수백에서 수천 명의 배우자 후보군에 의해 둘러싸여 있다. 최첨단 화장술, 사진술, 성형 수술, 컴퓨터 그래픽 편집 기술의 힘을 빌려 비현실적으로 매력적인 자태를 뽐내는 연예인과 모델들의 이미지가 TV, 영화, 인터넷 등 대중매체를 통해 일상에 깊이 침투한다. 우리의 조상들은 대가족 내에서 가까운 혈연뿐만 아니라 먼 혈연과도 빈번히 상호 작용했다. 반면에 현대인들은 주로 핵가족을 이루어 살며 먼 혈연을 만나는 빈도는 현저히 줄어들었다. 이처럼 큰 불일치가 현대인들의 생활에 미처 예상하지 못한 심리적 문제를 일으키리라는 것은 쉽게 짐작할 수 있다.[59]

TV, 영화, 인터넷 같은 대중매체가 조장하는 거대한 경쟁 무대는 친밀한 사회적 관계를 파괴하는 데 일조하고 있다. 경쟁은 더 이상 백여 명 남짓한 친인척 혹은 이미 알고 있는 사람들 사이에서 일어나지 않는다. 경쟁은 전 세계 오십억 명 사이에서 항상 벌어지는 일이 되었다.

진화심리학자 더글러스 켄릭Douglas Kenrick은 대중매체를 도배하는 연예인들의 매혹적인 외모가 실제 애인이나 배우자와의 관계에 악영향을 끼칠 수 있음을 입증했다.[60] 한 남성 집단에겐 지극히 매력적인 여성 연예인들의 사진을 보여주고, 다른 남성 집단에겐 평범한 외모의 여성들 사진을 보여주었다. 그러고 나서 참여자들이 현재 사귀고 있는 여자 친구에게 얼마나 깊이 빠져 있는지 질문했다. 마찬가지로 여성들에게도 매력적인 외모를 지닌 남성 연예인들 혹은 일반 남성들의 사진을 보여준 다음에 현재 사귀고 있는 남자 친구를 얼마나 사랑하는지 물었다.

그 결과, 뚜렷한 성차가 보고되었다. 예쁜 여자 연예인들의 사진을 본 남성들은 자신의 여자 친구에 대한 사랑이 평범한 일반 여성들의 사진을 본 남성들에 비해 확연히 낮은 것으로 나타났다. 반면에 여성들이 현실 속의 남자 친구에게 품는 사랑은 잘생긴 남성 연예인의 사진들을 보건 평범한 남성들의 사진들을 보건 간에 차이가 없었다. 즉 화장술이나 성형 수술의 도움을 받아 눈부시게 빛나는 외모를 뽐내는 여성 연예인들의 대중매체 속 이미지에 영향을 받은 남성들은 정작 자신이 사랑해야 할 실제 연인이나 아내에게 만족을 하지 못하고 헌신하길 꺼리는 어려움을 겪게 된다.

켄릭은 후속 연구를 통해 여성들은 대중매체에 나오는 매력적인 남성 이미지에 의해서는 자기 남자 친구에 대한 사랑이 흔들리지 않지만, 비현실적으로 부유하고 지위가 높은 남성 이미지에 의해서는 자기 남자 친구에 대한 사랑이 감소함을 확인하였다.[61] 그는 참여자들에게 사회적 지위가 매우 높은 혹은 낮은 이성의 사진들을 보여준 다음에 이것이 실제 애인에 대한 사랑에 영향을 끼치는지 조사했다. 남성

참여자들은 지위가 매우 높은 여성 이미지를 본 다음에도 실제 애인에 다한 사랑은 변치 않았다. 반면에 재벌 2세나 고소득 전문직 남성들의 이미지를 본 여성들은 실제의 남자 친구에 대한 애정이 현저히 낮아졌다. 이러한 연구결과는 대중매체를 통해 거대한 경쟁의 장을 만들고 있는 현대의 새로운 환경요인이 자신의 곁에 있는 배우자와의 친밀한 관계를 무너뜨리고 있음을 암시한다.

4. 맺음말

대다수 사람들은 삶이란 본래 즐겁고 행복하다고 믿는다. 행복한 삶이 정상이고, 불행한 삶은 뭔가 고장이 난 비정상이라고 믿는다. 이는 다윈 이전의 세계관이다. 자연 선택은 우리를 행복하게끔 설계하지 않았다. 그렇다고 불행하게끔 설계하지도 않았다. 자연 선택은 서로 경쟁하는 대립유전자들 가운데 후대에 복제본을 상대적으로 더 많이 남기는 유전자를 맹목적으로 선택하는 과정이다. 어떠한 계획도 목표도 없다. 물론 자연 선택되는 유전자들 가운데 어떤 것들은 우리로 하여금 맛있는 음식, 안식처, 매력적인 이성, 사랑스런 가족, 믿음직한 친구를 소망하게 하고 그 욕구가 충족되면 쾌락을 느끼게끔 해준다. 이런 활동들을 추구한 사람들의 생존과 번식 가능성이 증대되어서 결국 그런 유전자가 후대에 잘 전달되었기 때문이다. 행복은 인간에게는 목표일지 몰라도, 자연 선택에게는 목표가 아니라 수단일 뿐이다. 만약 우리로 하여금 특정한 상황에서 불행을 맛보게 만들어서 다음 세대에 잘 전파되는 유전자가 돌연변이에 의해 생겨났다면, 그 유전자는 당연히 자연 선택될 것이다. 행복도 불행도 자연 선택에게는 수단에 불과하다.

진화심리학은 우리의 삶을 불행하게 하고 고통을 안겨주는 주요한 장애물들이 어디에서 기원했는지 중요한 시사점을 제공해준다. 첫째, · 질투나 불안, 두려움, 분노, 슬픔, 우울 같은 부정적 정서는 우리에게 괴로움을 주게끔, 그래서 당면한 문제에 대한 유용한 해결책을 시급히 찾게끔 자연 선택에 의해 설계된 심리적 적응이다. 둘째, 건강이나 생존을 도외시하고 위험한 일에 무모하게 뛰어들어 때론 어이없는 사망에 이르게 하는 생리적, 행동적 특성은 자연 선택이 생존이 아니라 번식 성공도를 최대화하는 과정이기 때문이다. 셋째, 노쇠와 같은 괴로움은 자연 선택이 상충되는 요구들 사이에 접점을 찾기 위한 절충이다. 넷째, 대중매체가 조장하는 거대한 경쟁 체계와 그에 따른 사회적 유대관계의 약화는 과거의 환경과 현대의 새로운 환경 사이의 불일치에서 유래한다.

이상과 같은 괴로움의 원천들이 우리에게 부과하는 불행을 피하고 행복을 증진하기 위한 작업은 물론 결코 쉽지 않으리라 추정된다. 말할 필요조차 없이, 우리 삶의 괴로움이 왜 존재하게 되었는가에 대한 정확한 대답을 진화의 렌즈를 통해 잘 찾아낸다면 이를 토대로 삶의 괴로움을 실질적으로 덜기 위한 여러 가지 효과적인 방안들도 어렵지 않게 수립할 수 있을 것이다.

삶이 괴롭고 고달픈 이유

권석만(서울대학교 심리학과)

대한민국은 유사 이래 최고의 국가적 번영을 누리고 있다. 한국전쟁의 폐허 위에서 한강의 기적을 이루며 경제 발전을 일구어 세계 10위권의 경제 강국으로 성장했다. 국민 1인당 소득도 2만 불을 뛰어넘어 3만 불 시대를 향해 나아가고 있다. 많은 사람들의 희생이 있었지만 정치 민주화까지 이루어 국민들은 독재의 억압에서 벗어나 자유로운 삶을 영위하고 있다. 모든 국민이 고등교육의 혜택을 받게 되어 국민 교육 수준은 세계 최고 수준이며 인터넷 보급률 또한 높아서 일상생활이 놀라울 정도로 편리해졌다. 이처럼 대한민국은 지난 반세기 동안에 기적과 같은 국가적 발전을 통해 선진국의 반열에 올랐다.

그런데 한국인의 삶은 괴롭고 고달프다. 마음의 상처를 입은 사람들이 많아서 사회적으로 '힐링'이 필요한 시대라고들 한다. 한국인의 자살률은 OECD 국가 중에서 지난 8년 동안 연속 1위이다. 통계청 자료에 따르면, 최근에 매년 약 15,000명이 자살로 사망하고 있으니, 하루 평균 40명이 자살하고 있는 셈이다. 이혼율 역시 매우 높아서 미국과 1~2위를 다투고 있으며 매년 약 115,000쌍이 이혼하고 있다. 국민 전체의 행복도는 OECD 국가 중에서 중하위권이며, 청소년의 행복도는 조사 대상 OECD 23개국 중에서 지난 4년간 연속 꼴찌이다. 최근에 시행된 정신질환실태 역학조사에 따르면[1], 18세 이상의 성인 중에서 최근 1년간 한 번 이상 정신 장애를 경험한 사람은 전체 인구의 16%인 588만 명으로 추정되고 있다. 최근 몇 년 동안 우울증과 불안 장애를 비롯한 정신 장애의 유병률이 증가하는 추세를 나타내고 있다. 자살의 경우, 한국인 성인의 15.6%가 평생 한 번 이상 심각하게 자살을 고려한 적이 있으며, 최근 1년 사이에만 한 번 이상 심각하게 자살을 고려한 사람이 3.7%로 나타났다. 이러한 통계자료를 차치하더라도, 우리의 주변을 돌아보면 한국인의 삶은 참으로 괴롭고 고달프다. 유아기부터 아동들은 공부의 압력에 시달리고, 중고등 학생은 입시 경쟁과 학업 부담의 중압감에 시달리며, 청년은 치열한 취업 경쟁에 시달린다. 직장인은 세계 최고 수준의 직무 스트레스에 시달리고, 중년은 퇴직 불안에 시달리고, 노년은 가난·고독·질병의 삼고三苦에 시달린다.

한국인의 삶은 왜 이렇게 괴롭고 고달픈 것일까? 인간의 삶이 본래 이렇게 괴롭고 고달픈 것일까? 한국인이 유난히 고달프게 살고 있는 것일까? 그러나 한국인 모두가 괴롭고 고달프게 사는 것은 아니다. 그렇다면 어떤 사람들이 괴로움을 더 많이 겪는 것일까? 과연 인간이 겪는 고통에는 어떤 것들이 있을까? 그리고 그러한 고통이 발생하는 원인은 무엇일까?

우리가 경험하는 고통의 원인은 세 수준으로 나누어 살펴볼 수 있다.

그 첫째는 인간이기 때문에 겪을 수밖에 없는 고통, 즉 인류 보편적 고통이다. 인생은 고해苦海라는 말이 있듯이, 모든 인간의 삶에는 다양한 고통이 보편적으로 존재한다. 둘째는 특정한 집단에 속해 있기 때문에 겪게 되는 집단 공유적 고통이다. 한국인으로 태어나 21세기의 한국 사회에 살고 있기 때문에 그 시대적·사회적 상황에 의해 겪게 되는 고통이 있다. 또한 특정한 집단이나 가족에 속해 있기 때문에 겪게 되는 다양한 유형의 집단 공유적 고통이 존재한다. 마지막으로, 개인만이 경험하는 특수한 고통이 존재한다. 동일한 부모 밑에서 성장한 형제자매도 각자의 서열에 따라 나름대로의 아픔과 좌절을 경험한다. 인간은 누구나 독특한 성격과 경험을 지닌 존재로서 자신만의 독특한 상황에서 개인적인 특수한 고통을 겪게 된다.

이 글은 심리학의 관점에서 인간의 괴로움과 그 원인을 살펴보기 위한 것이다. 먼저 인간이 경험하는 다양한 괴로움의 유형을 살펴보고, 그러한 괴로움이 유발되는 원인을 위에서 언급한 세 가지 차원에서 살펴보고자 한다.

1. 우리의 삶을 고달프게 만드는 다양한 괴로움

인간에게 있어서 괴로움을 여의고 즐거움을 얻으려는 이고득락離苦得樂의 욕구만큼 기본적인 것은 없다. 인간의 삶은 고통을 회피하고 안락을 추구하는 과정이라고 할 수 있다. 행복은 고통이 최소화되고 안락이 최대화된 삶의 상태라고 할 수 있다.

그런데 불행하게도 우리의 삶에는 고통이 많다. 심리학에서는 인간이 겪는 괴로움을 주관적 불편감, 부정 정서, 스트레스, 정신 장애, 실존적 불안과 같이 맥락에 따라 다양하게 지칭하고 있다. 어떠한 경우든 괴로움은 두 가지의 공통 요소를 지닌다. 그 첫째는 불쾌하거나 괴롭다고 느끼는 주관적인 심리적 경험이라는 점이다. 동일한 자극에 대해서 느끼는 불쾌감의 정도가 사람마다 다르다는 점에서 괴로움은 매우 주관적인 경험이라고 할 수 있다. 다른 하나는 회피 동기로서 괴로움에서 벗어나기 위한 행동을 유발한다는 점이다. 괴로움에서 벗어나기 위해 시도하는 회피 행동이 사람마다 다를 수 있는데, 그 결과에 따라 괴로움이 현저하게 완화될 수도 있고 더욱 심각하게 가중될 수도 있다.

1) 불쾌 감각

우리를 괴롭게 만드는 가장 일차적인 경험은 불쾌 감각이다. 불쾌 감각(unpleasant sensation)은 추한 모습, 시끄러운 쇳소리, 썩은 음식의 냄새와 맛, 날카로운 송곳을 접촉했을 때와 같이 오감을 통해 경험되는 불쾌하고 괴로운 감각을 의미한다. 불쾌 감각은 오감을 통해 직접적으로 경험되는 순수한 불쾌 경험에서부터 의미부여 과정이 개입되어 체험되는 복합적인 불쾌 경험에 이르기까지 다양하다. 이러한 불쾌 감각을 자주 강하게 느끼거나 이를 회피할 수 없는 부자유한 상태에 처했을 때 괴로움이 가중된다.

통증(pain)은 우리의 삶을 고통스럽게 만드는 대표적인 불쾌 감각이다. 특히 신체적 손상과 질병으로 인해서 지속되는 강렬한 통증은 가장 대표적인 괴로움 중 하나이다. 이러한 통증은 감각뿐만 아니라 정서와 인지가 개입되는 복합적인 불쾌 경험으로 알려져 있다. 통증의 심리적 과정을 설명하는 통로제어이론(gate control theory)[2]에 따르면, 통증은 매우 주관적인 경험으로써 감각 차원, 정서-동기 차원, 그리고 인지-평가 차원으로 구성된 다차원적인 경험이다. 통증 정보는 세 경로를 통해서 뇌 중추에 전달되는데, 첫 번째 경로는 감각 자극이 뇌의 시상(thalamus)에 이르는 경로로서 통증의 감각적 차원(통증부위, 통증강도, 지속기간 등)을 결정한다. 두 번째는 뇌의 망상체와 변연계를 활성화시키는 경로로서 통증의 정기-동기적 차원(불쾌감, 회피동기 등)을 결정한다. 마지막 세 번째는 대뇌피질로 전달되는 경로로서 통증의 인지-평가적 차원(원인, 치료가능성 등)에 영향을 미친다. 이처럼 불쾌 감각에 의해 괴로움들은 대부분의 경우 정서와 인지가 개입하는 복합적인 불쾌 경험이라고 할 수 있다.

2) 부정 정서

부정 정서(negative emotion)는 우울, 불안, 분노와 같이 우리의 삶을 고통스럽게 만드는 복합적인 심리적 경험이다. 일반적으로 감각은 지속기간이 짧고 특정한 자극과 연결되어 있는 단순한 것인 반면, 정서(emotion)는 외부 사건에 의해 촉발된 심리적인 상태로서 쾌-불쾌의 느낌뿐만 아니라 특징적인 생리적, 인지적, 행동적 반응을 유발한다는 점에서 좀 더 복합적인 지속적 경험이라고 할 수 있다.

정서는 매우 다양하지만 크게 기본 정서와 복합 정서로 구분될 수 있다. 기본 정서는 모든 인간에게 공통적으로 나타나는 원형적 감정을 뜻하는 반면, 복합 정서는 기본 정서의 조합에 의해 파생되는 감정을 의미한다. 기본 정서의 분류에 초점은 맞추어 온 심리학자들(Plutchik, 1980; Ekman, 1993)은 기본 정서의 수를 7~10개 정도로 추정하고 있다. Plutchik(1980)에 따르면, 인간의 기본 정서는 공포(fear), 분노(anger), 기쁨(joy), 슬픔(sadness), 혐오(disgust), 놀람(surprise), 수용

(acceptance), 기대(expectancy)의 8가지 유형으로 구성되며, 복합 정서
는 이러한 기본 정서의 혼합에 의해 생성되는 것이다. 예를 들면, 사랑은
기쁨과 수용, 실망은 슬픔과 놀람, 경멸은 혐오와 분노, 낙관은 기대와
기쁨이 혼합된 것이다. 모든 정서는 강도나 흥분 정도에 따라 연속선상
에 놓일 수 있는데, 예를 들어 분노는 그 강도에 따라 격노-분노-짜증으
로 구분될 수 있다.

  인간이 경험하는 다양한 정서는 두 개의 차원, 즉 유쾌-불쾌 차원과
흥분-이완 차원에서 구분될 수 있다(Russell, 1980). 개별 정서는 그
유쾌-불쾌 정도와 흥분-이완 정도에 따라 〈그림 1〉과 같은 2차원 공간의
위치에 배열할 수 있다. 〈그림 1〉의 왼쪽에는 우리의 삶을 고통스럽게
만드는 불쾌한 부정 정서(불안, 공포, 우울, 절망, 분노, 자괴감, 죄책감,
질투, 시기, 후회, 권태감 등)가 다양하게 분포되어 있다. 우리는 일상의
삶 속에서 정서 공간의 4분면을 이리저리 옮겨 다니며 다양한 감정을
경험한다. 불행한 사람은 주로 왼쪽의 불쾌 정서 속에서 살아가는
반면, 행복한 사람은 오른쪽의 유쾌 정서 속에서 살아간다. 지옥地獄은

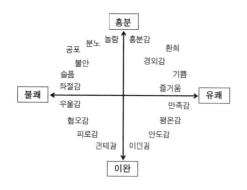

〈그림 1〉 정서의 2차원 모델

왼쪽의 정서 공간에 위치하고 극락極樂은 오른쪽의 정서 공간에 존재한다. 이고득락은 정서적 주거지를 왼쪽에서 오른쪽의 정서 공간으로 옮기는 노력이라고 할 수 있다.[3]

부정 정서는 부정적인 생활 사건에 대한 심리적 반응으로 촉발된다. 우리의 삶에는 부정 정서를 촉발하는 부정적인 생활 사건이 무수하게 많다. 어린 시절에 부모로부터 받은 학대나 차별, 부모의 반목과 가정의 불화, 부모-자녀의 갈등적 관계, 부모의 사망이나 이혼, 형제자매 간의 갈등이나 경쟁, 학업에서의 좌절이나 실패, 이성 관계에서의 갈등과 실연, 육체적인 질병이나 손상, 직장에서의 좌절이나 실직, 직장동료와의 갈등, 사업의 실패나 경제적 곤란, 친구나 동료들로부터의 따돌림과 소외 등 수없이 많은 부정적 사건들이 우리의 삶을 고통스럽고 불행하게 만든다. 이러한 사건을 경험하게 될 때, 우리는 우울, 절망, 불안, 공포, 분노, 수치심, 죄책감, 시기, 질투, 후회, 미련과 같은 다양한 부정 정서를 경험하게 된다. 그러나 이러한 생활 사건에 대한 의미부여 방식에 따라 우리의 정서는 현저하게 변화될 수 있다.

3) 정신 장애

부정 정서가 매우 강렬하거나 오랜 기간 지속되면 심한 심리적 고통을 야기할 뿐만 아니라 심리적 기능의 전반에 부정적인 영향을 미치게 된다. 이러한 심리적 고통이 심각하여 개인이 견디기 어렵다고 느끼거나 일상생활을 저해하는 다양한 심리사회적 부적응을 초래할 경우에 정신 장애(mental disorder)라고 지칭되기도 한다. 정신 장애의 주요한 진단 기준은 주관적 불편감과 고통(subjective discomfort and distress)이다. 개인이 자신 또는 자신이 처한 상황에 대해서 불편하거나 고통스럽다고 느끼는 주관적인 심리적 상태로서 이러한 상태가 심각하여 스스로 조절하거나 견디기 어렵다고 느낄 경우에 정신 장애라고 할 수 있다. 정신 장애로 진단하는 주요한 다른 기준은 사회적 부적응이다. 개인의 심리적 상태로 인해서 학업이나 직업 활동, 사회적 역할의 수행, 그리고 중요한 일상생활에 심각한 손상을 유발할 경우에 정신 장애로 진단될 수 있다. 이러한 정신 장애는 개인의 심리적 고통과 사회적 부적응이 심각하기 때문에 심리치료나 약물치료의 도움이 필요한 삶의 상태라고 할 수 있다.

세계적으로 가장 널리 사용되고 있는 정신 장애 분류체계는 미국정신의학회에서 발간하는 『정신 장애의 진단 및 통계 편람(Diagnostic and Statistical Manual of Mental Disorders)』이다. 1952년에 첫판이 발표된 이후로 임상적 연구의 축적과 함께 간헐적으로 개정되고 있는데, 최근에 다섯 번째 개정판인 DSM-5(American Psychiatric Association, 2013)가 발간되었다. DSM-5에서 제시하고 있는 주요한 정신 장애를 간략히 살펴보면 다음과 같다.[4]

불안 장애(anxiety disorders)는 불안과 공포를 주된 증상으로 나타내는 장애로서 그 양상에 따라 여러 가지 하위 유형으로 구분된다. 미래에 일어날 수 있는 크고 작은 위험의 가능성을 지나치게 높게 평가함으로써 과도한 불안과 불필요한 걱정에 휩싸여 심리적 고통을 겪게 되는 범汎불안 장애(generalized anxiety disorder), 특정한 대상(예: 뱀, 개, 거미)이나 상황(예: 높은 곳, 폭풍)에 대해서 과두한 공포를 느낄 뿐만 아니라 이러한 대상과 상황을 회피함으로써 심한 불편감과 일상생활의 곤란을 겪게 되는 특정 공포증(specific phobia), 특정한 장소나 공간(예: 쇼핑센터, 극장, 운동장, 엘리베이터, 지하철)에 대한 공포와 회피 반응을 나타내

는 광장공포증(agoraphobia), 다른 사람이 보는 앞에서 어떤 일을 수행
해야 하는 사회적 상황에서 심한 불안과 공포를 경험하는 사회불안
장애(social anxiety disorder), 자신의 비정상적인 신체감각을 응급질병
(예: 심장마비, 의식상실)으로 잘못 해석함으로써 갑작스럽게 엄습하는
강렬한 공포를 반복적으로 경험하는 공황 장애(panic disorder), 사랑하
는 애착 대상과 떨어지는 것에 대해서 심한 불안을 나타내는 분리불안
장애(separation anxiety disorder), 특수한 대인 관계 상황에 대한 불안으
로 인하여 말을 하지 않는 선택적 무언증(selective mutism) 등이 불안
장애의 하위 유형으로 분류되고 있다.

청결, 정돈, 확실성, 질서, 도덕 등에 강박적으로 집착하여 그에
어긋나는 상황에 대해서 과도한 불편감을 느끼는 동시에 그러한 상황을
바로잡기 위한 반복적 행동을 나타내는 일련의 장애들이 있는데, 이를
강박 및 관련 장애(obsessive-compulsive and related disorders)라고 한다.
이러한 장애 범주에 속하는 가장 대표적인 장애가 바로 강박 장애
(obsessive-compulsive disorder)이다. 강박 장애는 불편감을 유발하는
부적절한 강박 사고(예: 성적이거나 불경스러운 생각, 더러운 것에 오염될
것에 대한 생각)에 집착하면서 이러한 불편감을 완화시키기 위한 강박
행동(예: 손 씻기, 확인하기, 정돈하기, 숫자 세기)을 반복적으로 나타냄으
로써 일상생활에서 심각한 불편감과 적응 문제를 겪는 장애이다. 이
밖에도 신체 일부가 기형적으로 이상하게 생겼다는 생각(예: 코가 비뚤
어짐, 턱이 너무 김)에 집착하고 이를 위장하거나 개선하기 위한 행동에
몰두하는 신체 변형 장애(body dysmorphic disorder), 불필요한 물건을
과도하게 수집하여 보관함으로써 집이나 직장의 공간을 쓰레기장으로
만드는 수집 장애(hoarding disorder), 스트레스를 받거나 심리적으로

불편감을 느낄 때마다 자신의 머리털을 반복적으로 뽑게 되는 모발 뽑기 장애(hair-pulling disorder)와 자신의 피부를 반복적으로 벗기는 피부 벗기기 장애(skin-picking disorder)가 강박 및 관련 장애에 속한다.

우리는 삶의 과정에서 생명의 위협을 느끼는 자연재해, 화재나 건물 붕괴, 교통사고, 살인사건 등과 같은 충격적인 사건을 경험하게 된다. 이러한 트라우마trauma, 즉 외상 사건을 직접 경험하거나 목격하게 되면 심각한 심리적 충격에 휩싸이게 되지만, 시간이 흐르면 그로부터 회복되어 정상적인 생활을 하게 되는 것이 일반적이다. 그러나 일정한 시간이 흘렀음에도 불구하고 부적응인 심리 상태가 지속되는 경우를 외상- 및 스트레스 사건-관련 장애(Trauma- and Stressor-Related Disorders)라고 한다. 그 가장 대표적인 장애는 외상 후 스트레스 장애 (posttraumatic stress disorder)로서 충격적인 외상 사건(예: 교통사고, 전쟁, 건물 붕괴, 지진, 강간, 납치)을 경험하고 나서 그러한 사건에 대한 고통스러운 경험이 수시로 의식에 침투하여 심한 불편감을 겪을 뿐만 아니라, 이러한 재경험을 회피하기 위한 행동으로 인해서 1개월 이상 일상생활에 심각한 부적응이 지속되는 경우를 말한다. 이밖에도 DSM-5 에서는 아동이 부적절한 양육 환경(애착 형성을 어렵게 하는 양육자의 잦은 변경, 정서적 욕구를 좌절시키는 사회적 방치와 결핍)에서 성장하면서 겪은 애착 외상으로 인해서 정서적 위축과 대인 관계 회피를 나타내는 반응성 애착 장애(reactive attachment disorder)와 반대로 낯선 사람에게 부적절하게 과도한 친밀함과 접근 행동을 나타내는 탈억제 사회 관여 장애(disinhibited social engagement disorder)가 외상 관련 장애로 포함되 고 있다. 아울러 분명한 심리사회적 스트레스 사건(실연, 사업의 위기나 곤란, 가족갈등, 새로운 학교로의 진학, 결혼, 직장에서의 좌절, 은퇴 등)에 대해서 과도한 부적응적 감정과 행동을 나타내는 경우를 뜻하는 적응 장애(adjustment disorder)도 이 장애 범주에 포함되고 있다.

우울증은 '심리적 독감'이라고 지칭될 만큼 정신 장애 중에서 가장 흔한 장애이다. DSM-5의 우울 장애(depressive disorder)는 우울하고 슬픈 기분을 주된 증상으로 하는 다양한 장애를 포함하고 있다. 우울 상태에서는 일상생활에 대한 의욕과 즐거움이 감퇴하고 주의집중력과 판단력이 저하되며 체중과 수면 패턴이 변화할 뿐만 아니라 무가치감과 죄책감, 그리고 죽음이나 자살에 대한 사고가 증가한다. 이러한 우울 장애의 하위 유형에는 심각한 우울 증상이 나타나는 주요 우울 장애(major depressive disorder), 경미한 우울 증상이 2년 이상 장기적으로 나타나는 지속성 우울 장애(persistent depressive disorder), 여성의 경우 월경 전에 우울 증상이 나타나는 월경 전기 불쾌 장애(premenstral dysphoric disorder), 불쾌한 기분을 조절하지 못하는 파괴적 기분 조절 곤란 장애(disruptive mood dysregulation disorder)가 있다.

양극성 및 관련 장애(Bipolar and Related Disorders)는 기분의 변화가 매우 심하여 기분이 고양된 상태와 침체된 상태가 주기적으로 나타나는 일련의 장애를 의미한다. 양극성 장애(bipolar disorder)는 조증 상태와 더불어 우울증 상태가 주기적으로 교차되어 나타나는 장애로서 조울증(manic-depressive illness)이라고 불리기도 한다. 조증 상태에서는 기분이 과도하게 들뜬 고양된 모습을 나타내며 자존감이 팽창되어 말과 활동이 많아지고 주의가 산만해져서 정상적인 일상생활이 불가능하다. 이러한 조증 상태가 간헐적으로 나타나는 경우는 제1형 양극성 장애(bipolar I disorder)라고 지칭되는 반면, 우울증과 더불어 경미한 조증 상태가 반복적으로 나타나는 경우는 제2형 양극성 장애(bipolar II disorder)라고 구분하여 지칭된다. 이밖에도 조증 상태와 우울증 상태가 경미한 형태로 2년 이상 지속적으로 나타는 순환 감정 장애(cyclothymic disorder)가 있다.

정신 장애 중에서 사회적 적응의 가장 심각한 손상을 나타내는 장애가 바로 정신분열증이다. 정신분열증(schizophrenia)은 망상과 환각을 특징적으로 나타낼 뿐만 아니라 이해할 수 없는 혼란스러운 언어, 현저하게 부적절한 기이한 행동, 둔마된 감정이나 사회적 고립을 나타내는 일련의 심각한 부적응 상태를 뜻한다. DSM-5에서는 이러한 증상의 심각도나 지속기간을 달리하는 다양한 유사 장애들을 정신분열 스펙트럼 장애(Schizophrenia Spectrum Disorder)로 분류하고 있다.

이와 같이, DSM-5는 인간이 나타내는 정신 장애를 20개의 유형으로 나누고 그 하위 장애까지 포함하여 300여 개 이상의 장애로 구분하고 있다. DSM-5에서 제시하는 주요한 정신 장애의 범주를 소개하면 〈표 1〉과 같다.

〈표 1〉 DSM-5에서 포함되어 있는 정신 장애 범주의 핵심 증상과 하위 장애

장애 범주	핵심 증상	하위 장애
불안 장애	불안, 공포, 회피 행동	범불안 장애, 특정 공포증, 광장 공포증, 사회 공포증, 공황 장애, 분리 불안 장애, 선택적 무언증 등
강박 및 관련 장애	강박적인 집착, 반복적인 행동	강박 장애, 신체 변형 장애, 저장 장애, 모발 뽑기 장애, 피부 벗기기 장애 등
외상- 및 스트레스 사선-관련 상애	외상이나 스트레스 사건의 경험 이후에 나타나는 부적응 증상	외상 후 스트레스 장애, 급성 스트레스 장애, 반응성 애착 장애, 탈억제 사회관여 장애, 적응 장애 등
우울 장애	우울하고 슬픈 기분, 의욕과 즐거움의 감퇴	주요 우울증, 지속성 우울증, 월경전기 불쾌 장애, 파괴적 기분조절 곤란 장애 등
양극성 장애	기분이 고양된 상태와	제1형 양극성 장애, 제2형 양극성 장애, 순환

	침체된 상태의 주기적 반복	감정 장애 등
정신분열 스펙트럼 장애 및 기타 정신증적 장애	망상, 환각, 혼란스러운 언어와 행동, 둔마된 감정, 사회적 고립	정신분열증, 분열 정동 장애, 정신분열형 장애, 망상 장애, 분열형 성격 장애, 약화된 정신증적 증후군 등
성격 장애	사회적 기대에 어긋나는 부적응적인 경직된 성격 특성	A군 성격 장애: 편집성, 분열성, 분열형 B군 성격 장애: 반사회성, 연극성, 경계선, 자기애성 C군 성격 장애: 강박성, 의존성, 회피성
신체 증상 및 관련 장애	원인이 불분명한 신체 증상의 호소, 건강에 대한 과도한 염려	신체 증상 장애, 질병 불안 장애, 전환 장애, 허위성 장애 등
해리 장애	의식, 기억, 자기정체감 및 환경 지각의 급격한 변화	해리성 기억상실증, 해리성 정체감 장애, 이인증/비현실감 장애 등
급식 및 섭식 장애	건강과 적응 기능을 방해하는 부적응적인 섭식 행동	신경성 식욕부진증, 신경성 폭식증, 폭식 장애, 이식증, 반추장애, 회피적/제한적 음식 섭취 장애 등
수면-각성 장애	수면의 양이나 질의 문제로 인한 수면-각성에 대한 불만과 불평	불면 장애, 과다수면 장애, 수면발작증, 호흡 관련 수면장애, 일주기 리듬 수면-각성 장애, 비REM 수면각성 장애, 악몽 장애, REM 수면 행동 장애, 초조성 다리 증후군 등
성기능 장애	원활한 성행위를 방해하는 성기능의 문제	남성 성욕감퇴 장애, 발기 장애, 조루증, 지루증, 여성 성적 관심 및 흥분 장애, 여성 절정감 장애, 생식기-골반 통증/삽입 장애 등
성도착 장애	성행위 대상이나 방식에서의 비정상	관음 장애, 노출 장애, 접촉마찰 장애, 성적 피학 장애, 성적 가학 장애, 아동 성애 장애, 성애물 장애, 의상 전환 장애 등
성 불편증	생물학적 성에 대한 불편감과 고통	아동의 성 불편증, 청소년과 성인의 성 불편증 등
물질-관련 및 중독 장애	술, 담배, 마약, 도박 등에 대한 중독성 행위로 인한 부적응	물질-관련 장애(물질 사용 장애, 물질 유도성 장애, 물질 중독, 물질 금단), 빗물질-관련 장애(도박 장애) 등
파괴적, 충동통제 및 품행 장애	충동 통제의 곤란으로 인한 타인의 권리 침해나 사회적 규범의 위반	적대적 반항 장애, 품행 장애, 반사회적 성격 장애, 간헐적 폭발성 장애, 도벽증, 방화증 등
신경발달 장애	뇌의 발달 지연이나 손상과 관련된 장애	지적 장애, 의사소통 장애, 자폐 스펙트럼 장애, 주의력 결핍/과잉행동 장애, 특정 학습 장애, 운동 장애 등

배설 장애	부적절한 장소에서 소변이나 대변의 배설	유뇨증, 유분증 등
신경인지 장애	뇌의 손상으로 인한 인지기능의 심각한 결손	주요 신경인지 장애, 경도 신경인지 장애, 섬망 등
기타 정신 장애	위에 해당되지 않지만, 개인의 적응을 저해하는 심리적 문제	기타의 신체적 질병으로 인한 정신 장애, 기타의 구체화된 정신 장애 등

4) 실존적 불안

실존주의적 입장에서 인간의 고통과 부적응을 이해하고 치료하는 실존적 심리치료자들은 실존적 불안을 가장 기본적인 심리적 문제로 파악한다. 인간은 세계와 분리되어 독립적으로 살아가는 생명체로서 늙고 병들어 죽어야 하는 운명을 피할 수 없는 고독한 존재이다. 자신의 이러한 실존적 상황을 자각할 때 인간은 실존적 불안을 경험하게 된다. 실존적 심리치료자인 Yalom(1980)에 따르면, 실존적 불안은 개인의 소망과 실존적 조건 간의 갈등에 의해 발생하는 것으로서 죽음, 자유, 고독, 무의미라는 실존적 조건의 불가피성에 뿌리를 두고 있다.

인간의 삶에서 유일하게 확실한 것은 자신이 죽는다는 사실이다. 죽음은 인간이 피할 수 없는 확실한 미래이다. 죽음은 개인의 존재를 무화시킨다. 언젠가 죽을 수밖에 없다면 인생은 무슨 의미를 지니는가? 죽음은 인간에게 격렬한 실존적 불안을 야기한다. 죽음의 공포에 대처하기 위해서 개인은 죽음을 자각하지 않기 위한 방어적 노력을 기울인다. 죽음은 실존적 불안의 핵심을 이룬다. 『죽음의 부정(The Denial of Death)』을 저술한 Ernest Becker(1973)에 따르면, 죽음의 공포는 너무 압도적인 것이기 때문에 모든 인간과 사회는 그것을 부정하여 무의식 속에 억압하며 방어한다. 인간은 크게 두 가지 방식의 방어적 노력을 기울인다. 한 가지는 자신이 특별한 존재여서 죽지 않을 것이라는 무의식적 믿음을 지니고 권력을 추구하거나 성취 노력을 기울이는 것이다. 이러한 노력이 어느 정도 성공하면, 죽음의 두려움은 더욱 무의식으로 억압되며 자신의 특별함에 대한 믿음이 강화된다. 죽음에 대한 또 다른 방어 방법은 자신을 영원히 보살피고 사랑하며 보호하는 존재에 대한 믿음을 갖는 것이다. 이러한 궁극적 구조자(the ultimate rescuer)에 의해서 자신이 죽음으로부터 구원받을 것이라고 믿는 것이다. 실존적 심리치료자에 따르면, 신과 같은 절대적 구조자에 의존하는 것은 자신의 실존적 조건을 부정함으로써 진정한 자신을 상실하는 것이며 자신의 실존 가능성을 왜곡하는 것이다.

인간은 매순간 자신의 삶을 선택할 수 있는 무한한 자유를 지닌다. 인간에게는 죽음 이외에 정해진 것이 없다. 모든 것이 불확실하다. 한 치 앞을 알 수 없는 것이 인간의 삶이다. 매순간 삶을 위한 선택을 해야 한다. 이러한 선택이 어떤 결과를 초래할지 알기 어렵다. 인간 존재는 불확실성이라는 물결 위에 떠 있다. 이러한 불확실성은 실존적 불안의 근원이다. 자유의 불안을 직면하지 못하는 사람은 의존적인 인간관계나 독선적 이념이나 종교에 빠져들 수 있다.

인간은 타자와 분리된 개체로서 근본적으로 고독한 존재이다. 또한 죽음 앞에서는 누구나 단독자이다. 인간은 타인과 아무리 친밀한 관계를 맺더라도 결국은 닿을 수 없는 궁극적인 간격이 있다. 실존적 고독의 자각은 매우 불쾌하기 때문에 무의식적 방어기제에 의해서 회피된다. 의존적인 인간관계나 타인의 관심을 끌기 위한 과도한 노력은 실존적 고독에 대한 방어에 의한 것일 수 있다.

인간이 처한 실존적 조건 중 하나는 존재의 의미를 발견할 만한 절대적인 근거가 없다는 점이다. 절대적이라고 할 수 있는 유일한 것은 바로 절대적인 것이 없다는 것이다. 모든 것은 우연적이며 무의미하다. 이러한 무근거성(groundlessness)과 무의미성(meaninglessness)은 실존적 불안과 우울의 원천이다. 의미치료의 창시자인 Victor Frankl(1963)은 의미의 부재가 실존적 스트레스의 최고점이라 결론지었다. 그에 따르면, 실존적 무의미는 두 가지 심리적 상태를 유발할 수 있다. 하나는 실존적 공허(existential vacuum)로서 자신의 삶에 대한 의미와 가치를 발견하지 못하고 막연한 불만족감과 더불어 허무감과 권태감을 느끼는 상태이다. 다른 하나는 실존적 신경증(existential neurosis)으로서 우울감과 더불어 부적응 증상(알코올 중독, 강박증, 무분별한 성행동, 무모한 행동 등)을 나타내는 경우이다.

실존적 심리치료자에 따르면, 인간은 죽음, 자유, 고독, 무의미라는 네 가지의 실존적 조건에 대한 불안을 지닌다. 이러한 실존적 불안에 대해서 개인이 어떻게 대처하느냐에 따라 그의 삶이 달라지게 된다. 실존적 불안을 직면하지 못하고 과도하게 억압하거나 회피하게 되면 다양한 정신적 문제가 유발될 뿐만 아니라 허위적인 병리적 삶을 초래할 수 있다. 그러나 실존적 불안을 직면하는 것은 고통스럽지만 진실한 삶을 영위하도록 촉진하는 원동력이 될 수 있다. 죽음은 진정한 삶을 가능하게 해주는 조건이다. 죽음을 인식함으로써 우리는 삶에서 더 큰 기쁨과 의미를 발견할 수도 있기 때문이다.

2. 괴로움의 인류 보편적 원인

우리가 겪는 괴로움에는 모든 인간이 공통적으로 경험하는 고통이 있다. 인간의 삶에 있어서 괴로움은 매우 보편적인 경험이다. 동서고금과 남녀노소, 그리고 지위고하를 막론하고 모든 인간의 삶에는 괴로움이 존재한다. 물론 개인마다 경험하는 고통의 유형과 강도가 다를 수 있지만, 인간의 몸과 마음을 지니고 있는 한 필연적으로 경험할 수밖에 없는 고통이 존재한다. 우선, 육신을 지닌 존재로 살아가는 것 자체가 힘든 일이다. 지구의 중력은 몸을 땅바닥으로 끌어내린다. 이러한 중력을 이겨내고 아침마다 몸을 일으켜 세우고 하루 종일 움직여야 하는 것은 힘이 드는 일이다. 몸을 움직이려면 에너지가 필요하기 때문에 수시로 음식 섭취를 통해 에너지를 공급해야 한다. 에너지 공급을 위해 매일 음식을 마련하는 것도 힘이 드는 일이다. 또한 우리의 몸은 연약해서 넘어지고 부딪치면 쉽게 손상되어 통증을 느끼게 된다. 우리가 살아가고 있는 주변 환경에는 우리의 생명과 신체적 안녕을 위협하는 다양한 위험 요인이 산재해 있다. 이러한 위험 요인을 감지하여 제거하고 예방하기 위해서 우리는 항상 긴장하며 조심해야 한다. 우리의 삶이 힘들고 고달픈 이유는 근본적으로 우리가 살고 있는 자연세계가 인간의 생명과 행복을 지원하는 호의적인 곳이 아니기 때문이다.

1) 나쁜 것은 좋은 것보다 강하다

"나쁜 것은 좋은 것보다 강하다(The bad is stronger than the good)." 이 말은 인간의 생명과 행복을 훼손하는 부정적인 나쁜 세력이 그것을 증진하는 긍정적인 좋은 세력보다 더 강력하다는 의미를 담고 있다. 우리가 살고 있는 우주의 자연세계는 자체의 원리에 따라 무심하게 운행될 뿐이다. 그러나 인간의 관점에서 보면, 자연세계는 모든 것을 무질서와 혼돈으로 몰아감으로써 인간의 생명과 행복을 위협하는 거대한 세력과 원리에 의해 운행된다. 자연과학적인 용어로 말하면, 엔트로피 증대의 법칙이 그것이다.

엔트로피entropy는 열熱과 관련된 물리적 현상을 설명하기 위한 통계역학적 개념으로서 물리적 세계의 무질서한 정도를 뜻한다. 물리학에 따르면, 자연세계는 시간이 흘러갈수록 무질서도가 증가하는 방향으로 변화한다. 이것이 열역학의 제2법칙, 즉 엔트로피 증대의 법칙이다. 이 법칙을 단순화하여 쉽게 설명하면, 차가운 얼음과 따뜻한 물을 그릇에 넣으면 시간이 흐름에 따라 서로 뒤섞여서 무질서한 상태인 미지근한 물로 변화한다. 그러나 미지근한 물은 아무리 오랜 세월이 흘러도 결코 좀 더 단순한 형태인 차가운 얼음과 따뜻한 물로 나뉘지 않는다.

우리가 살고 있는 우주는 무질서와 혼돈의 정도가 증가하는 방향으로 변화하고 있다. 아무리 아름다운 건축물도 세월의 흐름에 따라 점차 퇴색되고 붕괴되어 결국에는 폐허로 변하게 된다. 아무리 소중한 생명체도 세월의 흐름에 따라 늙고 병들어 죽음으로써 자연 속으로 흩어지게 되어 있다. 생명이든 건축물이든 성취든, 창조보다 파괴가 훨씬 더 쉽다. 무언가를 창조하기 위해서는 애써 여러 가지 조건을 절묘하게 결합해야 하지만, 그것을 파괴하기 위해서는 그러한 조건 중 한 가지를 제거하는 것만으로 족하기 때문이다. 인간의 삶도 마찬가지이다. 행복해지기는 어려워도 불행해지기는 쉽다. 불행은 부르지 않아도 잘 찾아오지만, 행복은 불러도 잘 찾아오지 않는다. 행복은 찾아와도 금방 달아나지만, 불행은 한번 찾아오면 잘 떠나가지 않는다. 조물주는 세상을 창조할 때 인간을 결코 행복하게 할 의도가 없었던 것 같다.

우리가 육신을 지닌 존재로서 생명을 유지하며 살아간다는 것은 물리적 세계를 움직이는 엔트로피 증대의 법칙을 거스르는 일이다. 엔트로피의 증대를 막으려면, 또는 엔트로피를 줄이려면 에너지를 공급해야 하는 일, 즉 노력이 필요하다. 아름다운 건축물을 유지하기 위해서는 유지와 보수의 노력을 기울여야 한다. 집안이 너저분해지지 않게 하려면 수시로 정리 정돈의 노력을 기울여야 한다. 생명을 유지하기 위해서는 음식 섭취를 통해 에너지를 공급해야 할 뿐만 아니라 건강검진을 통해 관리해주어야 한다. 인간관계를 원만하게 유지하기 위해서는 자주 연락하고 수시로 만나서 애정과 우정을 돈독하게 만드는 노력을 기울여야 한다. 생명을 유지하고 행복을 추구하기 위해서는 엔트로피 증대의 법칙에 대항하여 애써서 힘들게 노력해야만 한다. 인간의 삶이 힘들고 고달픈 이유가 여기에 있다.

인간은 농업혁명과 산업혁명을 통해서 의식주의 문제를 개선할 수 있었다. 의술과 과학의 발달로 인해서 인간의 삶의 질이 향상되었을 뿐만 아니라 건강 상태가 호전되고 수명도 현저하게 연장되었다. 석가모니가 살던 2,500년 전에 비하면 현대인의 의식주 생활과 삶의 질은 비교가 되지 않을 만큼 현저하게 개선되었다. 그러나 인간의 노력으로 거대한 자연세계를 지배하는 도도한 변화의 원리를 결코 막을 수는 없다. 육신을 지닌 존재로서 늙고 병들어 죽는 일을 지연시킬 수는 있어도 결코 막을 수는 없다. 생로병사生老病死의 고통은 석가모니가 살던 시대나 지금이나 마찬가지로 모든 인간에게 보편적인 고통이다.

2) 인간의 부정 편향성

"나쁜 것은 좋은 것보다 강하다." 이 말은 물리적 세계의 속성뿐만 아니라 인간의 심리적 속성 역시 그러하다는 것을 의미한다. 인간은 좋은 것보다 나쁜 것에 더 민감하다.[5] 인간은 좋은 것보다 나쁜 것에 의해서 더 강력한 영향을 받는다. 인간의 마음은 좋은 것보다 나쁜 것에 더 강력한 영향을 받는 보편적인 성향을 지니고 있다. 인간의 이러한 심리적 성향을 심리학에서는 '부정 편향성(negativity bias)'이라고 부른다.[6](권석만, 2013a).

인간의 부정 편향성은 매우 다양한 측면에서 나타난다. 우선, 인간은 이득보다 손실에 더 예민하게 반응한다. 손실을 보았을 때의 고통은 동일한 액수의 이득을 보았을 때 경험한 기쁨보다 2배 이상 강렬하다. 마찬가지로 실패의 아픔은 성취의 기쁨보다 더 강렬하다. 다른 사람으로부터 비판을 받는 아픔은 칭찬을 받을 때의 기쁨보다 최소한 5배 이상 강렬한 것으로 알려져 있다(Gottman, 1994). 한 번의 비난으로 상한 마음을 회복하려면 최소한 다섯 번 이상의 칭찬을 해주어야 한다는 것이다. 비난은 칭찬보다 심지어 20배 이상의 파괴력을 지닌다고 주장하는 심리학자도 있다. 인간관계를 원만하게 유지하기 위해서는 상대방에게 칭찬을 자주 하는 것도 중요하지만 비난을 하지 않는 것이 훨씬 더 중요하다. 인간은 대인 관계에서도 좋은 것보다 나쁜 것에 훨씬 더 민감하기 때문이다.

인간의 부정 편향성은 개인의 장점과 단점을 인식할 때도 나타난다. 인간은 자신이든 타인이든 긍정적 특성보다 부정적 특성을 더 예리하게 포착한다. 또한 타인에 대한 긍정적 정보보다 부정적 정보에 더 민감하게 반응한다. 인간의 기억도 긍정적 경험보다 부정적 경험을 더 오래 간직하는 경향을 지닌다. "은혜는 물 위에 새기고 원한은 돌 위에 새긴다"는 말이 있듯이, 다른 사람으로부터 받은 은혜는 쉽게 망각하지만 다른 사람에게 당한 손해와 모욕은 결코 잊지 않는다. 인간에게는 긍정적인 경험과 부정적인 경험의 영향력이 동일하지 않다. 부정적인 경험의 영향력이 긍정적인 경험보다 인간의 마음에 훨씬 더 강력한 영향을 미친다는 점이 다양한 측면에서 입증되고 있는데, 이러한 현상을 '긍정-부정 비대칭 효과(positive-negative asymmetry effect)'라고 한다.

인간은 행복감보다 불행감에 더 민감하다. 어휘사전에도 긍정 정서보다 부정 정서를 묘사하는 단어가 훨씬 더 많다. 부정 정서의 고통이 더 강렬하기 때문에 부정 정서를 더 세밀하게 관찰하고 다양하게 분류한 것이다. 긍정 정서를 얻으려는 노력보다 우울, 불안, 분노와 같은 부정 정서를 피하는 것이 시급하고 절실하게 느껴진다. 인간의 행동과 심리적 현상을 연구하는 심리학 분야에서도 마찬가지다. 인간의 불행, 결함, 손상, 장애에 대해서는 많은 연구가 이루어졌다. 현대의 심리학은 인간의 부적응 문제와 정신 장애를 기술하는 정교한 용어와 분류체계를 구축하였으며 그 원인을 밝히고 치료 방법을 개발하는 일에 집중해왔다. 이처럼 삶의 부정적 측면에 학문적 관심이 집중된 것은 우리를 불행으로 이끌어가는 강력한 세력에 대항하기 위한 노력이 더 시급했기 때문일 것이다. 개인적인 노력이든 학문적인 노력이든, 괴로움을 멀리하려는 이고離苦의 관심이 즐거움을 얻으려는 득락得樂의 관심보다 더 시급하고 강력했던 것이다.

인간은 부정 편향성으로 인해서 행복감을 느끼기보다 불행감을 느끼기가 쉬운 존재이다. 좋은 일과 나쁜 일이 각각 50%씩 생겨나는 삶, 즉 긍정적인 경험과 부정적인 경험이 반반씩 섞여 있는 삶을 살 경우에 인간은 행복감을 느끼기보다 불행감을 현저하게 많이 느끼게 될 것이다. 주로 좋은 일만 생겨나서 긍정적인 경험을 압도적으로 많이 하며 살아가지 않는 한, 지속적인 행복감을 느끼기는 쉽지 않다. 인간의 삶이 괴롭고 고달프게 느껴지는 또 다른 이유가 여기에 있다.

3. 괴로움의 집단 공유적 원인: 21세기 한국인의 경우

개인의 삶은 그가 살고 있는 시대와 문화의 영향을 받기 마련이다.
또한 그가 속해 있는 집단(가족, 학교, 직장, 지역사회, 종교집단, 국가
등)의 영향에서 벗어나기 어렵다. 21세기 이 시대에 대한민국이라는
국가에서 살고 있는 한국인의 삶이 괴롭고 고달픈 이유는 한국 사회가
지닌 특성과 그로 인해 대다수 한국인이 공유하고 있는 심리적 성향
때문이기도 한다.

   심리학자의 관점에서 보면, 대한민국은 매우 흥미로운 나라이다.
지난 50년간 세계에서 유래를 찾을 수 없을 만큼 놀라운 경제성장을
이루었지만, 국민의 행복도는 낮을 뿐만 아니라 자살률과 이혼율이
세계적으로 매우 높은 나라이기 때문이다. 한국인의 전반적인 의식주
수준은 매우 높다. 하루 세 끼 먹는 것을 걱정하는 사람은 드물 뿐만
아니라 오히려 먹거리가 넘쳐나 비만이 사회적 문제가 되고 있다.
한국인들은 다들 멋스런 옷에 다양한 장신구를 걸치고 누구나 첨단
스마트폰을 지니고 다닌다. 번쩍거리는 고급 승용차들이 길거리를
가득 메우고 있고 도시마다 거대한 아파트촌이 널려 있다. 이처럼
물질적 풍요를 누리고 있는 한국인의 삶이 왜 그토록 괴롭고 고달픈
것일까?

1) 한국인의 물질주의 성향

저명한 긍정심리학자이자 행복 연구의 세계적 권위자인 Ed Diener는

한국심리학회가 2010년에 개최한 국제심포지움에서 한국인이 경제적
번영에도 불구하고 불행한 이유를 제시한 바 있다. 그는 한국을 포함하
여 미국, 일본, 덴마크, 짐바브웨의 5개국 국민을 대상으로 한 실증적인
조사결과에 근거하여 한국인이 불행한 이유를 다음과 같이 제시하고
있다.[7]

　Diener 등(2010)의 연구에 따르면, 한국인은 물질주의 성향이 다른
나라의 국민에 비해서 현저하게 높았다. 조사 대상 5개국 중에서 한국인
은 물질적인 부富를 가장 중시할 뿐만 아니라 재물을 얻기 위해 가장
많은 시간을 투자하는 것으로 나타났다. 물질주의(materialism)는 재물
에 높은 가치를 부여할 뿐만 아니라 재물을 얻기 위한 과도한 노력으로
인해 인생의 소중한 가치들을 희생하게 만듦으로써 행복한 삶을 훼손하
는 심리적 성향으로 알려져 있다. Diener의 연구에서 한국인은 조사대상
5개국 중에서 물질주의, 즉 물질적 탐욕이 가장 높은 국민으로 나타났다.
한국인은 자본주의의 본고장에 살고 있는 미국인보다 물질주의 성향이
더 높은 것으로 나타났을 뿐만 아니라 의식주 문제가 해결되지 못한
짐바브웨 국민들보다 재물에 대한 추구성향이 높은 것으로 나타났다.

　여러 연구에서 입증된 바 있듯이, 경제적 소득은 빈곤을 벗어나는
수준까지는 행복의 증진에 기여하지만 그 수준을 넘어서면 행복에
미치는 영향이 미미하다. 소득의 증가는 일시적인 행복감을 제공할
뿐, 곧 그러한 소득수준에 적응하여 만족감을 느끼지 못하게 된다.
또한 사회적 비교(social comparison)를 통해서 자신의 소득수준과 생활
수준을 다른 사람과 비교하게 되는데, 물질주의자들은 이상화된 비현실
적인 높은 기준과 자신을 비교하는 경향이 있다. 따라서 물질주의자들은
자신보다 풍요로운 사람들과 비교하면서 지속적인 상대적 결핍감 속에

서 재물을 얻기 위한 경쟁의 대열에 뛰어들게 된다. 또한 소득수준이 증가할수록 물질에 대한 욕구도 증가한다. 소득수준이 증가할수록 행복해지기 위해서 '가져야만 하는 필요한 것들'의 기대 수준이 상승한다.[8] 한국인의 소득수준과 삶의 질은 과거에 비해 현저하게 개선되었음에도 불구하고 욕망과 기대 수준이 더 빨리 급격하게 증가하기 때문에 자신의 삶에 대한 만족도는 감소하고 있는 것이다. 또한 물질적 가치를 지나치게 중시하게 되면 인간의 기본적인 심리적 욕구(자율성, 관계성, 유능성)를 경시하게 될 뿐만 아니라 재물을 얻기 위한 경쟁과 비교를 초래하여 끊임없는 긴장을 유발한다. 아울러 재물을 지나치게 중시하는 문화에서는 인간의 가치를 비롯한 모든 것을 돈으로 환산하게 됨으로써 인간을 무엇과도 바꿀 수 없는 소중한 인격적 존재로 여기기보다 재물을 얻기 위한 수단적인 존재로 전락시키는 탈인격화가 사회 전반에 팽배하게 된다.

2) 한국인의 허약한 인간관계: 경쟁과 불신 그리고 외로움

Diener 등(2010)의 연구에 따르면, 한국인은 다른 나라의 국민들보다 서로에 대한 신뢰 수준이 낮을 뿐만 아니라 경쟁의식이 강한 것으로 나타났다. 예컨대 "당신이 곤경에 처했을 때 의지하거나 도움을 청할 수 있는 사람이 몇 명이나 됩니까?"라는 물음에 한국인은 조사된 5개국 중에서 가장 낮은 숫자로 응답했다. 한국인 다섯 명 중 한 명은 자신이 어려움에 처했을 때 도움을 청할 사람이 한 명도 없다고 응답했다. 또한 한국인은 지지적인 인간관계, 타인에 대한 신뢰, 타인에 대한 도움 제공 및 지원 의도 등에 있어서 낮은 점수를 나타냈다. 한국인은 자신이 존중받고 있다고 느끼는 정도, 응급상황에서 다른 사람의 도움을 기대하는 정도, 혼자 길을 걸으면서 안전하다고 느끼는 정도를 미국, 일본, 덴마크의 국민보다 낮게 평가했다. 이러한 연구 결과를 바탕으로 Diener는 한국인이 물질적인 가치를 지나치게 중시하며 경쟁적인 삶의 태도를 지니고 있으며 그로 인해서 서로에 대한 불신수준이 높고 가족 관계와 친구 관계도 허약하다고 진단하고 있다.

Diener가 진단했듯이, 한국인의 인간관계는 허약하다. 한국인의 이혼율이 세계 최고 수준이라는 사실에서 알 수 있듯이, 가족의 핵심인 부부 관계가 다양한 갈등으로 흔들리고 있다. 장성한 자녀는 늙은 부모를 봉양하지 않으려 하고, 늙은 부모 역시 자녀와 함께 거주하는 것을 불편해하고 있다. 이러한 사회적 풍토 속에서 인생의 마지막 순간을 홀로 쓸쓸하게 맞이해야 하는 노인의 고독사孤獨死가 늘어나고 있다. 이처럼 우리 사회에는 외로움과 소외감을 느끼는 사람들이 늘고 있다. 최근의 보도에 의하면 1인 가구가 400만 가구를 넘어섰다. 전체 가구의 24%에 해당하는 수치로서 4인 가구보다 많다. 결혼 연령이 증가하면서 만혼화晩婚化 경향으로 미혼 독신자들이 많아졌기 때문이다. 게다가 이혼의 증가로 1인 가구는 계속 증가할 전망이다.

사실 1인 가구가 아니라도 대부분의 사람들은 외로움을 느낀다. 개인주의와 피상적인 인간관계가 널리 퍼져 있는 한국 사회에서 대다수의 사람들은 '심리적인 솔로족'이다. 한 집에서 가족과 함께 생활하더라도 서로에 대한 애정과 유대감이 없으면 솔로족과 다를 바가 없기 때문이다. 대다수의 한국인 가정은 바쁜 일상생활로 인해서 가족 모두가 아침식사를 함께 하지 못할 뿐만 아니라 저녁에 귀가한 후에도 각기 다른 방에서 다른 TV 프로그램을 보다가 잠자리에 든다. 몸만 가정이라는 공간에 함께 있을 뿐 마음은 제각각이니 함께 살아도 함께 사는 것이 아니다.

한국인은 경제성장과 물질주의적 추구 속에서 매우 소중한 것을 잃었다. 공동체 의식이 실종되어 버린 것이다. 예전에는 명절이나 제사 때마다 먼 친인척까지 모두 모여 같은 피를 나눈 가족임을 확인하곤 했다. 요즘은 그러한 모임이 드물 뿐만 아니라 모이는 사람조차 현격하게 줄었다. 이제는 친인척이라는 공동체 의식이 약화되어 겨우 명맥만 유지하고 있을 뿐이다. 예전에는 같은 지역에 살고 있는 동네사람들을 서로 잘 알고 있을 뿐만 아니라 좋은 일이나 궂은 일이 있을 때 서로 돕는 공동체 의식이 존재했다. 그러나 요즘에는 같은 아파트의 옆집에 누가 사는지도 모른다. 대학교에서도 매년 신입생을 환영하고 졸업생을 축하하던 동창회 모임도 거의 사라졌다. 평생직장의 개념이 사라진 직장에서도 이제는 공동체 의식이 퇴색되었다. 국민 대다수가 공동체라는 안정된 소속감 없이 뿔뿔이 흩어져 살아가는 심리적인 솔로족이 되어 가고 있는 셈이다.

인간관계는 행복한 삶을 위한 가장 중요한 요인으로 알려져 있다.[9] 여러 국가에서 시행된 방대한 조사 자료를 종합하여 분석한 Diener(2001)에 따르면, 주관적 행복을 가장 일관성 있게 잘 예측하는 요인은 인간관계였다. 사랑에 관한 연구를 주도하고 있는 심리학자인 Reis와 Gable(2003)은 삶의 만족과 행복에 기여하는 가장 중요하면서도 단일한 원천은 다른 사람과의 긍정적인 관계라고 결론내리고 있다. 긍정적 인간관계는 그 자체로 만족감을 줄 뿐만 아니라 자기존중감과 정신 건강을 증진하며 육체 건강에도 중대한 영향을 미친다. 다른 사람과의 연결감과 사회적 지지는 전반적인 육체적 기능을 향상시킬 뿐만 아니라 질병으로부터의 회복을 촉진한다.[10] 인간관계의 결여는

흡연보다도 더 강력한 수명 단축 요인으로 알려져 있다.[11] 또한 부정적인 인간관계는 불행을 초래하는 주된 원천이다. 사람들이 심리치료를 받게 되는 가장 흔한 문제는 인간관계 문제이다. 중요한 사람과의 갈등이나 이별은 우울증, 외로움, 자기 파괴적 행동을 초래하는 중요한 원인이 된다. 고통스러운 인간관계는 신체적 건강에도 해로운 영향을 끼쳐서 면역기능을 저하시킨다.[12] 이처럼 인간관계는 우리의 행복과 불행에 심각한 영향을 미치는 매우 중요한 삶의 영역이라고 할 수 있다.

3) 삼독三毒에 물든 한국 사회

대한민국은 여러 측면에서 특수성을 지닌 국가이다. 우선, 한국 사회는 세계적으로 가장 경쟁이 치열한 사회이다. 그래서 한국인의 삶은 항상 바쁘고 고달프다. 한국인의 근무시간과 직무 스트레스는 OECD 국가 중에서 최고 수준이다. 그러한 경쟁의 바탕에는 재물과 지위를 향한 탐욕스러운 물질주의적 가치관이 자리를 잡고 있다. 급속한 경제 발전 과정에서 한국인은 자본주의의 물질주의적 가치관에 흠뻑 빠져들었다. 상업경제의 소비광고 문화 속에서 고급스러운 의식주뿐만 아니라 사치스러운 명품에 대한 소유의 욕망이 팽배해지고 돈과 재물에 대한 갈망이 강렬해졌다. 국민 대다수가 재테크에 몰두하고 부동산 투자 열풍에 휘말려 부동산 가격을 잔뜩 올려놓았다가 그 거품이 급속히 빠지는 과정에서 많은 사람들이 가계 부채를 떠안게 되었다. 최근에 가계 부채가 급증하여 심각한 사회적 문제로 떠오르고 있다. 한국은행의 발표에 따르면, 2013년 3월 말 현재 우리나라의 가계 부채 규모가 968조 원에 달한다.[13] 이는 평균적으로 한국인 1인당 약 2,000만 원의 빚을 지고 있는 셈이다. 이처럼 늘어나는 빚으로 인해 금융 채무 불이행자가 증가하여 2013년 1월 말 기준으로 약 124만 명에 달한다. 이러한 금융 채무 불이행자 중에는 생계유지를 위해 채무를 지게 된 경우도 있지만 과소비와 사치, 무모한 투자와 투기, 도박과 유흥 등으로 인해 빚을 지게 된 경우도 많다. 금융 채무 불이행자는 빚을 갚으라는 금융기관의 독촉과 재정적 궁핍으로 인해 심한 심리적 압박감과 불안에 시달리며 범죄, 자살, 이혼, 실직과 같은 다양한 사회적 문제를 야기하고 있다.

돈과 지위에 대한 한국인의 욕망은 과도한 교육열과 입시 경쟁으로 이어지고 있다. 명문대학을 졸업해야 유망한 직장을 얻고 승진하여 높은 직위를 차지함으로써 부와 권력을 획득할 수 있다고 믿기 때문이다. 이러한 믿음을 지닌 한국인들은 조기교육이라는 미명하에 아동기부터 자녀를 학업전선으로 몰아간다. 한국의 청소년들은 치열한 입시 경쟁과 과도한 학업 부담에 시달리고 있으며 급기야 한국 청소년의 행복도는 OECD 국가 중 최하위로 떨어졌다. 치열한 입시 경쟁에서 승리하기 위해서는 사교육에 의존해야 하고 학부모의 사교육비 부담이 증가하게 되었다. 한국 가정의 사교육비 지출 규모는 지난 2011년 기준으로 연간 20조원에 육박하며 이는 한국의 전체 GDP의 1.63%에 달하는 수준이다.[14] 과도한 사교육비는 가계 부채를 증가시킬 뿐만 아니라 출산율 저하를 유발하고 있다. 한국의 청소년 자녀는 학원에 가기 위해서 바쁘고, 학부모는 자녀의 사교육비를 위한 돈을 빌기 위해서 바쁘다. 그 결과, 부모와 자녀가 대화를 나눌 시간이 줄어들면서 부모-자녀 관계는 점점 더 피폐해지고 있다.

대학에 입학한 후에도 돈과 지위를 향한 경쟁은 지속된다. 치열한 취업 경쟁이 기다리고 있다. 취업 경쟁에서 승리하여 유망한 기업에 입사하려면, 대학생들은 청춘의 특권을 누릴 여유도 없이 다양한 스펙을 쌓기 위해 동분서주해야 한다. 부모의 높은 기대, 동료들과의 비교, 명품 선호와 같은 물질주의적 욕망, 의식주에 대한 높은 기대 수준은 젊은 청춘들의 마음을 초조하게 만든다. 기대 수준은 높고 현실적 여건은 낮기 때문에 좌절감 속에서 연애, 결혼, 출산을 모두 포기하는 삼포세대가 되어 가고 있다.

한국 사회는 갈등과 분노가 많은 사회이기도 하다. 보수와 진보의 갈등, 동서의 지역 갈등, 기업의 노사 갈등, 정치권의 여야 갈등을 비롯하여 우리 사회 곳곳에 다양한 갈등이 존재한다. 대한민국은 세계적으로 드문 분단국가로서 냉전시대에 남한과 북한으로 양분되어 피비린내 나는 한국전쟁을 치렀으며, 60년이 흐른 지금도 여전히 남북갈등이 지속되고 있다. 분단과 전쟁으로 인한 이산가족의 고통이 지속되고 있으며 끊임없이 서로를 비방하며 과도한 군사비를 투자하고 있다. 이러한 남북문제는 한국의 보수 세력과 진보 세력이 갈등하는 주요한 정치적 이슈이기도 하다. 돈과 지위를 위한 치열한 경쟁은 필연적으로 이해관계가 얽힌 세력 간의 갈등을 낳기 마련이다. 노사 갈등, 지역 갈등, 여야 갈등을 비롯한 한국 사회의 집단적 갈등에는 이념적인 문제뿐만 아니라 현실적인 이해관계가 얽혀 있다. 이러한 갈등은 상대방에 대한 분노와 적개심을 유발하여 치열한 투쟁과 분쟁을 낳는다. 그 결과, 승자와 패자 모두 심리적인 상처를 입게 된다.

치열한 경쟁과 사회적 갈등은 한국인의 인간관계를 피폐하게 만들고 있다. 한국인의 걸음걸이는 세계에서 가장 빠르다. "빨리빨리"는 한국인의 대명사가 되었다. 한국인의 대다수는 조급함 속에서 여유 없이 바쁜 삶을 영위하고 있다. 가족과 대화를 나눌 시간이 부족하다. 다른 사람을 따뜻하게 배려할 심리적인 여유가 없다. 부부 관계를 비롯하여 부모-자녀 관계, 친인척 관계, 친구 관계가 점차 약화되고 있다. 행복의 가장 중요한 원천인 인간관계가 허약해지고 있는 것이다.

　한국인의 삶이 전반적으로 괴롭고 고달픈 근본적인 이유는 행복한 삶에 대한 잘못된 믿음을 지니고 있기 때문이다. 과연 어떻게 사는 것이 행복한 삶인가? 행복한 삶의 조건은 무엇인가? 행복한 삶을 위해서는 어떤 노력이 필요한가? 이러한 물음에 대해서 대다수의 한국인은 잘못된 믿음을 지니고 있는지 모른다. 행복은 마음의 문제가 아니라 의식주 수준 또는 사회적 성공의 문제라는 믿음, 행복의 조건은 많은 재물의 소유와 지위 경쟁의 승리라는 믿음, 그리고 행복한 삶을 위해서는 재물과 지위를 향한 치열한 경쟁의 승리를 위해 처절한 노력을 기울여야 한다는 믿음 등. 한국 사회에서 나타나고 있는 여러 가지 사회적 현상은 한국인 대다수가 이러한 믿음을 지니고 살아가고 있음을 시사한다. 이처럼 행복이 마음 밖에 존재한다는 물질주의적 믿음은 결과적으로 행복을 저해하는 잘못된 믿음이다. 한국인의 삶이 괴롭고 고달픈 근본적인 이유는 행복한 삶에 대한 잘못된 믿음에 있는지 모른다.

　한국 사회는 과도한 물질주의적 욕망, 치열한 경쟁과 갈등, 진정한 행복에 대한 무지가 팽배한 사회라고 할 수 있다. 그야말로 한국 사회는 탐貪·진瞋·치癡의 삼독三毒에 깊이 물든 아수라장 같은 사회라고 할 수 있다. 행복한 삶에 대한 진지한 모색 없이 이리한 한국 사회의 아수라장에 휩쓸려 들어가면 우리의 삶은 괴롭고 고달파질 수밖에 없다. 한국 사회는 욕망과 갈등과 무지의 불로 활활 타고 있는 용광로 같은 사회이다. 어떻게 사는 것이 잘 사는 것인지에 대한 냉철한 판단과

지혜를 지니지 못하면 한국 사회라는 용광로의 불길에서 벗어나기
어렵다.

4. 괴로움의 개인적 원인

모든 인간이 고통스러운 삶을 사는 것은 아니다. 또한 한국인이라고
해서 모두 괴롭고 고달픈 삶을 사는 것도 아니다. 동일한 시대와 사회를
살아가는 사람들이 영위하는 삶의 모습은 가히 천차만별이다. 한 가정의
동일한 부모 밑에서 성장한 형제자매라 하더라도 그들의 삶은 각기
다르기 마련이다. 인간은 누구나 자신만의 독특한 고통을 경험하며
살아간다. 심리학자들은 이처럼 개인의 삶을 고통스럽고 부적응적인
것으로 유도하는 개인적 원인에 대해서 가장 큰 관심을 지니고 연구해
왔다.

심리학에는 개인이 겪는 고통과 장애의 심리적 원인을 설명하고
그 치료 방법을 제시하는 다양한 입장의 심리치료(예: 정신분석치료,
인지행동치료, 인간중심치료, 실존적 심리치료 등)가 존재한다.[15] 이 글에
서는 현재 가장 많은 심리치료자들이 선호하고 있는 인지행동치료
(cognitive behavior therapy)의 입장에 근거하여 고통의 개인적 원인을
살펴보고자 한다. 특히 인지행동치료의 골간을 이루고 있는 Aaron
Beck의 인지치료(Cognitive Therapy)와 Albert Ellis의 합리적 정서행동
치료(Rational Emotive Behavior Therapy)를 중심으로 심리적 장애가
발생하는 개인적 원인을 살펴볼 것이다.[16]

인지행동치료는 인지(認知, cognition)가 감정과 행동에 강력한 영향
을 미친다는 기본 가정에 근거하고 있다. 현실을 어떻게 받아들이느냐에

따라서 감정과 행동이 달라진다는 것이다. "인간은 객관적 현실에 의해서 고통받는 것이 아니라 그것에 대한 견해에 의해 고통받는다"는 스토아 철학자 에픽테투스Epictetus의 주장과 같이, 인지행동치료는 개인의 고통과 장애 역시 그의 사고방식과 밀접히 연관되어 있다고 본다.

1) 생활 사건에 대한 부정적 의미부여

우울증이나 불안 장애와 같이 심리적 장애를 지닌 사람들은 생활 사건의 의미를 부정적인 방향으로 과장하거나 왜곡하여 해석하는 경향을 지닌다. 이러한 편향적 경향은 수많은 심리학 연구를 통해서 입증되었다. 예컨대, 우울증을 지닌 사람들은 생활 속에서 경험하는 다양한 사건들을 실패, 상실, 좌절을 의미하는 부정적인 것으로 해석하여 자신은 열등하고 무가치한 존재라는 생각의 늪에 빠져든다. 불안 수준이 높은 사람들은 생활 사건을 위험과 위협의 신호로 해석하여 긴장하며 과도한 불안을 느낀다. 강한 분노를 자주 경험하는 사람들은 다른 사람의 말과 행동을 자신에 대한 의도적 비난이나 공격이라고 해석하여 받아들이는 경향이 있다. 피해망상을 지닌 사람들은 다른 사람의 행동을 극단적으로 왜곡하여 자신을 미행하거나 감시하고 있다는 생각에 집착하게 된다. 이처럼 심리적 장애를 유발하는 생각은 대부분 현실을 부정적인 방향으로 과장하거나 왜곡한 것이다.

Ellis는 ABC 이론, 즉 사건(A)-생각(B)-감정(C)의 인과적 관계를 제시하면서 감정(C)을 유발하는 것은 사건(A) 자체가 아니라 사건에 대한 생각(B)이라는 점을 강조하고 있다.[17] 우울, 불안, 분노와 같은 부정 정서는 생활 사건의 의미를 과장하거나 왜곡한 부정적인 생각에 의해서 촉발된다. 대부분의 사람들은 불쾌한 생활 사건에 직면하면

거의 자동적으로 부정 감정을 느낄 뿐, 이러한 감정이 부정적인 생각에 의해서 촉발되었다는 사실을 자각하지 못한다. Beck은 부정 감정을 유발하는 생각을 자동적 사고(automatic thoughts)라고 명명했다. 자동적 사고는 생활 사건에 의해서 촉발되는 것으로서 그러한 사건의 의미를 심사숙고한 것이 아니라 거의 자동적으로 신속하게 유발된다. 이러한 자동적 사고는 매우 빠르게 스쳐 지나가기 때문에 개인에게 분명하게 인식되지 않으며, 단지 그 결과로 뒤따르는 부정 감정만이 느껴질 뿐이다. 따라서 사람들은 자동적 사고의 존재를 인식하기 어렵기 때문에 그 타당성을 검토하지 못한 채 결과적인 감정만을 무비판적으로 받아들이게 된다. 그러나 자동적 사고는 주의를 기울이거나 약간의 훈련을 받게 되면 그 존재와 내용이 개인에게 인식될 수 있다.

2) 생활 사건의 의미를 왜곡하는 인지적 오류

Beck(1963, 1976; Beck, Rush, Shaw, & Emery, 1979)에 따르면[18], 우울증을 지닌 사람들의 자동적 사고는 대부분 현실을 부정적인 방향으로 과장하거나 왜곡한 것이다. 이들은 생활 사건의 의미를 해석하는 과정에서 다양한 오류를 범하기 때문이다. Beck은 생활 사건의 의미를 해석하는 정보처리 과정에서 범하는 논리적 비약과 실수를 인지적 오류(cognitive error)라고 명명했다. 심리적 장애를 지닌 사람들이 흔히 범하는 인지적 오류는 매우 다양하며 그 몇 가지 예를 소개하면 다음과 같다.

흑백 논리적 사고(all or nothing thinking)는 생활 사건의 의미를 이분법적인 범주 중의 하나로 해석하는 오류를 말하며 이분법적 사고(dichotomous thinking)라고 불리기도 한다. 예를 들어, 자신의 수행을

'성공 아니면 실패'로 평가하거나 다른 사람의 반응을 '칭찬 아니면 비난' 또는 '우리 편 아니면 상대편'으로 해석하며, 그 중간의 회색지대를 생각하지 못하는 경우이다. 다른 사람이 자신에게 분명한 호감을 표현하지 않으면 자신을 싫어하거나 미워한다고 생각하는 경우가 흑백 논리적 사고의 대표적인 예라고 할 수 있다.

과잉일반화(overgeneralization)는 특수한 상황의 경험에 근거하여 일반적인 결론을 내리고 그러한 결론을 전혀 무관한 상황에 적용시키는 오류이다. 예를 들어, 시험이나 사업에 실패한 사람이 자신은 '어떤 일에서든' '노력에 상관없이' '항상' 실패하게 될 것이라고 믿거나, 한두 번의 실연 경험을 지닌 사람이 자신은 '항상' '어떤 이성에게나' '어떻게 행동하든지' 사랑받지 못할 것이라고 생각하는 것은 과잉일반화에 속한다. 특정한 종교를 지닌 상사로부터 무시를 당한 사람이 그 종교 자체를 폄하하거나 동일한 종교를 지닌 사람 전체를 부정적으로 매도하는 것은 과잉일반화의 오류를 범하는 것이다.

정신적 여과(mental filtering)는 특정한 사건과 관련된 일부의 정보만 선택적으로 받아들여 그것이 마치 전체를 의미하는 것으로 잘못 해석하는 오류를 의미하며 선택적 추상화(selective abstraction)라고 부르기도 한다. 예를 들면, 발표를 한 상황에서 대다수의 청중들이 긍정적인 반응을 보였음에도 불구하고 부정적 반응을 보인 소수의 청중에만 선택적으로 주의를 기울여 자신의 발표를 실패한 것으로 평가하고 낙담하는 경우이다.

의미확대와 의미축소(minimization and maximization)는 어떤 사건의 의미나 중요성을 실제보다 지나치게 확대하거나 또는 축소하는 오류를 말한다. 우울한 사람들은 부정적인 일의 의미는 크게 확대하고 긍정적인 일의 의미는 축소하는 잘못을 범하는 경향이 있다. 예를 들어, 친구가 자신에게 한 칭찬은 별 뜻 없이 듣기 좋으라고 한 말로 의미를 축소하는 반면, 친구가 자신에게 한 비판은 평소 친구의 속마음을 드러낸 중요한 일이라고 그 의미를 확대하여 받아들이는 경우이다.

개인화(personalization)는 자신과 무관한 사건을 자신과 관련된 것으로 잘못 해석하는 오류를 말한다. 예를 들어, 길거리를 걸어가는 사람이 벤치에 앉아 있는 사람들의 웃는 소리를 듣고 자신의 외모나 행동거지를 비웃는 것이라고 받아들이는 경우가 이에 해당한다.

잘못된 명명(mislabelling)은 사람의 특성이나 행위를 기술할 때 과장되거나 부적절한 명칭을 사용하여 기술하는 오류를 뜻한다. 예를 들어, 자신의 잘못을 과장하여 '나는 실패자다.' '나는 인간쓰레기다'라고 부정적인 명칭으로 자신에게 부과하는 것이다.

이 밖에도 충분한 근거 없이 다른 사람의 마음을 제멋대로 추측하고 단정하는 독심술(mind-reading)의 오류, 마치 미래에 일어날 일을 예언하듯이 단정하고 확신하는 예언자(fortune telling)의 오류, 현실적인 근거가 없이 막연히 느껴지는 자신의 감정에 근거하여 결론을 내리는 감정적 추리(emotional reasoning)와 같은 인지적 오류가 있다. 이러한 인지적 오류들은 현실을 실제보다 부정적인 방향으로 왜곡하거나 과장함으로써 부정적인 감정과 행동을 유발하게 된다.

3) 부정적 의미부여의 바탕: 역기능적 인지도식과 비합리적 신념

동일한 사건도 사람마다 해석하는 방식이 각기 다르다. 어떤 생활 사건을 다양한 인지적 오류를 통해 부정적인 방향으로 과장하거나 왜곡하여 받아들이는 근본적인 이유는 무엇일까? Beck에 의하면, 우울한 사람들은 편향된 인식의 틀, 즉 독특한 인지도식을 지니고 있기 때문이다.

인지도식(schema)은 과거 경험을 추상화한 기억체계로서 생활 속에서 경험하는 사건들의 다양한 정보를 선택하고 사건의 의미를 해석하며 미래의 결과를 예상하는 인지적 구조(cognitive structure)를 의미한다. 인지도식의 주된 내용은 자신과 세상에 대한 신념으로 구성되어 있다. 동일한 생활 사건의 의미를 사람마다 다르게 해석하는 이유는 인지도식이 각기 다르기 때문이다. 인지도식은 대부분의 경우 생의 초기에 구축되기 시작한다. 초기 아동기에 부모를 비롯한 중요한 인물과의 상호 작용 경험은 자신과 세상에 대한 핵심 신념을 형성하는 데 중추적인 역할을 한다. 특히 발달 과정에서 겪게 되는 충격적인 사건이나 외상 경험은 개인의 인지도식과 신념체계의 형성에 커다란 영향을 미치게 된다.

Beck에 따르면, 우울한 사람들은 생활 사건의 의미를 부정적으로 해석하게 하는 역기능적 인지도식(dysfunctional schema)을 지니고 있다. 이러한 인지도식은 어린 시절의 경험에 의해서 형성되며, 성장하여 부정적인 생활 사건에 직면하게 되면 활성화되어 그 사건의 의미를 부정적으로 왜곡함으로써 우울 증상을 유발하게 된다. 역기능적 인지도식은 당위적이고 완벽주의적이며 경직된 다양한 신념을 파생시킨다. 이러한 신념들은 비현실적인 것이기 때문에 필연적으로 좌절과 실패를 초래하게 되는데, Beck은 이러한 신념을 역기능적 신념(dysfunctional beliefs)이라고 지칭했다.

합리적 정서행동치료의 창시자인 Ellis(1962; Ellis & Harper, 1997; Ellis & MacLaren, 1995)에 따르면[19], 인간이 건강하지 못한 부정 정서를

경험하는 주된 원인은 비합리적 신념 때문이다. 비합리적 신념(irrational beliefs)은 "반드시 ~해야 한다(musts, shoulds)"라는 절대적이고 완벽주의적인 당위적 요구의 형태를 지니며 자신과 타인, 그리고 세상에 대한 비현실적인 기대와 요구를 포함하고 있다. Ellis는 비합리적 신념을 자신, 타인, 세상의 세 가지 대상에 대한 당위적 요구로 구분하고 있다.

자신에 대한 당위적 요구(self-demandingness)는 자기 자신에게 현실적으로 충족되기 어려운 과도한 기대와 요구를 부과하는 것이다. 그 대표적인 예는 "나는 반드시 탁월하게 일을 수행해 내야 한다", "다른 사람들로부터 인정과 칭찬을 받아야 한다", "그렇지 않으면 나는 무능하고 무가치하며 고통을 받는 것이 마땅하다"와 같은 신념이다. 이러한 비합리적 신념은 개인으로 하여금 수행해야 할 과제를 자꾸 미루거나 그 결과를 불만스럽게 여기게 만들어 자기비난과 자기혐오에 빠지게 함으로써 불안감과 우울감을 유발하게 된다. 인간은 누구나 실수하거나 실패할 수 있기 때문에 이러한 신념은 현실에서 실현되기 어려운 비합리적 신념이다. 자신에게 부과한 당위적 요구에 의해서 부적응적인 결과가 초래되기 때문에 이러한 신념은 비합리적일 뿐만 아니라 자기파멸적인 것이라고 할 수 있다.

타인에 대한 당위적 요구(other-demandingness)는 개인이 타인에게 지니는 과도한 기대와 요구를 의미하며, 타인이 그러한 기대에 부응하도록 일방적으로 요구하는 것이다. 그 대표적인 예는 "사람들은 항상 나에게 친절하고 공평하게 대해야 한다", "진정한 친구라면 항상 내 편을 들어줘야 한다", "그렇지 않으면 그들은 존중한 가치가 없는 나쁜 사람들이며 징벌을 받아 마땅하다"와 같은 신념이다. 이러한 과도한 기대와 신념은 필연적으로 실망, 좌절, 배신과 같은 마음의 상처를 받게 만들 뿐만 아니라 타인에 대해서 분노, 적개심, 질투, 폭력을 초래하게 된다. 이러한 신념은 개인의 특정한 행동보다 그의 인격 전체를 싸잡아 부정적인 방향으로 매도하는 것이다. 모든 사람이 자신의 바람에 따라 행동해 줄 것을 기대하는 것은 매우 비현실적인 것이다. 이러한 비합리적 신념은 분노, 증오, 불화를 유발할 뿐만 아니라 극단적인 경우에는 전쟁이나 민족말살과 같은 인류의 비극을 초래하기도 한다.

세상에 대한 당위적 요구(world-demandingness)는 우리가 살아가는 사회정치적 체제뿐만 아니라 자연세계에 대한 비현실적인 과도한 기대를 의미한다. 예컨대, "우리 사회는 항상 공정하고 정의로워야 한다", "우리가 사는 세상은 안전하고 편안하며 즐거운 곳이어야 한다", "세상은 항상 반드시 내가 원하는 대로 돌아가야 하며 나의 노력에 즉각적인 보상을 주어야 한다", "자연세계는 결코 우리에게 부당한 피해를 주어서는 안 된다." "그렇지 않으면, 세상은 혐오스럽고 공포스러운 참을 수 없는 곳이다"와 같은 신념이 이에 해당한다. 이러한 신념은 세상에 대한 막연한 분노와 공포, 비관적이고 소극적인 행동, 우울과 자기연민을 초래하게 된다. 세상은 자신이 원하는 대로 항상 움직이지 않기 때문에 이러한 신념은 비현실적인 것이다. 이러한 신념은 좌절에 대한 인내력을 저하시키고 우울감과 무기력감을 유발하며 일에 대한 의욕을 저하시킬 뿐만 아니라 지연 행동을 초래하게 된다. 때로는 자신의 당위적 요구대로 돌아가지 않는 세상에 대해 분노를 느끼거나 원망과 저주를 할 수도 있다.

Ellis는 이러한 당위적 요구를 모든 정서적 문제의 근원이라고 보았다. 인간은 스스로 자신과 타인, 그리고 세상에 대한 과도한 당위적 요구를 만들어낸다. 그리고 그러한 요구를 자신과 타인에게 일방적으로 부과할 뿐만 아니라 반드시 지키도록 강요한다. 이것은 마치 스스로 다양한 계율을 만들어 타인에게 일방적으로 강요하는 폭군의 행위와 같은 것이라고 할 수 있다. 정신분석학자인 Karen Horney는 '당위적 요구의 폭정(tyranny of shoulds)'을 신경증의 핵심이라고 보았다. 이러한 당위적 요구는 충족되지 않았을 때 파국화(awfulizing)라는 사고 과정을 촉발한다. 마치 계율을 어긴 것이 심각한 죄악으로 여겨지듯이, 당위적 요구가 좌절된 것을 파국적인 것으로 과장하여 여기는 것이다. 예컨대, "진정한 친구라면 항상 나의 편을 들어주어야 한다"라는 당위적 요구를 부과했지만, 친구가 자신을 지지하지 않거나 상대편을 지원하는 경우에 "이것은 친구에 대한 배신행위다", "이것은 있을 수 없는 심각한 일이다", "매우 끔찍한 일이다"라고 과장되게 해석하여 생각하는 것이다.

파국화는 좌절에 대한 낮은 인내력(low frustration tolerance)으로 이어지는데, 이는 당위적 요구가 좌절된 상황을 참을 수 없다고 생각하는 비합리적 사고를 의미하며 흔히 "이것은 도저히 참을 수 없다 (I-can't-stand-it)"는 형태의 생각으로 나타난다. 예컨대, 자신의 편을 들어주지 않은 친구의 배신행위는 "도저히 참을 수 없다." "이런 일을 그냥 참고는 살 수 없다"고 생각하는 것이다. 기대나 요구의 좌절은 실망스럽고 불쾌한 것이지만 참을 수 없는 것은 아니다. 그러나 자신의 기대가 좌절된 상황은 너무 불쾌해서 도저히 참고 살 수 없으므로 무언가 행동을 통해 상황을 변화시켜야 한다는 생각으로 이어지게 된다. 그 결과, 자신과 타인에 대한 질책(damming oneself and others)을 유발하게 된다. 이는 당위적 요구를 충족시키지 못한 자신과 타인은 무가치할 뿐만 아니라 비난과 질책을 당해야 마땅하다는 비합리적인 사고를 뜻한다. 예컨대, 자신의 편을 들어주지 않은 친구의 있을 수 없는 배신행위는 도저히 참을 수 없는 일일 뿐만 아니라 "그런 배신행위를 한 인간은 몹쓸 인간이다", "그런 사람을 친구라고 생각하다니 내가 참 한심하다", "그런 친구와는 결별해야 한다", "그런 친구는 배신자로 비난당하는 것이 마땅하다"라고 생각하는 경우이다. 이러한 사고는 타인에 대한 분노, 비판, 경멸, 공격행위와 더불어 자기비하와 자기질책으로 이어지게 된다.

당위적 요구는 실현되기 어려운 비현실적인 것일 뿐만 아니라 필연적으로 좌절을 초래하여 건강하지 못한 부정 감정과 행동을 유발함으로써 우리의 삶을 부적응적인 것으로 몰아가기 때문에 비합리적인 것이라고 할 수 있다. 이러한 비합리적 신념은 우리 자신과 타인, 그리고 세상에게 비현실적인 것을 과도하게 요구함으로써 우리의 삶을 고통스럽고 불행한 것으로 몰아가게 된다. 이러한 당위적 요구는 인간의 본성적인 비합리성에 기인할 뿐만 아니라, 대부분의 경우 사회적 환경으로부터 주입된 것이다. 인간은 누구나 어느 정도의 비합리적 신념을 지니고 있다. 이러한 신념의 현실성과 합리성을 재평가하지 않은 채 행동하거나 스스로에게 계속 주입함으로써 이를 지속시키거나 강화시킬 수 있다. 비합리적 신념의 변화는 가능하지만 쉽지 않다. 꾸준한 노력과 훈련을 통해서만 변화될 수 있다. Ellis(2000)는 "인간은 누구나 어느 정도의 당위적 요구(demandingness)을 지니고 태어나며 길러진다. 따라서 오직 고된 노력을 통해서만 이러한 당위적 요구를 건강한 소망으로 바꿀 수 있다"고 언급한 바 있다.

4) 부적응적 또는 자기파멸적 행동

부정 정서는 불쾌한 느낌으로 경험될 뿐만 아니라 특정한 행동을 하도록 촉발한다. 예컨대, 우울 정서는 의기소침한 상태로 우유부단하거나 위축된 행동을 촉발하며 과제 수행을 미루는 지연 행동을 유발하게 된다. 불안이나 공포는 투쟁 또는 도주(fight or flight) 반응을 촉발하게 된다. 즉 위험에 대처하기 위해 에너지를 집중하는 경계태세를 촉발하거나 위험을 감당하기 어려울 경우에는 도주 행동을 유발하기도 한다. 분노 정서는 자신에게 분노를 유발한 상대방을 비난하거나 공격하는 행동을 촉발하게 된다. 부정 정서에 대한 행동적 표출은 그 적절성 여부에 따라서 문제 상황을 효과적으로 해결할 수도 있지만 때로는 상황을 악화시킬 수도 있다.

부정 정서는 개인의 불쾌한 내면적 체험에 그치는 것이지만 그러한 정서를 행동으로 표출하게 되면 타인이나 환경에 대한 직접적인 영향을 미침으로서 새로운 사건을 만들어 내게 된다. 특히 부정 정서를 부적절한 행동으로 표출하게 되면 문제 상황을 악화시켜 더욱 커다란 부정적인 생활 사건을 유발할 수 있다. 예컨대, 학업성적의 부진으로 우울 상태에 빠진 학생이 의욕 저하로 공부를 하지 않거나 과제를 자꾸 미루게 되면 더욱 심각한 학업 부진을 유발하게 된다. 남편의 잘못에 화가 난 아내가 남편의 자존심을 훼손하는 비난 행동을 하게 되면 남편의 반발과 분노를 촉발하여 더욱 큰 갈등과 분노를 경험하게 될 수 있다. 이처럼 부정 정서를 부적절하게 표출함으로써 문제 상황을 악화시켜 자신의 고통을 더욱 심화시키는 부적응적인 행동을 자기파멸적 행동(self-defeating behavior)이라고 한다.

대부분의 경우, 사소한 문제가 심각한 고통과 장애로 발전하는 과정에서는 〈그림 2〉와 같은 악순환이 존재한다. 우리는 일상생활에서 경험하는 크고 작은 사건들에 대해서 의미를 부여하고 그 결과로서 정서적 경험을 하게 된다. 건강하지 못한 부정 정서는 대부분의 경우 생활 사건을 부정적인 방향으로 과장하거나 왜곡한 자동적 사고에 의해서 유발된다. 이러한 자동적 사고는 과거 경험에 뿌리를 두고 있는 역기능적 신념이나 당위적 요구에 의해서 생활 사건의 의미를 왜곡한 사고 내용을 포함하는데, 그러한 왜곡 과정에는 다양한 인지적 오류가 개입하게 된다. 자동적 사고에 의해서 유발된 부정 정서는 많은 경우 행동 반응으로 표출되게 된다. 이러한 행동 반응이 부적절한 경우에는 타인과 세상에 부정적인 영향을 미침으로써 새로운 생활 사건을 유발하여 더욱 심각한 부정 정서를 경험하게 되는 악순환을 초래하게 된다. 심리적 고통과 장애를 극복하기 위해서는 이러한 악순환의 고리를 단절하는 것이 중요하다.

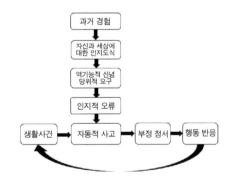

〈그림 2〉 괴로움이 발생하고 지속되는 심리적 과정

5) 인지행동치료: 인지적 재구성과 행동적 변화

인지행동치료의 기본적인 원리는 심리적 고통과 장애를 유발하는 악순환에 기여하는 부적응적인 인지와 행동을 수정하는 것이다. 우선, 부정정서를 촉발하는 왜곡된 인지를 수정하여 재구성하는 것이 중요하다. 인지행동치료자는 심리적 장애를 지닌 내담자로 하여금 부정적 감정을 유발한 자동적 사고와 그 기저의 신념을 발견하여 자각하도록 돕는다. 아울러 이러한 사고와 신념이 현실적이고 합리적인 것인지를 숙고함으로써 좀 더 현실적인 사고와 신념으로 수정하도록 돕는다. 인지행동치료는 내담자로 하여금 자신과 세상에 대한 기대와 신념을 효과적으로 변화시키도록 돕는 다양한 치료기법을 포함하고 있다. 이러한 인지의 수정은 각 수준의 인지(자동적 사고, 비합리적 신념, 역기능적 인지도식)에 따라 순차적으로 이루어지는데, 비교적 자각하기 쉽고 수정하기도 쉬운 자동적 사고에서 시작하여 점차적으로 깊은 수준의 인지를 수정해 나간다. 깊은 수준의 신념을 수정할수록 미래의 재발을 막을 수 있기 때문에, 치료가 어느 정도 진행되면 자동적 사고의 기저를 이루고 있는 역기능적 신념의 변화에 초점을 맞추게 된다.

심리교육적 모델에 근거하고 있는 인지행동치료는 내담자 스스로 자신의 부정적 사고를 인식하여 변화시키는 역량을 키우는 데 주력한다. 인지치료는 특수한 학습과정으로서 내담자가 다음과 같은 심리적 기술을 배우게 한다.[20] (1) 자신의 부정적이고 자동적인 사고를 관찰하여 파악하기, (2) 인지·정서·행동 간의 관련성을 인식하기, (3) 자동적 사고의 지지 증거와 반대 증거를 검토하기, (4) 편향적인 인지를 좀 더 현실적인 대안적 사고로 대체하기, (5) 경험을 왜곡하는 취약성으로 작용하는 역기능적 신념을 파악하고 수정하기.

인지행동치료의 주요한 초점은 부적응적인 자기파멸적 행동을 변화
시키는 것이다. 심리적 장애를 지닌 사람들이 자기파멸적 행동을 반복하
는 이유는 부정 정서에 대처하는 그러한 행동 방식이 습관화되었거나
더 효과적인 대처 행동을 알지 못하기 때문이다. 때로는 자신의 행동이
초래하는 부정적인 결과를 인식하지 못하기 때문에 자기파멸적 행동을
반복하는 경우도 있다. 따라서 인지행동치료자는 내담자의 행동 방식에
대한 효과성을 논의하고 문제 상황을 좀 더 효과적으로 해결할 수
있는 대처 행동을 학습시키고 강화한다. 심리적 장애를 치료하기 위해서
는 인지적 재구성을 통해서 부정 정서를 감소시키는 것도 중요하지만
적응적 행동의 습득을 통해서 부정적인 생활 사건의 재생산을 방지하는
것도 중요하다.

최근에 인지행동치료자들은 불교의 수행 방법 중 하나인 마음챙김
(mindfulness)을 도입하여 내담자들이 부정적인 생각에 함몰되는 것을
방지하는 치료 방법을 제시하고 있다. 그 대표적인 예가 마음챙김에
기반한 인지치료(MBCT: Mindfulness-Based Cognitive Therapy), 변증법
적 행동치료(DBT: Dialectic Behavior Therapy), 수용전념치료(ACT:
Acceptance Committment Therapy)이다.

마음챙김에 근거한 인지치료(Mindfulness-Based Cognitive Therapy:
이하에서 MBCT)는 John Teasdale과 그의 동료들(Teasdale, 1999; Segal,
Williams, & Teasdale, 2002)이 우울증의 재발 방지를 위해서 개발한
치료 방법이다.[21] 우울증은 심리치료든 약물치료든 치료를 받으면 초전
이 잘되는 심리적 장애이다. 그러나 재발이 잘되는 장애이기도 하다.
우울 증상이 호전되어 정상적인 생활을 하다가 스트레스 사건이 발생하
면 그 사건의 의미를 과장하면서 부정적인 자동적 사고에 함몰되어

집착하게 되면서 우울증이 재발하게 된다. MBCT의 목표는 우울증을 유발하는 자동적 사고의 영향력을 약화시키는 것으로서 인지치료의 이론과 마음챙김을 접목한 것이라고 할 수 있다. 즉 마음챙김 훈련을 통해서 우울증의 재발을 촉발하는 자동적 사고가 떠오르는 것을 알아차리고 수용하며 거리를 둠으로써 자동적 사고의 부정적 영향력을 약화시키는 것이다. MBCT는 내담자로 하여금 부정적인 생각이 증가할 때 마음챙김을 통해서 그러한 부정적인 생각을 알아차리고 비판단적으로 바라보도록 돕는다. 내담자로 하여금 생각은 생각일 뿐 현실이 아니라는 것, 즉 부정적인 생각은 하늘의 먹구름처럼 일시적으로 우리의 마음을 점령하지만 시간이 흐르면 스스로 물러가는 것이라는 점을 인식시킨다. MBCT는 우울증의 재발을 방지하는 효과적인 치료법으로 보고되고 있다. Ma와 Teasdale(2004)에 따르면, 3~4번 이상 우울증을 경험했던 사람들이 MBCT를 통해서 재발률이 약 50% 정도 감소했다.

5. 결어: 불교와 심리학의 상호 보완적 관계

심리학의 관점에서 보면, 우리의 삶이 괴롭고 고달픈 이유는 크게 세 가지의 업業 때문이다. 그 첫째는 엔트로피 증대의 법칙에 의해 지배되는 이 세상에서 그러한 법칙에 역행하여 살아가야만 하는 생명체로 태어난 인류의 공업共業 때문이다. 이러한 삶의 조건에서 인간은 생명과 안녕을 위협하는 부정적인 것에 더욱 민감하게 반응하는 부정편향성을 지니게 되었다. 둘째는 한국 사회가 경제적으로 발전하는 과정에서 물질적 가치에 집착하며 지나치게 경쟁적인 삶에 매몰되어 버린 21세기 한국인의 공업 때문이다. 셋째는 개인마다 각기 다르지만 성장 과정에서 겪은 나름대로의 고통스러운 경험과 상처, 즉 개인의 사업私業 때문이다. 이러한 개인적 경험은 자신과 세상에 대한 편향된 인식의 틀을 형성하게 하여 자신의 현실을 부정적으로 과장하거나 왜곡한 망상에 집착하도록 만든다. 이처럼 다양한 업에 의해서 자기 자신과 자신의 상황을 부정적인 것으로 인식하는 망념妄念과 그에 대한 집착이 괴로움의 원인이다. 심리학은 인간을 고통과 부적응으로 몰아가는 망념의 내용을 구체적으로 밝히고 그러한 망상과 집착이 형성되는 심리적 과정을 체계적으로 밝히고자 노력하고 있다.

자신의 고통을 여의고 안락을 얻고자 하는 이고득락과 다른 사람의 괴로움을 없애고 즐거움을 주는 발고여락拔苦與樂을 추구한다는 점에서 불교와 심리학(특히, 임상심리학과 상담심리학)은 공통적이다. 또한 고통이 발생하는 근본적인 원인을 물질적인 경제적 여건이나 신神과 같은 외부적 요인에서 찾지 않고 인간의 마음에서 찾는 내향적 접근을 하고 있다는 점에서 불교와 심리학은 유사하다. 이고득락의 방법 역시 물질적 조건의 개선이나 신과 같은 타자에 의존하지 않고 마음의 변화를 통해 추구한다는 점에서 역시 공통적이다. 이런 점에서 불교는 심리학적인 종교이며, 심리학은 불교적인 학문이라고 할 수 있다.

동양의 종교인 불교와 서양의 학문인 심리학은 서로를 이해함으로써 많은 것을 배울 수 있는 상호 보완적인 관계에 있다. 불교는 2,500여 년의 장구한 역사 속에서 다양한 방식으로 체계화된 마음의 이론을 지니고 있을 뿐만 아니라 다채로운 수행 방법을 제시하고 있다. 또한 수많은 수행자들이 치열한 수행을 통해서 자신의 마음을 세세밀밀細細密密하게 관찰하고 수행 과정에서 경험한 다양한 의식의 경지에 대한 풍부한 체험과 교설을 보유하고 있다. 반면에, 심리학은 과학적인 연구 방법을 통해서 좀 더 객관적인 관점에서 인간의 심리적 구조와 과정을 밝히고 있을 뿐만 아니라 고통과 장애가 발생하는 구체적인 심리적 원인과 그 치료 방법을 다양하게 제시하고 있다. 특히 심리학은 현대인이 경험하는 고통과 장애를 세부적으로 구분하고 각각의 심리적 원인과 치료 방법을 제시하는 과학적 접근을 하고 있다는 점에서 강점을 지닌다. 불교와 심리학의 만남은 동양과 서양의 만남이자 종교와 과학의 만남으로서, 이 만남을 통해 마음에 대한 서로의 이해를 심화시킬 뿐만 아니라 이고득락의 방법을 정교하게 세련시키는 상생적 발전의 계기가 될 수 있을 것으로 믿는다.

참고문헌

초기불교 | 붓다의 괴로움과 그 소멸

- PTS Pāli Texts의 약어는 Pāli English Dictionary(PED)의 약어(Abbreviation) 기준을 따랐다.

경전

Aṅguttaranikāya. 5 vols. ed. R. Morris and E. Hardy. London : Pali Text Society (PTS), 1985-1990.

Dīghanikāya. 3 vols. T.W. Rhys Davids and J.E. Carpenter. London : PTS, 1890-1911.

Dhammapada. ed. S. Sumangala Thera. London : PTS, 1914.

Itivuttaka. ed. Ernst. Windisch, London : PTS, 1889-1975.

Majjhimanikāya. 3 vols. ed. V. Trenkner and R. Chalmers. London : PTS, 1948-1951.

Paṭisambhidāmagga. 2 vols. ed. Arnold C. Taylor. London : PTS. 1979.

Saṃyuttanikāya. 6 vols. ed. M. Leon Feer. London : PTS, 1884-1904.

Sumaṅgalavilāsinī. 3 vols. ed. T.W. Rhys Davids and J. Estlin Carpenter. London : PTS, 1968.

Sutta Nipāta. ed. D. Anderson and H. Smith. London : PTS, 1948-1965.

Udāna. ed. Paul. Steinthal. London : Oxford University press. 1948.

Vinaya Piṭaka. 5 vols. ed. Hermann Oldenberg. London : PTS. 1969.

Visuddhimagga. ed. C.A.F. Rhys Davids and D. Litt. London : PTS., 1975.

Maurice Walshe(1996), *The Long Discourses of the Buddha. A new translation of the Dīgha Nikāya*. B.P.S.

Ñāṇamoli, Bhikkhu. trans. *The Path of Purification*. (Visuddhimagga). London :

Shambhala Publications, 1976.

각묵, 『디가니까야-길게 설하신 경』, 초기불전연구원, 2006.

____, 『상윳다니까야』, 초기불전연구원, 2009.

대림, 『청정도론』, 초기불전연구원, 2004.

____, 『앙굿따라니까야』, 초기불전연구원, 2007.

전재성, 『맛지마니까야』, 한국빠알리성전협회, 2003.

_____, 『숫타니파타』, 한국빠알리성전협회, 2004.

_____, 『쌍윳따니까야』, 한국빠알리성전협회, 2007.

_____, 『앙굿따라니까야』, 한국빠알리성전협회, 2007.

_____, 『우다나-감흥어린 시구』, 한국빠알리성전협회, 2009.

참고사전

Andersen, Dines and Helmer, Smith. ed. *A Critical Pali Dictionary*. Copenhagen :
The Royal Danish Academy Pub, 1924-1948.

Buddhadatta. A. P. Mahathera. *Concise Pali-English Dictionary*. Delhi, Motilal
Banarsidass Pub, 1989.

_____. *English Pali Dictionary*. London, Pali Text Society,
1979.

Caesar Chilbers, Robert. *A Dictionary of the Pali Language*. Kyoto Rinsen Book Company,
1987.

Cone, Margaret. *A Dictionary of Pāli*. Oxford : PTS, 2001.

Hare. E. M. *Pali Tipiṭakaṃ Concordance*. London : PTS, 1953.

Malalasekera. G. P. ed. *Encyclopedia of Buddhism*. Vols. Colombo, Government
of Sri Lanka.

Ñāṇamoli, Bhikkhu. *A Pali-English Glossary of Buddhist Technical Terms*. Kandy.
BPS, 1994.

Nyanatiloka Thera. *Buddhist Dictionary*. The Corporate Body of the Buddha Educational
Foundation, 1987.

Rhys Davids, T. W. and Stede, William. *Pali-English Dictionary*. Delhi : Motilal
Banarsidass Pub, 1986.

전재성, 『빠알리어사전』, 한국빠알리성전협회, 2012.

雲井昭善, 『パ─リ語佛教辭典』, 山喜房佛書林, 1997.

출판 및 연구물

Johansson Rune E. A(1985), *The Dynamic Psychology of Early Buddhism*. London
    : Curzon Press.

Lily de Silva(1987), "Sense Experience of Liberated Being as Reflected in Early Buddhism"
    Buddhist Philosophy and culture. Essays in honour of N.A. Jayawickrema.
    Vidyalankara Press.

Mathieu Boisvert(1997), *The Five Aggregates Understanding Theravāda Psychology
    and Soteriology* Sri Satgaru Pub.

Nanaponika Thera(1996), *The Heart of Buddhist Meditation*.

Ñānananda Bhikkhu(1971), *Concept and Reality*. B.P.S.

Piyadassi Thera(1987), *The Buddha's Ancient Path*.3 rd. impression.

Silananda, Ven(1990), *The Four Foundations of Mindfulness*. Wisdom Pub.

Walpola Rahula(1959), *What the Buddha Taught*. Gordon Fraser Gallery.

Wijesekera O. H. de. A(1982), *The Three Signata* The Wheel Pub no.20.

You-Mee Lee(2009), Beyond Āsava & Kilesa, Buddhist Cultural Centre.

김재성, 「초기불교 및 부파불교의 번뇌」『괴로움의 뿌리인 번뇌, 무엇이며 어떻게
    일어나는가?』, 밝은사람들 제3회 학술연찬회, 2007.

미산, 「근본불교수행의 요체와 지성의 발현」, 가산학보 10호, 2002.

송위지 옮김, 『불교 선수행의 핵심』, 시공사, 1999.

이지수 옮김, 『존재의 세 가지 속성』, 고요한 소리, 2005.

이필원, 『사성제 팔정도』, 민족사, 2010.

정준영, 「대념처경에서 보이는 수념처의 실천과 이해」(불교학연구 제7호), 2003.

재연 스님 옮김, 『불교의 초석, 사성제』, 고요한 소리, 법륜 15, 2003.

선종 | 괴로움의 뿌리인 번뇌가 곧 보리

김태완, 『祖師禪의 실천과 사상』(藏經閣, 2001),

敦煌本 『壇經』(『禪林寶典』, 禪林古鏡叢書, 藏經閣, 1988),

敦煌本 『大乘安心入道』

石井本 「雜懲義」, 『神會語錄』

神會, 敦煌本 「南陽和上頓教解脫禪門直了性壇語」(楊曾文 編校, 『神會和尙禪話錄』,
    中華書局, 1996)

楊曾文 編校, 『神會和尙禪話錄』, 中華書局, 1996

仁海 譯註, 「二種入」, 『달마의 소실육문』(민족사, 2008)

宗寶本 『六祖壇經』(大正藏 제48권)

黃檗, 『傳心法要』(『禪林寶典』, 禪林古鏡叢書 1, 藏經閣, 1988)

『觀心論』(『소실육문』)(大正藏 제48권)

『頓悟入道要門論』(『中國佛教資料選集』 第二卷 第二冊)

『楞伽師資記』(大正藏 제85권)

『馬祖道一禪師語錄』(續藏經 제119冊)

『白丈廣錄』(『古尊宿語錄』 卷一, 中國佛教典籍選刊, 中華書局)

『白丈語錄』(『古尊宿語錄』 卷第二, 中華書局, 1994)

『御選語錄』 十九, 「覺生寺文覺禪師元信雪鴻」(續藏經 第119冊)

『宛陵錄』(『古尊宿語錄』 권제3)

『宛陵錄』(『中國佛教資料選集』 第二卷 第二冊)

『六祖壇經』(大正藏 제48권)

『傳燈錄』 권제6(大正藏 제51권)

『傳心法要』(大正藏 제48권)

『傳心法要』(『中佛資料選集』 第二卷 第四冊)

『曹溪大師別傳』(慧能 著, 郭明 校釋, 『壇經校釋』, 中華書局, 1983)

『趙州語錄』(『古尊宿語錄』 卷第十三)

『宗鏡錄』(大正藏 第48권)

『最上乘論』(大正藏 제48권)

서양철학 | 서양 철학의 역사에서 고통의 의미 찾기

1. 원전(시대순)

호메로스, 천병희 옮김, 『오뒷세이아』, 단국대학교출판부, 2002.

소포클레스, 천병희 옮김, 『오이디푸스왕』, 문예출판사, 2001.

플라톤, 박종현 옮김, 『법률』, 서광사, 2009.

플라톤, 박종현 옮김, 『티마이오스』, 서광사, 2008.

플라톤, 박종현외 옮김, 『필레보스』, 서광사, 2004.

아리스토텔레스, 이창우외 옮김, 『니코마코스 윤리학』, 이제이북스, 2008.

에피쿠로스, 오유석 옮김, 『쾌락』, 문학과 지성사, 2008.

세네카, 천병희 옮김, 『세네카의 행복론: 인생이 왜 짧은가』, 숲, 2005.

에픽테토스, 김재홍 옮김, 『엥케이리디온』, 까치, 2003.

에픽테토스, 정영목 옮김, 『불확실한 세상을 사는 확실한 지혜』, 까치, 1999.

보에티우스, 정의채 옮김, 『철학의 위안』, 성바오로, 21993.

아우구스티누스, 성염 역주, 『자유의지론』, 분도출판사, 1999.

아우구스티누스, 성염 옮김, 『신국론』(De Civitate Dei; 제1-10권, 제11-18권, 제19-22권), 분도출판사, 2004.

토마스 아퀴나스, 정의채 외 옮김, 『신학대전』, 1-7, 9-11, 13-16, 바오로딸, 1985~2010.

쇼펜하우어, 곽복록 옮김, 『의지와 표상으로서의 세계』, 을유문화사, 2004.

F. 니체, 김정현 옮김, 『선악의 저편·도덕의 계보』, 책세상, 2002.

F. 니체, 박찬국 옮김, 『아침놀』, 책세상, 2004.

테오도르 아도르노, 홍승용 옮김, 『부정변증법』, 한길사, 1999.

Thomas Aquinas, *Summa Theologiae*, Die Deutsche Thomas-Ausgabe, Graz-Wien-Köln: Styria. (=STh)

Thomas Aquinas, *Quaestiones disputate de Malo* (Marietti, Quaestiones disputatae, Bd. 2, Hrsg. von P. Bazzi u. a., 101965, p.437~699. [= *De Malo*]

Thomas Aquinas, *Scriptum super libros Sententiarum* (Hrsg. von P. Mandonnet, 2 Bde., Paris 1929 (Bücher I-II); Hrsg. von M. F. Moos, 2 Bände, Paris 1933 und 1947. [= *Sent*]

Thomas Aquinas, *Quaestiones disputate de veritate* (Leonina, Bd. 22; Marietti, Quaestiones disputatae, Bd.1, Hrsg. von R. Spiazzi, 1964) [= *Ver*]

Thomas Aquinas, *Summe gegen die Heiden*. Hrsg. und übers. von Karl Albert und Paulus Engelhardt, Wissenschaftliche Gesellschaft, 1987~1996, Bde. 15~19. [= CG]

Martin, Luther, *Vorlesung über den Römerbrief 1515/16*, 1960.

G. W. Leibniz, Die Theodizee: *Von der Gute Gottes, der Freiheit des Menschen und dem Ursprung des Übels*, G. W. Leibniz, Philosophische Schriften, Bd. II, Erste Hälfte, Wissenschaftliche Buchgesellschaft, Darmstadt, 1985.

Immanuel Kant, *Kritik der praktischen Vernunft*, in: Kants Gesammelten Schriften〔=KGS〕, V.

Immanuel Kant, *Anthropologie in pragmatischen Hinsicht*, in: Kants Gesammelten Schriften, VII.

Immanuel Kant, *Über das Misslingen aller philosophischen Versuch in der Theodicee* (1791), KGS, VIII.

Immanuel Kant, *Idee zu einer allgemeinen Geschichte in bürgerlichen Absicht*, in: KGS, VIII.

G. W. F. Hegel, *Vorlesungen über die Philosphie der Geschichte*, Werke in 20 Bänden. Auf der Grundlage der Werke von 1832 bis 1845 neu ediert. Red. Eva Moldenhauer und Karl Markus Michel. Frankfurt/M. 1969~1971〔=Hegel Werke〕12, Suhrkamp, 1970.

G. W. F. Hegel, *Vorlesungen über die Philosophie der Religion II*, Hegel Werke 17, Suhrkamp.

G. W. F. Hegel, *Enzyklopädie der philosophischen Wissenschaften III*, Hegel Werke 10, Suhrkamp,

A. Schopenhauer, *Die Welt als Wille und Vorstellung*, Sämtliche Werke, hg. A. Hübscher, 1938.

Fr. Nietzsche, *Sämtliche Werke, Kritische Studienausgabe*〔=KSA〕in 15 Bänden, hrsg. von Giorgio Colli und Mazzino Montinari. München-New York, 1980.

Max Scheler, *Schriften zur Soziologie und Weltanschauung*, Gesammelte Werke, hrsg. von M. S. Frings, Bonn-Bovier, 1985.

Emmanuel Levinas, "Useless Suffering", in: E. Levinas, (1998), *Entre Nous: On Thinking-of-the-Other*, Columbia University Press, New York.

2. 2차 문헌

강영안, 「악에 대한 형이상학적 성찰-악의 형이상학은 어떻게 가능한가?」『惡이란 무엇인가』, 창, 1992.

강영안, 「고통: 또하나의 철학적 문제」『철학과 현실』 27(1995), pp.343~349.

강영안, 「고통과 윤리」『서강인문논총』 8(1998), pp.3~29.

강영안, 『타인의 얼굴-레비나스의 철학』, 문학과 지성사, 2005.

강영옥, 「무교의 고통 이해」, 『가톨릭 신학과 사상』 19(1997), pp.57~73.

강영옥, 「고통」, 『우리말 철학사전 5』(우리사상연구소 엮음), 지식산업사, 2007, pp.60~80.

공병혜, 「의료 영역에서의 고통에 대한 이해」, 『인간연구』(가톨릭대학교 인간학연구소) 8(2005), pp.242~259.

곽신환, 「고통에 대한 유가철학적 해석」, 『惡이란 무엇인가』, 창, 1992.

교황 요한 바오로 2세의 서한, 『구원에 이르는 고통』(Salvifici Doloris, 1984.2.11), 한국천주교중앙협의회 1984, 21989.

김경일, 「고통에 대한 철학 · 종교적 성찰」, 『정신문화연구』 13(1990), pp.175~179.

김동규, 「니체 철학에서의 고통과 비극-문화철학의 관점에서」, 『철학탐구』(중앙대 중앙철학연구소) 26(2009), pp.139~168.

김석수, 「철학, 고통 그리고 치료」, 『철학연구』(대한철학회) 100(2006), pp.179~201.

김선희, 「실존의 고통과 실존 치료-키르케고르를 중심으로」, 『동서철학연구』(한국동서 철학회) 49(2008), pp.347~366.

김선희, 「인문치료, 고통에 대해 묻다?-쇼펜하우어에 있어서 고통과 치료의 해석학」, 『동서철학연구』(한국동서철학회) 54(2009), pp.413~439.

김정인, 「고통의 심층철학: 쇼펜하우어의 의지의 형이상학을 중심으로」, 『철학연구』(대 한철학회) 68(1998), pp.119~145.

김정인, 「고통의 의미와 고통경감에 대한 도덕적 책임」, 『철학논총』(새한철학회) 34(2003) pp.239~273.

김정현, 「철학, 고통 그리고 치료」, 『철학연구』(대한철학회) 100(2006), pp.179~201.

김정현, 『니체, 생명과 치유의 철학』, 책세상, 2006.

김지견, 「고통에 대한 불교적 해석」, 『惡이란 무엇인가』, 창, 1992.

노성숙, 「아도르노-총체적 난관의 시대적 고통에 직면한 개인의 성찰적 치유」, 『웹진문 지』, 2012.

C. S. 루이스, 이종태 옮김, 『고통의 문제』, 홍성사, 2002.

C. S. 루이스, 김남식 옮김, 「특집 : 고통 ; 인간의 고통에 대하여」, 『상담과 선교』(한국상담 선교연구원, 2010), pp.6~22.

빌헬름 바이셰델, 안인희 옮김, 『철학의 에스프레소』, 아이콘C, 2004.

박승찬, 「인간 고통의 의미-그리스도교 고통 이해에 관한 인간학적 고찰」, 『인간 연구』 창간호(2000), pp.159~189.

박승찬, 『생각하고 토론하는 서양 철학 이야기 ②: 중세-신학과의 만남』, 일러스트·최
　　남진, 책세상, 2006.

박승찬, 「인격에 대해 영혼-육체 통일성이 지니는 의미: 토마스 아퀴나스의 작품들을
　　중심으로」, 『철학사상』(서울대학교 철학사상연구소) 35(2010), pp.61~102.

박승찬·노성숙, 『철학의 멘토, 멘토의 철학』, 가톨릭대학교출판부, 2013.

박용조, 「불교에 있어서 고통의 의미」, 『가톨릭 신학과 사상』 19(1997), pp.27~55.

박정호, 「고통의 의미-레비나스를 중심으로」, 『시대와 철학』 22(2011), pp.132~159.

박찬국, 「니체의 불교관에 대한 비판적 검토-고통의 문제를 중심으로」, 『철학사상』(서
　　울대 철학사상연구소) 33(2009), pp.193~235.

C. A. 반 퍼슨, 손봉호 옮김, 『몸·영혼·정신-철학적 인간학, 입문』, 서광사, 1985.

폴 브랜드·Ph. 얀시, 송준인 옮김, 『고통이라는 선물』, 두란노, 2001.

서광선, 『종교와 인간』, 이화여자대학교 출판부, 1994.

손봉호, 『고통받는 인간: 고통문제에 대한 철학적 성찰』, 서울대학교출판부, 1995.

손봉호, 「초월의 계기로서의 고통」, 『인간연구』(가톨릭대 인간학연구소) 3(2002),
　　pp.5~21.

손봉호, 「고통에 대하여」, 『대학생활의 설계』(서울대학교 학생생활연구소편), 서울대학
　　교 출판부, 1992, pp.137~155.

손희송, 「그리스도교의 고통 이해」, 『가톨릭 신학과 사상』 19(1997), pp.75~97.

송기득, 『인간-그리스도교 인간관에 대한 인간학적 해석』, 한국신학연구소, 1984.

M. 슈워브, 정승희 옮김, 『통증』, 영림카디널, 1997.

심상태, 『인간-신학적 인간학 입문』, 서광사, 1989.

레오 엘더스, 박승찬 옮김, 『토마스 아퀴나스의 형이상학』, 가톨릭출판사, 2003.

N. 월터스토프, 『아버지의 통곡』, 양무리서원, 1992.

유호종, 「고통의 관찰 가능한 의미와 초월적 의미」, 『대동철학』 26(2004a), pp.1~18.

유호종, 「고통과 인식 : 인식 전환을 통한 고통극복 방법의 인식론적 정당성 검토」,
　　『철학연구』(철학연구회) 65(2004b), pp.301~320.

유호종, 『고통에게 따지다-고통이란 물음에 철학으로 답하다』, 웅진 지식하우스, 2006.

이삼열, 「고통에 대한 기독교적 해석」, 『惡이란 무엇인가』, 창, 1992.

도로테 죌레, 채수일·최미영 옮김, 『고난』, 한국신학연구소, 1993.

최일범, 「장자에서 삶의 고통과 해소의 문제」, 『가톨릭 신학과 사상』 19(1997), pp.5~25.

에릭 J. 카셀, 강신익 옮김, 『고통받는 환자와 인간에게서 멀어진 의사를 위하여』,

코기토, 2002.

E. 코레트, 진교훈 옮김, 『철학적 인간학』, 종로서적, 1986.

F. C. 코플스톤, 박영도 옮김, 『중세철학사』, 서광사, 1988.

헤롤드 S. 쿠스너, 김쾌상 옮김, 『착한사람이 왜 고통을 받습니까』, 심지, 1983.

아서 클라인만·비나 다스 외, 안종설 옮김, 『사회적 고통』, 그린비, 2002.

한국정신문화연구원 철학-종교연구실 편, 『악이란 무엇인가』, 창, 1992.

헤르베르트 하아크, 김윤주 옮김, 『하느님에 대한 욥의 물음』, 분도출판사, 1974.

J. 힐쉬베르거, 강성위 옮김, 『서양 철학사 상권: 고대와 중세』, 이문출판사, 1983.

M. Arndt, "Leiden", in: *Historisches Woerterbuch der Philosophie*, Bd. 5 (Basel-Stuttgart: Schwabe, 1980), pp.206~212.

E. Auerbach, *Mimesis. Dargestellte Wirklichkeit in der abendländischen Liturgie*, ²1959.

Klaus Berger, *Wie kann Gott Leid und Katastrophen zulassen?*, Stuttgart: Quell, 1996.

David Bakan, *Disease, Pain, and Sacrifice: Toward a Psychology of Suffering*, Chicago: University of Chicago Press, 1968.

L. Boff, "Das Leiden, das aus dem Kampf gegen das Leiden erwächst", in: *Concilium* 12 (1976).

John Bowker, *Problems of Suffering in Religions of the World*, Cambridge: Cambridge University Press, 1970.

E. Fischer, *Warum ist das gerade mir passiert?*, Freiburg-Basel-Wien: Herder, 1993.

J. Flügge/ M. Kross/ M. Grahek(1980), "Schmerz", in: *Historisches Woerterbuch der Philosophie*, Bd. 8(Basel-Stuttgart: Schwabe), pp.1314~1330.

Victor Gisbertz, *Ist einer von euch krank... : Besuche bei Kranken*, Würzburg: Echter, 1991.

U. Hedinger, *Wider die Versöhnung Gottes mit dem Elend*, Theologischer Verlag, 1972.

M. Keller-Hüschemenger, *Die Kirche und das Leiden*, München: Chr. Kaiser, 1954.

Hans Küng, *Gott und das Leid*, Einsiedeln, 1967.

R. Leriche, *The Surgery of Pain*, trans. A.Young, 1939.

Erich H. Loewy, *Suffering and the Beneficent Community. Beyond Libertarianism*, Albany: State University of New York, 1991.

Friedrich Maurer, *Leid. Studie zur Bedeutungs- und Problemgeschichte besonders in den groβen Epen der staufischen Zeit*, 1951.

Jamie Mayerfeld, *Suffering and Moral Responsibility*, Oxford University Press, 2002.

J. Moltmann, *Der gekreuzigte Gott. Das Kreuz Christi als Grund und Kritik christlicher Theologie*, Kaiser, 1972.

G. E. Moore, *Principia Ethica*, Cambridge University Press, 1903.

David B. Morris, *The Culture of Pain*, Berkeley-Los Angeles: University of California Press, 1991.

David B. Morris, "Voice, Genre, and Moral Community", in: A. Kleinman/V. Das/ M. Lock(eds.), *Social Suffering*, Berkeley etc.: University of California Press, 1996.

Martha C. Nussbaum, *The Therapy of Desire*, Princeton: Princeton University Press, 1994.

Kent D. Richmond/David L. Middleton, *The Pastor and the Patient-A Practical Guidebook for Hospital Visitation*, Nashville: Abingdon, 1992.

Elaine Scarry, *The Body in Pain: The Making and Unmaking of the World*, New York: Oxford University Press, 1985.

J. Scharbert, *Der Schmerz im Alten Testament*, Bonn: P. Hanstein, 1955.

P. von Moos, *Consolatio. Stud. zur mittelalterlichen Trostliteratur über den Tod und zum Problem der christlichen Trauer 3/3*, 1972.

진화심리학 | 괴로움은 왜 진화했는가

Abbey, A., & Melby, C., The effects of nonverbal cues on gender differences in perceptions of sexual intent. *Sex Roles*, 15(1986), pp.283~298.

Andrews, P. W., & Thomson, Jr., J. A. The bright side of being blue: Depression as an adaptation for analyzing complex problems. *Psychological Review*, 116(2009), pp.620~654.

Barkow, J. H., Cosmides, L. E., & Tooby, J. E. (Ed.), *The adapted mind: Evolutionary psychology and the generation of culture.* (Oxford, Oxford University Press, 1992).

Barrett, H. C., & Kurzban, R. Modularity in cognition: framing the debate. *Psychological review*, 113(2006), pp.628~647.

Browne, K. R., Sex, power, and dominance: The evolutionary psychology of sexual harassment. *Managerial and Decision Economics*, 27(2006), pp.145~158.

Buss, D. M., & Haselton, M. The evolution of jealousy. *Trends in Cognitive Sciences* 9(2005), pp.506~507.

Buss, D. M., Larsen, R. J., Westen, D., and Semmelroth, J. Sex differences in jealousy: Evolution, physiology, and psychology. *Psychological science* 3(1992), pp.251~255.

Crawford, C. B., Salter, B. E., & Jang, K. L. Human grief: Is its intensity related to the reproductive value of the deceased?. *Ethology and Sociobiology* 10(1989), pp.297~307.

Curtis, V. & Biran, A. Dirt, disgust, and disease: Is hygiene in our genes? *Perspectives in biology and medicine* 44(2001), pp.17~31.

Curtis, V., Aunger, R., and Rabie, T., Evidence that disgust evolved to protect from risk of disease. Proceedings of the Royal Society of London. Series B: *Biological Sciences* 271(2004), pp.S131~S133.

Curtis, V., de Barra, M., & Aunger, R. Disgust as an adaptive system for disease avoidance behaviour. Philosophical Transactions of the Royal Society B: *Biological Sciences* 366(2011), pp.389~401.

Daly, M., & Wilson, M., Male sexual jealousy. *Ethology and Sociobiology* 3(1982), pp.11~27.

Dudley, R. Fermenting fruit and the historical ecology of ethanol ingestion: is alcoholism in modern humans an evolutionary hangover? *Addiction*, 97(2004), pp.381~388.

Dugatkin, L. A. Tendency to inspect predators predicts mortality risk in the guppy (*Poecilia reticulata*). *Behavioral Ecology* 3(1992), pp.124~127.

Fessler, D. M. T., Eng, S. J. and Navarrete, C. D., Elevated disgust sensitivity in the first trimester of pregnancy: Evidence supporting the compensatory prophylaxis hypothesis. Evolution and Human Behavior 26(2005), pp.344~351.

Gaulin, G. C. and McBurney, D. H., *Evolutionary Psychology*, (New Jersey, Pearson, 2004), pp.317~318.

Kenrick, D. T., Gutierres, S. E., & Goldberg, L. L. Influence of popular erotica on judgments of strangers and mates. *Journal of Experimental Social Psychology*, 25(1989), pp.159~167.

Kenrick, D. T., Neuberg, S. L., Zierk, K. L., & Krones, J. M., Evolution and social cognition: Contrast effects as a function of sex, dominance, and physical attractiveness. *Personality and Social Psychology Bulletin*, 20(1994), 210‒217.

Marks, I., *Fears, phobias, and rituals: Panic, anxiety, and their disorders*(New York, Oxford University Press, 1987).

Mayr, E., How to carry out the adaptationist program? *American Naturalist*, 121(1983), pp.324~334.

Nesse, R. M., Natural selection and the elusiveness of happiness. *Philosophical Transactions of the Royal Society B: Biological Sciences*, 359(2004), pp.1333~1347.

Oaten, M., Stevenson, R. J., and Case, T. I., Disgust as a disease-avoidance mechanism. *Psychological bulletin* 135(2009), pp.303~321.

Teriokhin, A. T., Budilova, E. V., Thomas, F., & Guegan, J., Worldwide variation in life-span sexual dimorphism and sex-specific environmental mortality rates. *Human biology*, 76(2004), pp.623~641.

Tooby, J., & Cosmides, L., Conceptual foundations of evolutionary psychology. In D. M. Buss (Ed.), *The handbook of evolutionary psychology* (pp.5~67). (Hoboken, New Jersey, John Wiley & Sons, 2005).

Zuk, M., *Riddled with life: Friendly worms, ladybug sex, and the parasites that make us who we are.* (Orlando, Harcourt, 2008).

더글러스 켄릭, 최인하 역, 『인간은 야하다』, 21세기북스, 2012.

데이비드 버스, 이충호 역, 『진화심리학』, 웅진지식하우스, 2012.

데이비드 버스, 전중환 역, 『욕망의 진화』, 사이언스북스, 2007.

랜덜프 네쓰, 조지 윌리엄스, 최재천 역, 『인간은 왜 병에 걸리는가』, 사이언스북스, 1999.

로버트 라이트, 박영준 역, 『도덕적 동물』, 사이언스북스, 2003.

리처드 도킨스, 이용철 역, 『눈먼 시계공』, 사이언스북스, 2004.

리처드 도킨스, 이용철 역, 『에덴의 강』, 사이언스북스, 2005.

리처드 도킨스, 홍영남·이상임 역, 『이기적 유전자』, 을유문화사, 2010.

스티븐 핑커, 김한영 역, 『마음은 어떻게 작동하는가』, 소소, 2007.

스티븐 핑커, 김한영 역, 『빈 서판』, 사이언스북스, 2004.

재레드 다이아몬드, 김정흠 역, 『제3의 침팬지』, 문학사상사, 1996.

전중환, 『오래된 연장통』, 사이언스북스, 2010.

조지 윌리엄스, 이명희 역, 『진화의 미스터리』, 사이언스북스, 2009.

조지 윌리엄스, 전중환 역, 『적응과 자연 선택』, 나남, 2013.

심리학 | 삶이 괴롭고 고달픈 이유

권석만, 『긍정 심리학: 행복의 과학적 탐구』, 학지사, 2008.

_____, 『현대 심리치료와 상담 이론』, 학지사, 2012.

_____, 『하루 15분 행복 산책』, 메디치미디어, 2013.

_____, 『현대 이상심리학(2판)』, 학지사, 2013.

김성욱. "빚에 짓눌린 서민들의 2가지 돌파구", 머니위크, 2013년 7월 25일 기사.

조맹제, 『2011년도 정신질환실태 역학조사 보고서』, 보건복지부, 2011.

조정은, "한국, 대졸자 너무 많다", 이투데이, 2013년 10월 10일 기사.

American Psychiatric Association. (2013). *Diagnostic and statistical manual of mental disorders*(5th edition). Washingtion, DC: Author.

Baumeister, R. F., Bratslavsky, E., Finkenauer, C., & Vohs, K. D. (2001). Bad is stronger than good. *Review of General Psychology, 5(4)*, 323-370.

Beck, A. T. (1963). Thinking and depression: I. Idiosyncratic content and cognitive distortions. *Archives of General Psychiatry*, 9, 324-333.

Beck, A. T. (1976). *Cognitive therapy and the emotional disorders*. New York: International University Press.

Beck, A. T., Rush, J., Shaw, B., & Emery, G. (1979). *Cognitive therapy of depression*. New York: Guilford Press.

Becker, E. (1973). *The denial of death*. New York: The Free Press. (김재영 역. 『죽음의 부정: 프로이트의 인간 이해를 넘어서』, 인간사랑, 2008)

Brickman, P., & Campbell, D. T. (1971). Hedonic relativism and planning the good society. In M. H. Appley (Ed.), *Adaptation level theory: A symposium* (pp.287~304).

New York: Academic Press.

Cohen, S., & Herbert, T. B. (1996). Health psychology: psychological factors and physical disease from the perspective of human psychoneuroimmunology. *Annual Review of Psychology, 47,* 113-142.

Diener, E. (2001, Feb.). Subjective well-being. *Address presented at the annual meeting of the Society for Personality and Social Psychology*, San Antonio, TX.

Diener, E., Suh, E. M., Kim-Prieto, C., Biswas-Diener, R., & Tay, L. S. (2010). Unhappiness in South Korea: Why it is high and what might be done about it. 2010년 한국심리학회 연차학술대회 국제심포지엄 발표자료집(pp.1~23).

Ekman, P. (1993). Facial expression and emotion. *American Psychologist, 48,* 384-392.

Ellis, A. (1962). *Reason and emotion in psychotherapy.* New Jersey: Lyle Stuart.

Ellis, A. (2000). Spiritual goals and spiritual values in psychotherapy. *The Journal of Individual Psychology, 56,* pp.277~284.

Ellis, A., & Harper, R. A. (1997). *A guide to rational living* (3rd ed.). North Hollywood, CA: Melvin Powers. (이은희 역, 『마음을 변화시키는 긍정의 심리학』, 황금비늘, 2007)

Ellis, A., & MacLaren, C. (1995). *Rational emotive behavior therapy: A therapist's guide*(2nd ed.). Atascadero, CA: Impact. (서수균, 김윤희 공역, 『합리적 정서행동치료』, 학지사, 2007)

Frankl, V. (1946/1963). *Man's search for meaning.* Boston: Beacon. (이시형 역, 『죽음의 수용소에서: 죽음조차 희망으로 승화시킨 인간 존엄성의 승리』, 청아출판사, 2012)

Gottman, J. M. (1994). *What predicts divorce? The relationship between marital processes and marital outcomes.* Hillsdale, NJ: Erlbaum.

House, J. S., Landis, K. R., & Umberson, D. (1988). Social relationship and health. *Science, 241,* 540~545.

Kiecolt-Glaser, J. K. (1999). Stress, personal relationships, and immune function: Health implications. *Brain, Behavior, and Immunity, 12,* 61~72.

Ma, S. H., & Teasdale, J. D. (2004). Mindfulness-Based Cognitive Therapy for Depression: Replication and Exploration of Differential Relapse Prevention Effects. *Journal of Consulting and Clinical Psychology, 72(1),* 31~40.

Melzack, R., & Wall, P. D. (1965). Pain mechanism: A new theory. *Science, 150,*

971~979.

Plutchik, R. (1980). *Emotion: A psychoevolutionary synthesis.* New York: Harper & Row.

Reis, H. T., & Gable, S. L. (2003). Toward a positive psychology of relationship. In C. L. M. Keyes, & J. Haidt (Eds), *Flourishing: Positive psychology and the life well-lived* (pp.129~159). Washington, DC: American Psychological Association.

Russell, J. A. (1980). A circumplex model of affect. *Journal of Personality and Social Psychology, 39,* 1161~1178.

Segal, Z. V., Williams, M.G., & Teasdale, J. D. (2002). *Mindfulness-based cognitive therapy for depression: A new approach to preventing relapse.* New York: The Guilford Press. (이우경, 조선미, 황태연 역, 『마음챙김 명상에 기초한 인지치료』, 학지사, 2006)

Teasdale, J., (1999). Metacognition, mindfulness and the modification of mood disorders. *Clinical Psychology and Psychotherapy, 6,* 146-155.

Yalom, I. D. (1980). *Existential psychotherapy.* New York: Basic Books. (임경수 역, 『실존주의 심리치료』, 학지사, 2007)

주

1 재연 스님 옮김,『불교의 초석, 사성제』(고요한 소리, 법륜 15, 2003); 이필원,『사성제 팔정도』(민족사, 2010).

2 Rhys Davids, T. W. and Stede, William(1986), *Pali-English Dictionary*. Delhi : Motilal Banarsidass Pub, p.324.

3 Vism. 494; Ñāṇamoli Bhikkhu(1976), p.563; 대림,『청정도론』2권(초기불전연구원, 2004), p.537.

4 Vism. 527; Ñāṇamoli Bhikkhu(1976), p.605; 대림,『청정도론』3권(초기불전연구원, 2004), p.45.

5 전재성,『빠알리어사전』(한국빠알리성전협회, 2012), p.347.

6 S. V. 430; 전재성,『쌍윳따니까야』7권(한국빠알리성전협회, 2007), p.687; 각묵, 『상윳따니까야』6권(초기불전연구원, 2009), p.401.

7 生生, 노老, 병病, 사死의 사고四苦에 애별리고愛別離苦, 원증회고怨憎會苦, 구부득고求不得苦, 오음성고五陰盛苦를 더한 것.

8 S. V. 421.

9 S. V. 421; 참고) 전재성,『쌍윳따니까야』7권(한국빠알리성전협회, 2007), p.670; 참고) Vism. 527.

10 Vin. I. 10.

11 Pañcavaggiyā bhikkhu : Koṇḍañña, Vappa, Bhaddiya, Mahānāma, Assajī.

12 D. II. 305.

13 D II 305; S. III. 7; S. III. 31; S. III. 101; M. I. 16.

14 S. IV. 259 : 전재성,『쌍윳따니까야』4권(한국빠알리성전협회, 2007), p.802.

15 Vism. 499; 대림, 『청정도론』 2권(초기불전연구원, 2004), p.546.

16 A. III. 416; 대림, 『앙굿따라니까야』 4권(초기불전연구원, 2007), p.264; 전재성, 『앙굿따라니까야』 6권(한국빠알리성전협회, 2007), p.259.

17 Walpola Rahula(1959) *What the Buddha Taught.* Gordon Fraser Gallery p.16.

18 이지수 옮김, 『존재의 세 가지 속성』(고요한 소리, 2005), p.26, p.30; O. H. de. A. Wijesekera(1982), *The Three Signata* The Wheel Pub no.20.

19 S. II. 53 : yad aniccaṃ taṃ dukkhanti ······ Yam kiñci vedayitaṃ taṃ dukkhasminti.

20 S. IV. 204f.

21 Ven. U. Silananda(1990), *The Four Foundations of Mindfulness.* Wisdom Pub. p.87, p.113.

22 S. IV. 231 : 'Katamā ca bhikkhave dve vedanā Kāyikā ca cetasikā ca imā vuccanti bhikkhave dve vedanā' D. II. 306 : Katamañ ca bhikkhave dukkhaṃ? Yaṃ kho bhikkhave kāyikaṃ dukkhaṃ kāyikaṃ asātaṃ kāyā-samphassajaṃ dukkhaṃ asātaṃ vedayitaṃ, idaṃ vuccati bhikkhave dukkhaṃ. Katamañ ca bhikkhave domanassaṃ? Yaṃ kho bhikkhave cetasikaṃ dukkhaṃ cetasikaṃ asātaṃ mano-samphassajaṃ dukkhaṃ asātaṃ vedayitaṃ, idaṃ vuccati bhikkhave domanassaṃ. '비구들이여, 그러면 무엇이 괴로움인가? 비구들이여, 몸의 괴로움을, 몸의 불편함을, 몸에 접촉하여 생긴 괴롭고 불편한 느낌, 이것을 비구들이여 괴로움이라 한다.' '비구들이여, 그러면 무엇이 정신적 괴로움인가? 비구들이여, 정신적인 괴로움을, 정신적인 불편함을, 마음에 접촉하여 생긴 괴롭고 불편한 느낌, 이것을 비구들이여 괴로움이라 한다.'

23 M. I. 398.

24 upekkhā는 넓은 의미로써 '중립적인 느낌'으로 사용한다. S. IV. 232.; Katamā ca bhikkhave pañcavedanā, Sukhindriyaṃ dukkhindriyaṃ somanassindriyaṃ domanassindriyaṃ upekkindriyaṃ imā vuccanti bhikkhave pañcavedanā. cf) Patisambhidāmagga. I. 38, Nyanatiloka(1972), *Buddhist Dictionary.* p.189.

25 여기서 즐거운 느낌은 육체적인 것과 정신적인 것이 있으며, Sukha vedanā는 육체적으로 즐거운 느낌을, somanassa vedanā는 정신적으로 즐거운 느낌을 나타낸다. 그리고 괴로운 느낌도 두 가지가 있는데 dukkha vedanā는 육체적으로 괴로운 느낌을, domanassa vedanā는 정신적으로 괴로운 느낌을 나타낸다. 그리고 adukkhamasukhā vedanā(=upekkhā)는 육체적, 정신적으로 괴롭지도 않고 즐겁지

도 않은 느낌이다.; S. V. 212, 괴롭지도 즐겁지도 않은 느낌, 또는 중립의 느낌을 정신적인 느낌만으로 보느냐, 정신적, 육체적 느낌 모두를 포함하느냐에 대해서는 의견이 다양하다.; Maurice Walshe(1996), The Long Discourses of the Buddha. A new translation of the Dīgha Nikāya. B.P.S. Notes to Sutta No.657 says, p.591; 'neither-painful-nor-pleasant feeling (Adukkhamasukham vedanam) is mental only. Harcharan singh sobti(1992). p.79. says 'The indifferent feeling is only mental but the Suttantika tradition maintains indifferent feeling also as physical and mental.' Vipassanā, The Buddhist Way. Eastern Book Linkers Pub.

26 S. V. 420; 전재성, 『쌍윳따니까야』 7권(한국빠알리성전협회, 2007), p.670.

27 D. II, 61; 308; III 216; 275; M. I 49; 62; 299; III 251; S. III 26; 32; 158; IV 257; V 58; 421; 425; A. III 445; It 50; Vin I 10.

28 DA(SV). II. 800.

29 D. II. 308; 각묵, 『디가니까야-길게 설하신 경』 2권(초기불전연구원, 2006), pp.530.

30 감각 기관과 의식 기능을 根, 그 기관과 기능의 대상을 境, 그 기관과 기능으로 대상을 식별하는 마음 작용을 識이라 한다.

31 upādi : PED(1986) p.149, CPD. 1960. p.494f, p.497, p.200, A Dictionary of Pāli. 2001. p.482, パーリ語佛敎辭典. 1997. p.210f.

32 Sn. v.34; 전재성, 『숫타니파타』(한국빠알리성전협회, 2004), p.71.

33 M. I. 162

34 Sn. v.728; 전재성, 『숫타니파타』(한국빠알리성전협회, 2004), p.370.

35 A. I. 80; Dh. 418.

36 SnA. 30

37 Ud. 12; 전재성, 『우다나-감흥어린 시구』(한국빠알리성전협회, 2009), p.78.

38 '집착이 없는 자는 접촉이 일어나지 않는다'는 설명은 12연기에서 유전문이 아닌 환멸문의 경우로 해석해도 이해가 가능하다. "취가 없으면 애가 없고, 애가 없으면 수가 없고, 수가 없으면 촉이 없고……"로 이해할 수도 있다.

39 S. II. 108; 전재성, 『쌍윳따니까야』 2권(한국빠알리성전협회, 2006), p.341.

40 A. III. 377.

41 유여(열반)에 대한 다양한 해석들 역시 보인다. 유여열반은 'sa-upādi-sesa-nibbāna' 로 '우빠디(upādi)'가 남아 있는 열반을 나타낸다. 여기서 '우빠디'에 대한 해석은

경전 내에서 다양하게 나타난다. 먼저 '우빠디'는 '우빠다나(upādāna)'와 유사한 의미로 '집착', '잡음', '연료', '생명' 등의 뜻을 지니고 있다. 따라서 '유여'는 '오온五蘊이 남아 있는(sesa)', '존재의 모임들이 남아 있는', '생명의 연료가 남은', '받은 것이 남아 있는' 등으로 번역되고 있다. 주석서들도 이 '우빠디'가 생명을 지속시켜 주는 것이라고 설명하여 오온과 같다고 보고 있다. 하지만 빠알리 경전에서 '우빠디 (upādi)'의 사용 용례는 보다 다양하게 나타난다. 경전의 내용을 살펴보면, 도의 계발에서부터 두 가지 결과들 중에 한 가지가 기대되는데, 한 가지는 아라한이고 만약에 '우빠디세사'가 있다면 이생에서 불환과를 얻는다고 한다.(M. I. 481; S. V. 181; A. III. 82) 이러한 문맥을 보면 '우빠디세사'는 불환과가 제거해야 할 것으로 무언가 남아 있는 번뇌를 나타낸다. 「마할리경」에 따르면, 불환과에 의해 제거되어 야 하는 번뇌는 다섯 가지 높은 속박들(uddhambhāgiya-samyojana)이다.(D. I. 156f, A. IV. p.67f.) 따라서 '수행 중인 성인(sekha)'인 예류과, 일래과, 그리고 불환과들은 모두 번뇌(오염)들을 남기고 있기 때문에 'saupādisesa(有餘)' 안에 포함되고(A. IV. 377f), 누군가 아라한에 도달한 자는 'anupādisesa(無餘)' 안에 포함되는 것이다. 『숫따니빠따』 역시 'saupādisesa(有餘)'를 가진 자는 아직 열반(제 거, 소멸)을 얻지 못한 것과 같이 설명한다.(Sn. v. 354, Thg, stanza 1274.) 이러한 내용은 주석을 통해 더욱 선명해지는데 『빠라맛따조띠까』(paramattajotikā. II. vol. I. p.350)를 살펴보면, 무여는 아라한(無學)의 것으로, 유여는 수행 중인 성인(有學) 의 것으로 설명된다. 따라서 '열반'과 'saupādisesa(有餘)'의 관계에 대해서는 몇 가지 모순된 설명이 나타난다.

42 S. II. 53; 전재성, 『쌍윳따니까야』 2권(한국빠알리성전협회, 2006), p.208.

43 M. I. 112.

44 S. IV. 215 : Tisso imā bhikkhave vedanā phassajā phassamūlakā phassanidānā phassapacayā. Katamā tisso Sukhā vedanā dukkhā vedanā adukkhamasukhā vedanā. 비구들이여, 이들 세 가지 느낌들은 촉에 의해 발생하고, 촉을 근본으로 하고, 촉을 원인으로 하고, 촉을 조건으로 한다. 무엇이 세 가지인가? 즐거운 느낌, 괴로운 느낌, 괴롭지도 즐겁지도 않은 느낌이다.

45 Mathieu Boisvert(1997), *The Five Aggregates Understanding Theravāda Psychology and Soteriology* Sri Satgaru Pub. p.51.; 접촉(phassa)과 느낌(vedanā)은 서로 차이점 을 가지고 있는데 접촉(phassa)은 어떠한 주관적인 해석도 없는 외부로부터의 단순한 지각과 같으며, 느낌(vedanā)은 즐거운, 괴로운, 괴롭지도 즐겁지도 않음

등의 매우 주관적인 것이라고 볼 수 있다.

46 송위지 옮김, 『불교 선수행의 핵심』(시공사, 1999), p.79.; Nanaponika Thera(1996), *The Heart of Buddhist Meditation*. p.68f. 비고) D. I. 70.

47 D. II. 58.

48 S. II. 53. 비고) Piyadassi Thera(1987), *The Buddha's Ancient Path*. p.76; A. IV. 414; S. II. 53.

49 D. I. 39; Tañ ca Tathāgato pajānāti, tato ca uttaritaraṃ pajānāti, tañ ca pajānanaṃ na parāmasati, aparāmasato c' assa paccattaṃ yeva nibbuti viditā, vedanānaṃ samudayañ ca yathā-bhūtaṃ viditvā anupādā vimutto, bhikkhave, Tathāgato.

50 M. I. 299.

51 참고) S. III. 47.

52 S. IV. 382; 전재성, 『쌍윳따니까야』 4권(한국빠알리성전협회, 2007), p.1255.

53 Dhp. v.1; S. I. 39.

54 M. I. 299.

55 S. IV. 147.

56 Sn. p.139f; Sn. v.364, v.1051; M. I. 162, 454; S. II. 108; 참고) Lily de Silva.

57 초기불교에서 나타나는 다양한 번뇌에 대해서는 김재성과 이유미의 연구에 의해 구체적으로 논의되어 왔다. You-Mee Lee(2009), Beyond Āsava & Kilesa, Buddhist Cultural Centre; 김재성, 「초기불교 및 부파불교의 번뇌」, 『괴로움의 뿌리인 번뇌, 무엇이며 어떻게 일어나는가?』(밝은사람들 제3회 학술연찬회, 2007) 참조.

58 S. IV. 172.

59 S. IV. 138.

60 M. I. 112 : So vat' āvuso cakkhusmiṃ sati rūpe sati cakkhuviññāṇe sati phassapaññattiṃ paññāpessatiti ṭhānam etaṃ vijjati, phassapaññattiyā sati vedanāpaññattiṃ paññāpessatīti ṭhānam etaṃ vijjati, vedanāpaññattiyā sati saññāpaññattiṃ paññāpessatīti ṭhānam etaṃ vijjati, saññāpaññattiyā sati vitakkapaññattiṃ paññāpessatiti ṭhānam etaṃ vijjati, vitakkapaññattiyā sati papañcasaññāsaṅkhāsamudācaraṇapaññattiṃ paññāpessatiti ṭhānam etaṃ vijjati.

61 S. IV. 215 : Tisso imā bhikkhave vedanā phassajā phassamūlakā phassanidānā phassapacayā. Katamā tisso Sukhā vedanā dukkhā vedanā adukkhamasukhā

vedanā. 비구들이여, 이들 세 가지 느낌들은 촉에 의해 발생하고, 촉을 근본으로 하고, 촉을 원인으로 하고, 촉을 조건으로 한다. 무엇이 세 가지인가? 즐거운 느낌, 괴로운 느낌, 괴롭지도 즐겁지도 않은 느낌이다.

62 냐냐난다 비구는 'papañca'를 '개념적 분열(사념의 확산, conceptual proliferation)'로 해석하고 있다. 비고) Bhikkhu Ñānananda(1971), *Concept and Reality*. B.P.S. p.4, 30ff. Rune E. A. Johansson(1985), *The Dynamic Psychology of Early Buddhism*. London : Curzon Press. p.190ff. 'Papañcasaññāsaṅkhā'는 또한 '연상의 사슬' 또는 '망상과 의지된 관념, 생각의 방황' 등이라 번역하기도 한다.

63 D. III. 138.

64 S. II. 19.

65 S. IV. 258; 전재성, 『쌍윳따니까야』 4권(한국빠알리성전협회, 2007), p.802.

66 D. II. 301ff 참고) 『대념처경』은 『염처경』과 함께 수행자가 청정을 이루고 슬픔과 비탄을 넘어서 육체적, 정신적 괴로움을 벗어나 결국 열반을 얻을 수 있도록 이끌어 주는 수행 방법을 설명하고 있다. 이 경전은 비교적 구체적인 방법을 통하여 수행자가 자신의 몸(kāya), 느낌(vedanā), 마음(citta), 그리고 법(dhamma) 네 가지를 지속적으로 관찰할 수 있도록 설명하고 있으며 이러한 구분에 의해 사념처(四念處, cattāro satipaṭṭhanā)라고 불린다.

67 법념처의 오온에 대한 관찰과 몸(身)·느낌(受)·마음(心)을 통한 관찰(身·受·心念處)을 비교하자면, 오온에 대한 관찰은 동일화된 양식을 드러내는 것을 강조한다는 점이 두드러진다. 동일하게 보이는 양식의 진정한 모습이 무엇인지 확실하게 관찰한 후에는 주관적인 경험에 의지하여 나타나는 오온에 대한 집착으로부터 벗어나게 된다. 오온에 대한 진정한 모습을 이해하기 위해서는 오온의 무상함을 알고, 이들이 조건 지어진 것이라는 사실을 파악하는 것이 중요하다. 따라서 수행자는 오온 각각의 모음(蘊)이 발생하고 소멸하는 것을 관찰해야 한다. 예를 들면 '호흡의 일어남과 사라짐(순환)', '혈액의 순환', '즐거운 느낌에서 괴로운 느낌으로의 변화', '지각의 다양함', '마음 안에서 의도적인 반응의 발생', '의식의 변화', '감각의 문을 통한 의식의 발생' 등이 될 수 있다. 이와 같은 오온에 대한 관찰은 수행자가 오온의 발생과 소멸을 관찰하는 힘을 키워준다. 이렇게 오온의 구성이 포함하고 있는 성질을 파악하면, 어떠한 경험을 통해서든지 무상함을 파악할 수 있게 된다.

68 M. III. 20.

69 S. III. 68; S. V. 421.

70 Vin. I. 13f; S. III. 66f.

71 M. I. 487, 전재성, 『맛지마니까야』 3권(한국빠알리성전협회, 2003), 196쪽.

72 Ud. 80 : anto dukkhassa.

73 It. 38; manāpāmanāpaṃ paccanubhoti, sukha dukkhaṃ paṭisaṃvediyati; 비고)
M. III. 104.

74 Theragāthā 90 : Pañca-khandā pariññātā tiṭṭhanti chinnamūlakā, vikkhīṇo
jātisaṃsāro, n'atthi dāni punabbhavo 'ti. 오온五蘊은 완전히 이해되었고 (고통의)
근원들은 소멸되었다. 생의 윤회는 완전히 소멸되었고 더 이상의 생은 없다. -
Udāna(93) 역시 다빠 말라뿌따 테라(ven. Dabba Mallaputta)의 반열반
(parinibbāna)을 통하여 오온이 소멸하는 것을 설명하고 있다; adhedi kāyo, nirodhi
saññā, vedanā pi' tidahaṃsu sabbā, vūpasamiṃsu saṅkhāra, viññāṇaṃ attham
agamā 'ti. '몸(色)은 분해되었고, 지각(인식, 想)은 소멸되었고, 모든 느낌(受)들은
식었다. 정신적인 활동(行)들은 가라앉았고 모든 의식(識)들은 끝나버렸다.' -
이러한 설명은 아라한이 죽기 전까지는 오온을 가지고 있다는 것을 보여준다.
비고) S. IV. 164f, Sn 739, M. I. 303, A. IV. 414.

75 Lily de Silva(1987), "Sense Experience of Liberated Being as Reflected in Early
Buddhism" *Buddhist Philosophy and culture*. Essays in honour of N.A.
Jayawickrema. Vidyalankara Press.

76 A. II. 6, 36.

77 Sn. 736, 737; 전재성, 『숫타니파타』(한국빠알리성전협회, 2004), p.375.

78 A. II. 162; 전재성, 『앙굿따라니까야』 4권(한국빠알리성전협회, 2007), p.356.

79 Thag. 267~270.

80 A. III. 32; Lily de Silva(1987), p.16.

81 Lily de Silva(1987), p.16.

82 M. I. 356.

83 D. III. 228; M. I. 261.

84 S. IV. 205.

85 Sn. 738; 전재성, 『숫타니파타』(한국빠알리성전협회, 2004), p.376; S. IV. 233.

86 S. IV. 233.

87 참고) Ud. p.80.

88 Sn. v.739.

89 S. IV. 209 : Evam eva kho bhikkhave sutavā ariyasāvako dukkhāya vedanāya phuṭṭho samāno na socati na kilamati na paridevati na urattāḷīkandati na sammoham āpajjati so ekaṃ vedanaṃ vediyati kāyikaṃ na cetasikaṃ - 이는 (괴로움의) 정신적인 느낌이 없다는 설명이다. 참고) sukha와 somanassa가 없는 4선정의 상태를 upekhā를 통하여 이전의 즐거움보다 훨씬 탁월한 즐거움이라고 표현하고 있다. - D. I. 71ff 는 somanassa를 장애(nīvaraṇa)가 사라질 때 느끼는 즐거움으로 설명한다. 비고) M. I. 140 : Tatra ce bhikkhave pare Tathāgataṃ akkosanti paribhāsanti resenti, tatra bhikkhave Tathāgatassa na hoti āghāto na appaccayo na cetaso anabhiraddhi. Tatra ce bhikkhave pare Tathāgataṃ sakkaronti garukaronti mānenti pūjeti, tatra bhikkhave Tathāgatassa na hoti ānando na somanassaṃ na cetaso ubbillāvitattaṃ. Tatra ce bhikkhave pare Tathāgataṃ sakkaronti garukaronti mānenti pūjeti, tatra bhikkhave Tathāgatassa evaṃ hoti : Yaṃ kho idaṃ pubbe pariññātaṃ tattha me evarūpā kārā karīyantīti. ······ : '오 비구들이여, 거기서(사성제를 설명할 때) 만약 다른 이들이(진리를 모르는 자들) 여래를 비방하고 비난하고 괴롭힌다면, 비구들이여, 거기서 여래에게는 성냄이 없고, 화가 나서 토라지지 않으며, 마음의 불쾌함이 없다. 비구들이여, 거기서 만약 다른 이들이 여래를 존경하고, 공경하고, 예의를 표하며 떠받든다면, 비구들이여, 거기서 여래에게는 마음의 기쁨이나, 정신적인 즐거움이나 우쭐함이 없다. 비구들이여, 거기서 만약 다른 이들이 여래를 존경하고, 공경하고, 예의를 표하며 떠받든다면, 비구들이여, 거기서 여래에게 다음과 같은 (생각)것이 있다. 이것은 전에 이해되어졌고, 그 점에 대해 이와 같은 예경들이 나에게 행해진다(라고)······' - 이러한 경우 붓다는 자신(아라한)에게 '정신적인 즐거움(somanassa)'이 없으며 비구들 역시 그와 같아야 한다고 설명하고 있다. 그리고 붓다는 비구들에게 느낌을 포함하는 오온(khandhapañcakaṃ, 존재의 다발)을 나의 것이 아니라고 알고 버려야 오랜 이익과 행복(즐거움)이 된다고 설명하고 있다. 비고) D. II. 196f : 아라한은 pāmujja, pīti, passaddhi, sati, sampajañña, sukha를 가지고 있으며 somanassa를 가지고 있다는 설명은 보이지 않는다.

90 여기서 흥미로운 것은, 과연 경전의 설명대로 아라한뿐만이 아닌 모든 성인들이 정신적인 느낌을 가지고 있지 않느냐 하는 것이다. 이 경전에서 '잘 배운 고귀한 제자(sutavā ariyasāvaka)'라는 용어는 사쌍팔배四雙八輩의 성인(聖人, 고귀한 제자)

들을 의미한다. 즉 아라한뿐만 아니라 이전의 다른 성인들을 포함한다는 것이다. 하지만 아라한을 제외한 성인들은 아직 속박(samyojana) 내에서 번뇌와 욕망을 가지고 있다. 그러므로 번뇌와 욕망을 가진 상태에서 정신적인 느낌을 느끼지 않는다는 것은 조금 이해하기 어렵다. 그렇다면 이 경전은 모순되는 설명을 하고 있는 것인가? 여기에서 또 한 가지 중요한 점은 우리가 경전을 접할 때 인용된 단어의 의미에 의존하기보다 내용상의 의미를 더욱 고려해야 한다는 것이다. 이 경은 비록 사쌍팔배의 성인을 포함할 수 있는 성인(ariyasāvaka)이란 용어를 사용하였지만 문맥상은 아라한을 의미한다고 보아야 할 것이다. 왜냐하면 언급된 '잘 배운 고귀한 제자(sutavā ariyasāvaka)'에게 괴로운 느낌에 대한 분노의 잠재성향 (paṭighanusayo)이 자리 잡지 않고 있으며, 즐거운 느낌에 대한 탐심의 잠재성향 (rāgānusayo)이 자리 잡지 않고 있으며, 괴롭지도 즐겁지도 않은 느낌에 대한 무지의 잠재성향(avijjānusayo)이 자리 잡지 않고 있다고 설명하고 있기 때문이다.

91 S. I. 27.

92 S. IV. 208.

93 A. III. 377; A. III. 412; S. IV. 235.

94 Itivuttaka. p.38f, S. IV. 104 : purāṇañca vedanaṃ paṭihankhāmi navañca vedanaṃ na uppādessāmi 나는 이전의 느낌을 없앨 것이며 새로운 느낌을 일으키지 않을 것이다; S. IV. 207 : Sutavā bhikkhave ariyasāvako sukham pi vedanaṃ vediyati dukkham pi vedanaṃ vediyati adukkhamasukham pi vedanaṃ vediyati. 비구들이여, 잘 배운 고귀한 제자도 즐거운 느낌, 괴로운 느낌, 괴롭지도 즐겁지도 않은 느낌을 느낀다. 비고) 미산, 「근본불교 수행의 요체와 지성의 발현」(가산학보. 10호, 2002), p.173.

95 A. V. 30; Kathañ ca bhikkhave bhikkhu chaḷaṅgasamannāgato hoti? Idha bhikkhu cakkhunā rūpaṃ disvā neva sumano hoti na dummano upekhako viharati sato sampajāno, sotena saddaṃ……. 이 경전의 설명을 통해 아라한에게는 sumano와 dumano, 즉 somanassa와 domanassa가 나타나지 않으며 upekha, sati, sampajāna가 나타난다는 사실을 알 수 있다.

96 본고에서 나타나는 느낌과 관련된 내용은 정준영, 「대념처경에서 보이는 수념처의 실천과 이해」(불교학연구 제7호, 2003)의 내용을 일부 재인용하였다.

97 Vism. 499; Dhp. v.202 : n'atthi khandhādisā dukkha. 모음(蘊)에 비길 괴로움은 없다.

98 A. V. 314; 참고) 전재성, 『앙굿따라니까야』 11권(한국빠알리성전협회, 2008), p.33; 대림, 『앙굿따라니까야』 6권(초기불전연구원, 2007), p.525.

99 Ud. 8; 참고) 전재성, 『우다나-감흥어린 시구』(한국빠알리성전협회, 2009), p.70. 이 방법은 현재 미얀마의 쉐우민 수행처에서 진행되는 위빠사나 수행법과 유사하다.

100 A. III. 377; 대림, 『앙굿따라니까야』 4권(초기불전연구원, 2007), p.210; 전재성, 『앙굿따라니까야』 6권(한국빠알리성전협회, 2007), p.203.

101 S. I. 40 : dukkhe loko patiṭṭhito.

102 M. I. 163 : sammohayepakkaṃ vāhaṃ bhikkhave dukkhaṃ vadāmi pariyeṭṭhi vepakkaṃ va; A. III. 316

103 M. I. 140 : dukkhañ c'eva paññāpemi dukkhassa ca nirodhaṃ; S. III. 119

선종 | 괴로움의 뿌리인 번뇌가 곧 보리

---

1 仁海 譯註, 「二種入」, 『달마의 소실육문』(민족사, 2008), p.123~127.

2 『六祖壇經』(大正藏 제48권), p.360中.

3 위의 책, p.338下.

4 黃檗, 『傳心法要』(『禪林寶典』, 禪林古鏡叢書 1, 藏經閣, 1988), p.258.

5 대승불교에서 설하고 있는 불성본유佛性本有설은 일체 중생이 본래 불성을 갖추고 있기 때문에 그것을 드러내기만 하면 된다는 주장이며, 반면에 불성시유佛性始有설은 중생이 본래 불성을 갖추고 있지 않기 때문에 수행을 통해서야 비로소 불성을 계발할 수 있다는 주장이다. 불성본유설은 이후 돈오頓悟적 관점으로 발전되며, 불성시유설은 점수漸修적 관점으로 발전하게 된다.

6 『楞伽師資記』 序文(大正藏 제85권), p.1283上.

7 『楞伽師資記』 達摩章(위의 책), p.1285上.

8 『楞伽師資記』 慧可章(위의 책), p.1285下.

9 敦煌本 『大乘安心入道』.

10 『最上乘論』(大正藏 제48권), p.377上中.

11 『最上乘論』(위의 책), p.378中.

12 『楞伽師資記』 求那跋陀羅章(大正藏 제85권), p.1284上.

13 『觀心論』(『소실육문』)(大正藏 제48권), p.366下.

14 『관심론』(『소실육문』)(大正藏 제32권), p.578上.

15 『관심론』(大正藏 제85권), p.1270下.

16 敦煌本 『壇經』(『禪林寶典』, 禪林古鏡叢書, 藏經閣, 1988), p.26.

17 김태완, 『祖師禪의 실천과 사상』(藏經閣, 2001), p.261 참고.

18 宗寶本 『六祖壇經』(大正藏 제48권), p.360上.

19 위와 같음.

20 『曹溪大師別傳』(慧能 著, 郭明 校釋, 『壇經校釋』, 中華書局, 1983), p.125.

21 敦煌本 『壇經』(『禪林寶典』, 장경각, 1988), p.78.

22 石井本 「雜懲義」, 『神會語錄』.

23 石井本 「雜懲義」, 파리본 「雜懲義」, 『神會語錄』.

24 楊曾文 編校, 『神會和尙禪話錄』, 中華書局, 1996, p.61.

25 石井本 「雜懲義」, 『神會語錄』.

26 「壇語」, 위의 책.

27 石井本 「雜懲義」, 위의 책.

28 石井本 「雜懲義」, 위의 책.

29 神會, 敦煌本 「南陽和上頓敎解脫禪門直了性壇語」(楊曾文 編校, 『神會和尙禪話錄』, 中華書局, 1996), p.10.

30 혜능의 시대에 태동한 조사선 사상은 마조의 홍주종과 석두의 석두종에 이르러 황금기를 맞이하며 오가칠종으로 분등되어, 이후 조동과 임제의 맥이 계속 전승되어져 오늘에 이르고 있다.

31 『宗鏡錄』 권제1(大正藏 第48권), p.418中.

32 『종경록』(대정장 48, p.492上).

33 『白丈語錄』(『古尊宿語錄』 卷第二, 中華書局, 1994), p.24~25.

34 『頓悟入道要門論』(『中國佛敎資料選集』 第二卷 第二冊), p.184.

35 『曹溪大師別傳』(『壇經校釋』, 中華書局, 1983), p.120.

36 『宛陵錄』(『中國佛敎資料選集』 第二卷 第二冊), p.235.

37 『頓悟入道要門論』, 위의 책, p.178.

38 위의 책, p.230.

39 『宛陵錄』(『古尊宿語錄』 권제3), p.47~48.

40 『傳燈錄』 권제6(大正藏 제51권), p.246上.

41 『御選語錄』十九, 「覺生寺文覺禪師元信雪鴻」(續藏經 第119冊), p.396右.

42 『宛陵錄』(위의 책), p.220~221.

43 『傳燈錄』卷九(大正藏 제51권), p.271中.

44 『傳心法要』(大正藏 제48권), p.381上中.

45 『馬祖道一禪師語錄』(續藏經 제119冊), p.406右上.

46 『傳心法要』(大正藏 제48권), p.381中.

47 『白丈廣錄』(『古尊宿語錄』卷一, 中國佛教典籍選刊, 中華書局), p.16.

48 『傳心法要』(『中佛資料選集』第二卷 第四冊), p.217.

49 『宛陵綠』(『古尊宿語錄』卷第三), p.229.

50 『趙州語錄』(『古尊宿語錄』卷第十三), p.217.

서양철학 | 서양 철학의 역사에서 고통의 의미 찾기

1 에릭 J. 카셀, 강신익 옮김, 『고통받는 환자와 인간에게서 멀어진 의사를 위하여』(코기토, 2002), pp.98~101.

2 손봉호, 『고통받는 인간: 고통문제에 대한 철학적 성찰』(서울대학교출판부, 1995), pp.38~39〔이하에서 같은 저자의 여러 논문이 나오는 경우, 저자명(출판년도), p.‥ 형식으로 표시함. 예를 들어 손봉호(1995), p.142.〕

3 같은 책, p.5; 강영옥, 「무교의 고통 이해」, 『가톨릭 신학과 사상』19(1997), p.58; 헤롤드 S. 쿠스너, 김쾌상 옮김, 『착한 사람이 왜 고통을 받습니까』(심지, 1983), p.164 참조.

4 F. 니체, 김정현 옮김, 『선악의 저편·도덕의 계보』(책세상, 2002), p.504.

5 참조: 김석수, 「철학, 고통 그리고 치료」, 『철학연구』(대한철학회) 100(2006), p.185.

6 참조: 손봉호, 「고통에 대하여」, 『대학생활의 설계』(서울대학교 출판부, 1992), p.139.

7 손봉호, 「초월의 계기로서의 고통」, 『인간연구』(가톨릭대 인간학연구소) 3(2002), p.21.

8 같은 글, p.20.

9 참조: 『가톨릭 신학과 사상』19호(1997) "특집: 고통"에 실린 박용조의 「불교에 있어서 고통의 의미」, 최일범의 「'장자'에서 삶의 고통과 해소의 문제」, 강영옥의 「무교의 고통 이해」, 손희송의 「그리스도교의 고통 이해」; 심상태, 『인간-신학적

인간학 입문』(서광사, 1989), pp.235~271쪽; 서광선, 『종교와 인간』(이화여자대학교 출판부, 1994), pp.156~171; 송기득, 『인간-그리스도교 인간관에 대한 인간학적 해석』(한국신학연구소, 1984), pp.171~200쪽; 한국정신문화연구원 철학-종교연구실 편, 『악이란 무엇인가』, 창, 1992; 박찬국, 「니체의 불교관에 대한 비판적 검토-고통의 문제를 중심으로」『철학사상』(서울대 철학사상연구소) 33(2009), pp.193~235; John Bowker, Problems of Suffering in Religions of the World, Cambridge: Cambridge University Press, 1970.

10 손봉호 (1995), pp.4~5; 13~14; 카셀, 위의 글, p.92.

11 박승찬, 「인간 고통의 의미-그리스도교 고통 이해에 관한 인간학적 고찰」『인간 연구』 창간호(2000), pp.160~161.

12 참조: 강영안, 「고통과 윤리」 『서강인문논총』 8(1998), p.5.

13 고통과 통증의 구별과 관계에 대해서는 손봉호(1995), pp.26~32; M. Arndt, "Leiden", in: Historisches Woerterbuch der Philosophie, Bd. 5 (Basel-Stuttgart: Schwabe, 1980), p.206; David B. Morris, The Culture of Pain(Berkeley-Los Angeles: University of California Press, 1991), p.16; Erich H. Loewy, Suffering and the Beneficent Community. Beyond Libertarianism(Albany: State University of New York, 1991), p.4; 카셀, 위의 책, pp.98~101 등 참조.

14 플라톤, 『필레보스』 31d~33b, 『티마이오스』 81a; 『법률』 732e~733d.

15 Aristoteles, Magna Moralia 1186a. 〔손봉호(1995), p.37에서 재인용〕

16 레오 엘더스, 박승찬 옮김, 『토마스 아퀴나스의 형이상학』(가톨릭출판사, 2003), p.212.

17 두 학파의 고통 이해에 대해서는 Martha C. Nussbaum, The Therapy of Desire(Princeton: Princeton University Press, 1994) 참조.

18 에픽테토스, 샤론 르벨 엮음, 정영목 옮김, 『불확실한 세상을 사는 확실한 지혜』(까치, 1999), p.32.

19 Chrysipp, Fragmenta moralia 168. 861. 〔J. Flügge·M. Kross·M. Grahek (1980), "Schmerz", in: Historisches Wörterbuch der Philosophie, Bd. 8(Basel-Stuttgart: Schwabe), p.1315에서 재인용〕

20 에피쿠로스, 『메노이케우스에게 보낸 편지』 128. 〔Flügge, 같은 글에서 재인용〕

21 Ibid., p.131.

312

22 *Ibid.*

23 키케로, 『투스쿨리눔 대화』 2, 41ff. 〔Flügge, *op. cit.*, p.1315에서 재인용〕

24 Flügge, *op. cit.*, p.1315.

25 호메로스, 천병희 옮김, 『오뒷세이아』(단국대학교출판부, 2002), p.2.

26 아이스퀼로스, 『아가멤논』, 249 이하. 〔천병희 옮김, 『오이디푸스왕』(문예출판사, 2001), p.29〕

27 참조: 김동규, 「니체 철학에서의 고통과 비극–문화철학의 관점에서」, 『철학탐구』(중앙대 중앙철학연구소) 26(2009), pp.139~168.

28 U. Hedinger, *Wider die Versöhnung Gottes mit dem Elend*(Theologischer Verlag, 1972), pp.43ff; 박승찬(2000), pp.167~168.

29 자세한 구절들은 손희송, 위의 글, pp.79~80 참조.

30 교황 요한 바오로 2세의 서한, 『구원에 이르는 고통』(한국천주교중앙협의회, 21989), p.20쪽.

31 J. Scharbert, *Der Schmerz im Alten Testament*(Bonn: P. Hanstein, 1955), p.190.

32 M. Keller–Hüschemenger, *Die Kirche und das Leiden*(München: Chr. Kaiser, 1954), p.32.

33 W. Michaelis, Art. "πάσχω", in: *Theologisches Wörterbuch zum Neuen Testamenst*, hg. G. Kittel 5(1954), p.907. 〔Arndt, op. cit. p.207에서 재인용〕

34 참조: 아간의 죄(여호수아 7,12-25); 홉니와 비느하스의 죄(1사무 3,13-14).

35 참조: 민수 14,18.

36 참조: 박승찬(2000), pp.169~170.

37 손봉호(1992), pp.151~152.

38 참조: G. E. Moore, *Principia Ethica*, Cambridge University Press, 1903.

39 "엘리바즈, 너와 너의 두 친구를 생각하면 터지는 분노를 참을 길 없구나. 너희는 내 이야기를 할 때 욥처럼 솔직하지 못하였다."(욥기 42,7)

40 보다 상세한 논의는 박승찬(2000), pp.170~172 참조.

41 H. Küng, *Gott und das Leid*(Einsiedeln, 1967), p.38.

42 Kent D. Richmond/David L. Middleton, *The Pastor and the Patient-A Practical Guidebook for Hospital Visitation*(Nashville: Abingdon, 1992), p.47.

43 참조: 『구원에 이르는 고통』, p.22.

44 Michaelis, *op. cit.*, p.906ff.; 박승찬(2000), pp.172~173.

45 박승찬(2000), pp.163~165.

46 Cyprianus, *De bono patientiae*, X,27ff. 〔Arndt, *op. cit.*, p.208에서 재인용〕

47 Fr. Maurer, *Leid. Studie zur Bedeutungs-und Problemgeschichte besonders in den gro*β*en Epen der staufischen Zeit* (1951), p.86.

48 참조: 손희송, 위의 글, pp.82~83.

49 P. von Moos, *Consolatio. Stud. zur mittelalterlichen Trostliteratur über den Tod und zum Problem der christlichen Trauer* 3/3(1972), p.280.

50 C. S. 루이스, 김남식 옮김, 「특집 : 고통 ; 인간의 고통에 대하여」『상담과 선교』(한국상담선교연구원, 2010), pp.8~11.

51 같은 글, p.11.

52 같은 글, pp.13~14.

53 히브 2,10; 루이스(2002), p.159.

54 루이스의 주장에 대한 보다 상세한 논의는 C. S. 루이스, 이종태 옮김, 『고통의 문제』(홍성사, 2002) 참조.

55 참조: Richmond/Middleton, *op. cit.*, p.48; 송기득, 위의 책, p.188.

56 박정호, 「고통의 의미-레비나스를 중심으로」『시대와 철학』 22(2011), p.144.

57 참조: Thomas Aquinas, *De Malo* 3,3; *STh* I,2,3,ad 1; I,48,2,ad 3; 박승찬(2000), pp.176~178.

58 참조: 아우구스티누스, 『자유의지론』 I,1,1; Maurer, *op. cit.*, p.87.

59 참조: 『자유의지론』 I,3,8.

60 토마스 아퀴나스는 '외부의 강요로부터의 자유(libertas a coarctione)'를 '내면적 필연성으로부터의 자유(libertas a necessitate)'와 구별하며 자유 문제에 관해 여러 곳에서 상세하게 논한다. 그에 따르면 "인간은 자유의지(liberum arbitrium)를 갖추었다고 말해야 한다. 그렇지 않으면 권유, 계명, 금지, 상과 벌이 무의미해진다."(*STh* I,83,1) 참조: *STh* I-II,93,5 & 6; *CG* III,73; *Ver* 22,5; *II Sent* 25,1,4,ad 1 & 2 & 5; *De malo* 6,1,ad 25.

61 참조: 심상태, 위의 책, p.266 참조.

62 Maurer, *op. cit.*, p.88; 박승찬, 『생각하고 토론하는 서양 철학 이야기 ② : 중세-신학과의 만남』(책세상, 2006), p.56. 이러한 구분은 라이프니츠를 거쳐 칸트에 이르기까

지 악과 고통에 대한 중요한 사변적인 틀을 제공해 주었다.

63 아우구스티누스, 『자유의지론』 II,2,4.

64 여기서는 신의 섭리와 인간의 자유의 문제에 대한 복잡한 논쟁을 다룰 수 없다. 보에티우스는 『철학의 위안』 제5권에서 인간의 자유와 하느님의 예지를 조화시키는 경우에 분명하게 일어나는 어려움에 대해서 상세히 논하고 있다. 박승찬 (2006), pp.67~68; F. C. 코플스톤, 박영도 옮김, 『중세철학사』(서광사, 1988), pp.120~121; 145; J. 힐쉬베르거, 강성위 옮김, 『서양 철학사 상권: 고대와 중세』(이문출판사, 1983), pp.454; 600 참조.

65 참조: 코플스톤, 위의 책, p.141.

66 Von Moos, *op. cit.*, p.145.

67 *Ibid.*, p.286.

68 안타깝게도 연구자가 제한되어 있는 국내 학계는 물론, 외국에서 충분한 연구가 이루어지지 못했기 때문에 균형 잡힌 고통에 대한 성찰을 위해 이 부분에 대한 깊이 있는 연구가 시급해 보인다.

69 참조: 강영옥, 「고통」 『우리말 철학사전 5』(지식산업사, 2007), p.65.

70 아우구스티누스, 『신국론』, I, 8.

71 E. Auerbach, *Mimesis. Dargestellte Wirklichkeit in der abendländischen Liturgie*(²1959), p.57.

72 M. Luther, *Vorlesung über den Römerbrief* 1515/16(1960), 1, p.322.

73 J. Moltmann, *Der gekreuzigte Gott. Das Kreuz Christi als Grund und Kritik christlicher Theologie*(Kaiser, 1972), p.214.

74 E. 코레트, 진교훈 옮김, 『철학적 인간학』(종로서적, 1986), pp.176~178쪽과 그곳에 제시된 참고문헌 참조.

75 참조: C. A. 반 퍼슨, 손봉호 옮김, 『몸·영혼·정신-철학적 인간학 입문』(서광사, 1985), pp.39~40.

76 카셀, 위의 책, pp.94~101.

77 참고: 공병혜, 「의료 영역에서의 고통에 대한 이해」 『인간연구』(가톨릭대학교 인간학 연구소) 8(2005), pp.242~259.

78 일부 학자는 이를 신정론神正論이라고도 번역한다.

79 G. W. Leibniz, *Die Theodizee: Von der Gute Gottes, der Freiheit des Menschen*

und dem Ursprung des Übels(Wissenschaftliche Buchgesellschaft, Darmstadt, 1985), II, §214.

80 *Ibid.*, I, §9.

81 *Ibid.*, I, §23.

82 참조: 송기득, 위의 책, p,188.

83 참조: 브란첸, 위의 책, p.21.

84 라이프니츠의 변신론이 실패한 세 가지 까닭에 대한 상세한 논의는 강영안, 「악에 대한 형이상학적 성찰-악의 형이상학은 어떻게 가능한가?」, 『惡이란 무엇인가』(창, 1992) 참조.

85 Immanuel Kant, *Über das Misslingen aller philosophischen Versuch in der Theodicee, Kants Gesammelten Schriften*〔=KGS〕, VIII.

86 Immanuel Kant, *Kritik der praktischen Vernunft*, in: KGS, V, pp.60~73.

87 Immanuel Kant, *Anthropologie in pragmatischen Hinsicht*, in: KGS, VII, pp.230~235.

88 Immanuel Kant, *Idee zu einer allgemeinen Geschichte in bürgerlichen Absicht*, in: KGS, VIII, pp.20~21.

89 손봉호(1995), pp.124~125.

90 참조: 송기득, 위의 책, p.188.

91 G. W. F. Hegel, *Vorlesungen über die Philosphie der Geschichte*, Hegel Werke 12(Suhrkamp, 1970), p.49.

92 *Ibid.*

93 G. W. F. Hegel, *Vorlesungen über die Philosophie der Religion II*, Hegel Werke 17, Suhrkamp, p.263.

94 참조: 박정호, 위의 글, pp.147~148.

95 Schelling, *Sämtliche Werke*, hg. K. F. A. Schelling(1856~61), 7, 350.〔Arndt, op. cit., p.210에서 재인용〕.

96 *Ibid.*, 8, 166f.

97 *Ibid.*, 7, 403.

98 A. Schopenhauer, *Die Welt als Wille und Vorstellung* II, 5. Sämtliche Werke, hg. A. Hübscher 3(1938), I,18. 쇼펜하우어, 곽복록 옮김, 『의지와 표상으로서의 세계』(을유문화사, 2004), p.151.

99 *Ibid.*, II, 28.

100 *Ibid.*, II, 49.

101 *Ibid.*, II, 48.

102 쇼펜하우어의 고통에 대한 상세한 논의는 김정인, 「고통의 심층철학: 쇼펜하우어의 의지의 형이상학을 중심으로」『철학연구』(대한철학회) 68(1998), pp.119~145; 김선희, 「인문치료, 고통에 대해 묻다?-쇼펜하우어에 있어서 고통과 치료의 해석학」『동서철학연구』(한국동서철학회) 54(2009), pp.413~439 참조.

103 Fr. Nietzsche, *Sämtliche Werke, Kritische Studienausgabe*[=KSA] in 15 Bänden, hrsg. von Giorgio Colli/Mazzino Montinari(München-New York, 1980), 3, pp.883f.

104 *Ibid.*, 3, p.773.

105 *Ibid.*, 3, pp.104~105; F. 니체, 박찬국 옮김, 『아침놀』(책세상, 2004), pp.128~129.

106 김정현, 『니체, 생명과 치유의 철학』(책세상, 2006), p.385

107 니체, 『선악의 저편, 도덕의 계보』, p.295.

108 이에 대한 상세한 논의는 김동규, 「니체 철학에서의 고통과 비극-문화철학의 관점에서」『철학탐구』(중앙대 중앙철학연구소) 26(2009), pp.139~168 참조.

109 Nietzsche, KSA 6, p.60.

110 박승찬·노성숙, 『철학의 멘토, 멘토의 철학』(가톨릭대학교출판부, 2013), pp.339~341.

111 빌헬름 바이셰델, 안인희 옮김, 『철학의 에스프레소』(아이콘C, 2004), p.387.

112 참조: 강영옥(2007), pp.66~67.

113 참조: 도로테 죌레, 채수일·최미영 옮김, 『고난』(한국신학연구소, 1993), pp.27~37.

114 참조: 브란첸, 위의 책, 12쪽.

115 강영옥(2007), p.66.

116 "Vom Sinn des Leides", Max Scheler, *Schriften zur Soziologie und Weltanschauung, Gesammelte Werke*, Bd.6, hrsg. von M. S. Frings(Bonn-Bovier, 1985), p.42.

117 G. W. F. Hegel, *Enzyklopädie der philosophischen Wissenschaften III*, Hegel Werke 10, Suhrkamp, p.115.

118 폴 브랜드·Ph. 얀시, 송준인 옮김, 『고통이라는 선물』(두란노, 2001), p.268; 손봉호(2005), p.35.

119 손봉호(2005), pp.35~36.

120 테오도르 아도르노, 홍승용 옮김, 『부정변증법』, 한길사, 1999, p.286.

121 같은 곳. 아도르노의 고통에 대한 상세한 논의는 노성숙, 「아도르노-총체적 난관의 시대적 고통에 직면한 개인의 성찰적 치유」 『웹진문지』(2012) 참조.

122 카셀, 위의 책, p.97.

123 같은 책, p.93.

124 인간 인격이 지니고 있는 완결성의 중요성에 대해서는 박승찬, 「인격에 대해 영혼-육체 통일성이 지니는 의미: 토마스 아퀴나스의 작품들을 중심으로」 『철학사상』(서울대학교 철학사상연구소) 35(2010), pp.61~102 참조.

125 참조: 강영안(1998), pp.14~18.

126 Levinas(1998), pp.92~93.

127 Levinas (1998), pp.93~94.

128 Levinas (1998), p.94.

129 참조: 박정호, 위의 글, p.154.

130 강영안, 『타인의 얼굴-레비나스의 철학』(문학과 지성사, 2005), pp.232ff.; 박정호, 위의 글, p.155~156.

131 참조: 손봉호(2002), p.19 및 그곳에 제시된 참고문헌.

132 같은 곳.

133 박정호, 위의 글, p.138.

134 카셀, 위의 책, p.104. 초월적 의미를 부정하는 입장이 지니는 문제점에 대해서는 유호종, 「고통의 관찰 가능한 의미와 초월적 의미」 『대동철학』 26(2004), pp.8~10; 12~15 참조.

135 Alaisdair MacIntyre, *Seven Traits for Designing Our Descendants, The Hastings Center Report* 1979, 9:5-7. 〔카셀, 위의 책, p.117에서 재인용〕

136 같은 책, p.117.

137 손봉호(2002), p.20. 유호종〔(2004), p.16〕은 초월적 의미가 없더라도 인생은 충분한 의미가 있다고 주장한다.

138 엘더스, 위의 책, p.213.

139 때로는 극적인 회개가 '플라시보 효과' 등을 통해서 실제로 질병과 같은 고통의 치유 등의 긍정적인 결과를 낳기도 한다. 참조: E. Fischer, *Warum ist das gerade mir passiert?*(Freiburg-Basel-Wien: Herder, 1993), p.75.

140 고통당하는 이를 소외시키지 않고 고통에 의미를 부여하는 해석 가능성에 대해서는 박승찬(2000), pp.179~183 참조.

141 Thomas Aquinas, *STh* I-II,39,1.

142 참조: *STh* I-II,39,2&3.

143 Jamie Mayerfeld, *Suffering and Moral Responsibility*, Oxford University Press, 2002, p.85.

144 물론 이런 관점은 시간성과 자연법칙을 넘어서 모든 것을 자신의 의지대로 해결할 수 있다고 이해되는 '신의 전능함'을 제한한다는 비판을 받을 수도 있다. 그렇지만 심상태[위의 책, p.267]는 인간에 대한 사랑 때문에 자신을 거두어들이는 자기비허 自己脾虛의 행위 속에서 신의 전능함이 드러난다고 주장한다. 적어도 이런 해석에 따르면 불필요한 고통을 없애려는 인간의 노력이 결코 신은 전능을 해칠 이유는 없다.

145 참조: 박승찬·노성숙, 위의 책, pp.13~14.

146 이런 변화는 바깥에서 고통에 관한 이해를 강요함으로써가 아니라 안으로부터 은총이 작용하여 일어나는 '내면의 기적'(브란첸, 위의 책, 81쪽)이다.

147 Victor Gisbertz, *Ist einer von euch krank...: Besuche bei Kranken*(Würzburg: Echter, 1991), p.62.

진화심리학 | 괴로움은 왜 진화했는가

---

1 Dawkins, R., *River out of eden: A Darwinian view* (Basic Books, 1995), p.95. (리처드 도킨스, 이용철 역, 『에덴의 강』, 사이언스북스, 2005, p.157).

2 Williams, G. C., *The Pony Fish's Glow: And Other Clues to Plan and Purpose in Nature* (AZ, Basic Books, 1998). (조지 윌리엄스, 이명희 역, 『진화의 미스터리』, 사이언스북스, 2009, p.281).

3 Dawkins, R., *The selfish gene* (Oxford, Oxford university press, 1976)(리처드 도킨스, 홍영남·이상임 역, 『이기적 유전자』, 을유문화사, 2010); Dawkins, *op. cit.* (1995).

4 진화심리학을 소개하는 이 장의 내용은 전중환, 「진화심리학의 이론적 토대와 쟁점들」 (한국심리학회, 2010), 29(4), pp.747~766을 대폭적으로 수정·보완한 것이다.

5 Darwin, C. R., *On the origin of species by means of natural selection* (London,

Murray, 1859). p.488.

6 Barkow, J. H., Cosmides, L. E., & Tooby, J. E. (Ed.), *The adapted mind: Evolutionary psychology and the generation of culture.* (Oxford, Oxford University Press, 1992); Tooby, J., & Cosmides, L., Conceptual foundations of evolutionary psychology. In D. M. Buss (Ed.), *The handbook of evolutionary psychology* (pp.5~67). (Hoboken, New Jersey, John Wiley & Sons, 2005).

7 전중환, 『오래된 연장통』(사이언스북스, 2010).

8 Dawkins, R., *The blind watchmaker: Why the evidence of evolution reveals a universe without design* (New York, W. W. Norton & Company, 1986); Dawkins, *op. cit.* (1976).

9 Williams, G. C., *Adaptation and Natural Selection.* (Princeton, NJ, Princeton University Press, 1966) (조지 윌리엄스, 전중환 역, 『적응과 자연 선택』, 나남, 2013); Dennett, D. C., Darwin's Dangerous Idea (New York, Simon & Schuster, 1995).

10 Mayr, E., How to carry out the adaptationist program? *American Naturalist*, 121 (1983), pp.324~334.

11 Tooby, J., & Cosmides, L., *op. cit.* (1992, 2005).

12 Darwin, C. R., *The expression of the emotions in man and animals* (Chicago, University of Chicago Press, 1872).

13 Curtis, V. & Biran, A. Dirt, disgust, and disease: Is hygiene in our genes? *Perspectives in biology and medicine* 44(2001), pp.17~31; Curtis, V., Aunger, R., and Rabie, T., Evidence that disgust evolved to protect from risk of disease. *Proceedings of the Royal Society of London. Series B: Biological Sciences* 271(2004), pp.S131~S133; Curtis, V., de Barra, M., & Aunger, R. Disgust as an adaptive system for disease avoidance behaviour. *Philosophical Transactions of the Royal Society B: Biological Sciences* 366(2011), pp.389~401.

14 Oaten, M., Stevenson, R. J., and Case, T. I.. Disgust as a disease-avoidance mechanism. *Psychological bulletin* 135(2009), pp.303~321.

15 Fessler, D. M. T., Eng, S. J. and Navarrete, C. D., Elevated disgust sensitivity in the first trimester of pregnancy: Evidence supporting the compensatory prophylaxis hypothesis. *Evolution and Human Behavior* 26(2005), pp.344~351.

16 Stevenson, R.J., and Repacholi, B. M., Does the source of an interpersonal odour affect disgust? A disease risk model and its alternatives. *European journal of social psychology* 35(2005), pp.375~401.

17 Buss, David M., Ed. *The handbook of evolutionary psychology.* (Hoboken, New Jersey, John Wiley & Sons, 2005); Tooby, J., & Cosmides, L., *op. cit.* (1992, 2005).

18 Barrett, H. C., & Kurzban, R. Modularity in cognition: framing the debate. *Psychological review*, 113(2006), pp.628~647.

19 Tooby, J. and DeVore, I., The reconstruction of hominid behavioral evolution through strategic modeling. In W. G. Kinzey (Ed.,), *The Evolution of Human Behavior: Primate Models*, pp.187~237 (New York, State University of New York Press, 1987).

20 Nesse, R. M and Williams, G. C., *Why we get sick: the new science of Darwinian medicine* (New York, Vintage Books, 1996).

21 번식성공도(reproductive success)는 한 개체가 평생 동안 낳는 자식 수를 의미하며 개체 수준의 고전적인 의미의 적합도(fitness)와 같은 뜻이다. 그런데 주변에 착한 이웃들이 많으면 나도 이득을 보듯이, 개체가 평생 낳는 자식 수는 그 개체의 몸 안에 들어 있는 유전자뿐만 아니라 다른 개체의 몸 안에 있는 유전자에도 의존한다. 따라서 사회적 행동에 관한 한, 개체 수준의 고전적인 적합도는 유전자의 복제 성공도를 제대로 반영하지 못한다. 1964년 진화생물학자 윌리엄 해밀턴은 사회적 행동을 일으키는 유전자의 성공을 측정할 때 상대방의 몸 안에 그 유전자의 복제본이 들어있을 가능성까지 고려함으로써 유전자의 복제 성공도를 정확히 반영해주는 새로운 척도로서 포괄 적합도(inclusive fitness)를 제안하였다. 즉 유전자의 복제 성공도는 개체 수준에서는 고전적 적합도가 아니라 포괄 적합도를 측정함으로써 알 수 있다. 사회적 행동을 일으키는 유전자가 아닌 경우에는 포괄 적합도와 고전적 적합도가 동일하다. 이 글에서는 독자의 편의를 고려하여 "개체는 자신의 번식 성공도(=고전적 적합도)를 최대화하려고 애쓰는 것처럼 행동한다"라고 서술했지만, 엄밀한 의미에서는 "개체는 자신의 포괄 적합도를 최대화하려 애쓰는 것처럼 행동한다"고 해야 맞다.

22 Nesse, R. M., Natural selection and the elusiveness of happiness. *Philosophical Transactions of the Royal Society B: Biological Sciences*, 359(2004), pp.1333~1347.

23 Nesse, R. M., & Williams, G. C., Evolution and the origins of disease. Scientific American, 279 (1998), pp.58~65; Nesse, R. M., and Williams, G. C., *op. cit.* (1996).

24 Buss, D. M. The dangerous passion: *Why jealousy is as necessary as love and sex.* (New York, Free Press, 2000).

25 Symons, D., *The evolution of human sexuality* (Oxford, Oxford University Press, 1979).

26 Buss, D. M., Larsen, R. J., Westen, D., and Semmelroth, J. Sex differences in jealousy: Evolution, physiology, and psychology. *Psychological science* 3(1992), pp.251~255; Buss, D. M., & Haselton, M. The evolution of jealousy. *Trends in Cognitive Sciences* 9(2005), pp.506~507; Daly, M., & Wilson, M., Male sexual jealousy. *Ethology and Sociobiology* 3(1982), pp.11~27.

27 Wiiliams, G. C. and Nesse, R. M., *op. cit.* (1996).

28 Dugatkin, L. A. Tendency to inspect predators predicts mortality risk in the guppy (*Poecilia reticulata*). *Behavioral Ecology* 3(1992), pp.124~127.

29 Nesse, R M. & Williams, G. C., *op. cit.* (1998).

30 Marks, I., *Fears, phobias, and rituals: Panic, anxiety, and their disorders* (New York, Oxford University Press, 1987).

31 Pinker, S., *How the mind works.* (New York, W. W. Norton & Company, 1997).

32 Buss, D. M., *Evolutionary Psychology* (4th Ed.) (Boston, Allyn & Bacon, 2012).

33 Myers, D. G., *The inflated self* (New York, Seabury Press, 1980).

34 Gluckman, P., Beedle, A., & Hanson, M. *Principles of evolutionary medicine* (Oxford, Oxford University Press, 2009).

35 Crawford, C. B., Salter, B. E., & Jang, K. L. Human grief: Is its intensity related to the reproductive value of the deceased?. *Ethology and Sociobiology* 10(1989), pp.297~307.

36 Gaulin, G. C. and McBurney, D. H., *Evolutionary Psychology*, (New Jersey, Pearson, 2004), pp.317~318.

37 우울증은 '주요우울증(major depression)'과 '경도우울증(minor depression)'으로 나뉜다. 본문에서 언급한 것처럼 절망감, 쾌락 저하, 식욕 및 체중 감소, 수면양의

감소나 증가, 성욕의 상실, 피로감, 부적절한 죄책감과 책임감, 무가치감, 집중력의 저하, 죽음이나 자살에 대한 생각 등이 2주 이상 지속되고 사회적으로 장애를 일으키면 '주요우울증'이라고 한다. '주요우울증'과 증상은 비슷하되, 그 정도가 덜하고 사회적으로 장애를 일으키지 않으면 '경도우울증'이라고 한다.

38 Nesse, R. M., Is depression an adaptation?, *Archives of General Psychiatry*, 57(2000), pp.14~20.

39 Andrews, P. W., & Thomson, Jr., J. A. The bright side of being blue: Depression as an adaptation for analyzing complex problems. *Psychological Review*, 116(2009), pp.620~654.

40 Andrews, P. W., & Thomson, Jr., J. A., *ibid.*

41 Andrews, P. W., & Thomson, Jr., J. A., *ibid.*

42 Pinker, S., *op. cit.* (1997), p.404.

43 Nesse, R. M., and Williams, G. C., *op. cit.* (1996).

44 Zuk, M., *Riddled with life: Friendly worms, ladybug sex, and the parasites that make us who we are.* (Orlando, Harcourt, 2008).

45 Teriokhin, A. T., Budilova, E. V., Thomas, F., & Guegan, J., Worldwide variation in life-span sexual dimorphism and sex-specific environmental mortality rates. *Human biology*, 76(2004), pp.623~641.

46 Trivers, R., Parental investment and sexual selection. In B. Campbell (Ed.), *Sexual selection and the descent of man* (pp.139~179). (Chicago, Aldine Press, 1972).

47 Zuk, M., *op. cit.* (2008).

48 Kruger, D. J., & Nesse, R. M., Sexual selection and the male:female mortality ratio. *Evolutionary psychology*, 2(2004), pp.66~85.

49 Kruger, D. J., & Nesse, R. M., *ibid.*

50 관심 있는 독자는 다음의 책을 참조하길 바란다. 데이비드 버스, 전중환 역, 『욕망의 진화』(사이언스북스, 2007).

51 Abbey, A., & Melby, C., The effects of nonverbal cues on gender differences in perceptions of sexual intent. *Sex Roles*, 15(1986), pp.283~298.

52 Browne, K. R., Sex, power, and dominance: The evolutionary psychology of sexual harassment. *Managerial and Decision Economics*, 27 (2006), pp.145~158.

53 Buss, D. M., *op. cit.* (2012).

54 Nesse, R. M., and Wiiliams, G. C., *op. cit.* (1996).

55 Williams, G. C., Pleiotropy, natural selection, and the evolution of senescence. *Evolution*, 11(1957), pp.398~411.

56 Nesse, R. M. and Wiiliams, G. C., *op. cit.* (1996).

57 Dudley, R. Fermenting fruit and the historical ecology of ethanol ingestion: is alcoholism in modern humans an evolutionary hangover? *Addiction*, 97(2004), pp.381~388.

58 Nesse, R. M. and Wiiliams, G. C., *op. cit.* (1996).

59 Buss, D. M., The evolution of happiness. *American Psychologist* 55(2000), pp.15~23.

60 Kenrick, D. T., Gutierres, S. E., & Goldberg, L. L. Influence of popular erotica on judgments of strangers and mates. *Journal of Experimental Social Psychology*, 25(1989), pp.159~167; Kenrick, D. T., Neuberg, S. L., Zierk, K. L., & Krones, J. M., Evolution and social cognition: Contrast effects as a function of sex, dominance, and physical attractiveness. *Personality and Social Psychology Bulletin*, 20(1994), 210~217.

61 Kenrick, D. T., et al., *ibid.* (1994).

심리학 | 삶이 괴롭고 고달픈 이유

1 조맹제, 『2011년도 정신질환실태 역학조사 보고서』, 보건복지부, 2011.

2 Melzack, R., & Wall, P. D. (1965). Pain mechanism: A new theory. *Science*, 150, pp.971~979.

3 권석만, 『하루 15분 행복 산책』, 메디치미디어, 2013.

4 권석만, 『현대 이상심리학(2판)』, 학지사, 2013.

5 Baumeister, R. F., Bratslavsky, E., Finkenauer, C., & Vohs, K. D. (2001). Bad is stronger than good. *Review of General Psychology*, 5(4), pp.323~370.

6 권석만, 『하루 15분 행복 산책』, 메디치미디어, 2013.

7 Diener, E., Suh, E. M., Kim-Prieto, C., Biswas-Diener, R., & Tay, L. S. (2010). Unhappiness in South Korea: Why it is high and what might be done about it.

2010년 한국심리학회 연차학술대회 국제심포지엄 발표자료집(pp.1~23).

8 Brickman, P., & Campbell, D. T. (1971). Hedonic relativism and planning the good society. In M. H. Appley (Ed.), *Adaptation level theory: A symposium* (pp.287~304). New York: Academic Press.

9 권석만, 『긍정 심리학: 행복의 과학적 탐구』, 학지사, 2008.

10 Cohen, S., & Herbert, T. B. (1996). Health psychology: psychological factors and physical disease from the perspective of human psychoneuroimmunology. *Annual Review of Psychology*, 47, pp.113~142.

11 House, J. S., Landis, K. R., & Umberson, D. (1988). Social relationship and health. *Science*, 241, pp.540~545.

12 Kiecolt-Glaser, J. K. (1999). Stress, personal relationships, and immune function: Health implications. *Brain, Behavior, and Immunity*, 12, pp.61~72.

13 김성욱. "빚에 짓눌린 서민들의 2가지 돌파구", 머니위크, 2013년 7월 25일 기사.

14 조정은, "한국, 대졸자 너무 많다", 이투데이, 2013년 10월 10일 기사.

15 권석만, 『현대 심리치료와 상담 이론』, 학지사, 2012.

16 권석만, 『현대 이상심리학(2판)』, 학지사, 2013.

17 Ellis, A. (1962). *Reason and emotion in psychotherapy.* New Jersey: Lyle Stuart.

18 Beck, A. T. (1963). Thinking and depression: I. Idiosyncratic content and cognitive distortions. *Archives of General Psychiatry*, 9, pp.324~333. ; Beck, A. T. (1976). *Cognitive therapy and the emotional disorders.* New York: International University Press. ; Beck, A. T., Rush, J., Shaw, B., & Emery, G. (1979). *Cognitive therapy of depression.* New York: Guilford Press.

19 Ellis, A. (1962). *Reason and emotion in psychotherapy.* New Jersey: Lyle Stuart. ; Ellis, A., & Harper, R. A. (1997). *A guide to rational living* (3rd ed.). North Hollywood, CA: Melvin Powers. ; Ellis, A., & MacLaren, C. (1995). *Rational emotive behavior therapy: A therapist's guide*(2nd ed.). Atascadero, CA: Impact. (서수균, 김윤희 공역, 『합리적 정서행동치료』, 학지사, 2007).

20 Beck, A. T., Rush, J., Shaw, B., & Emery, G. (1979). *Cognitive therapy of depression.* New York: Guilford Press.

21 Teasdale, J., (1999). Metacognition, mindfulness and the modification of mood

disorders. *Clinical Psychology and Psychotherapy*, 6, pp.146~155. ; Segal, Z. V., Williams, M.G., & Teasdale, J. D. (2002). *Mindfulness-based cognitive therapy for depression: A new approach to preventing relapse.* New York: The Guilford Press.

■ 책을 만든 사람들

박찬욱   (밝은사람들 연구소장)

윤희조   (서울불교대학원대학교 불교와심리연구원장)

한자경   (이화여자대학교 철학과)

정준영   (서울불교대학원대학교 불교학과)

월 암   (은해사 기기암 선원장)

박승찬   (가톨릭대학교 철학과)

전중환   (경희대학교 후마니타스 칼리지)

권석만   (서울대학교 심리학과)

'밝은사람들연구소'에서 진행하는 학술연찬회에 관심이 있으신 분은
전화(02-720-3629)나 메일(happybosal@paran.com)로 연락하시면
관련 소식을 받아보실 수 있습니다.

괴로움, 어디서 오는가

초판 1쇄 발행 2013년 12월 5일 | **초판 2쇄 발행** 2016년 2월 5일
집필 정준영 외 | **펴낸이** 김시열
펴낸곳 도서출판 운주사

　　　　(02832) 서울시 성북구 동소문로 67-1 성심빌딩 3층

　　　　전화 (02) 926-8361 | **팩스** 0505-115-8361

ISBN 978-89-5746-363-5 94100　　값 18,000원

ISBN 978-89-5746-411-3 (세트)

http://cafe.daum.net/unjubooks 〈다음카페: 도서출판 운주사〉